मुस्लिम आतंकवाद बनाम अमेरिका

वाणी प्रकाशन

21-ए, दरियागंज, नई दिल्ली-110002

फोन: 23273167, 23275710 फैक्स: 23275710

e-mail : vani_prakashan@yahoo.com

vani_prakashan@mantraonline.com

मुस्लिम आतंकवाद बनाम अमेरिका

लेखक

अरुण त्रिपाठी अरुण पांडेय

आनंद प्रधान दिलीप चौबे

बृजबिहारी चौबे अखिलेश सुमन

वाणी प्रकाशन

वाणी प्रकाशन का 'लोगो'
विख्यात चित्रकार मक़बूल फ़िदा हुसेन की
कूची से

ISBN : 81-7055-977-4

वाणी प्रकाशन
21-ए, दरियागंज, नयी दिल्ली-110002
द्वारा प्रकाशित

फोन : 0091#11#23273167, 23275710
फैक्स : 0091#11#23275710
ई-मेल: vaniprakashan@gmail.com
vani_prakashan@yahoo.com
वेबसाइट : www.vaniprakashan.in

मूल्य : 400.00

प्रथम संस्करण : 2002
संस्करण : 2006
शुभम् ऑफसेट, दिल्ली-110032
द्वारा मुद्रित

प्रस्तावना

अफगानिस्तान पर हमला करते समय संयुक्त राज्य अमेरिका की सरकार ने आत्मरक्षा का तर्क दिया था। अगर आत्मरक्षा के लिए युद्ध लड़ना आज के समय में इतना आसान मामला होता, तो इराक को बहुत पहले संयुक्त राज्य अमेरिका से युद्ध छेड़ देना चाहिए था। बेशक उसने 90 की शुरुआत में कुवैत पर कब्जा कर एक अनैतिक कार्य किया था। लेकिन उसे इसकी पर्याप्त सजा मिल चुकी है। अमेरिका द्वारा प्रायोजित आक्रमण में इराक लगभग बरबाद हो चुका था। कहने को यह युद्ध संयुक्त राष्ट्र संघ के तत्वावधान में हुआ था, पर हर कोई जानता है कि अमेरिका ने ही इस युद्ध का माहौल बनाया, उसका संगठन और नेतृत्व किया तथा उसकी और उसके बाद की सारी रणनीति बनाई। इसी रणनीति के तहत आज भी इराक पर वे प्रतिबंध जारी हैं जिनके कारण वहाँ दवाओं तथा अन्य जरूरी सामग्री के अभाव में लाखों बच्चों की मृत्यु हो चुकी है। क्या उनका दोष यह है कि सद्दाम हुसेन उनके शासक हैं? हमें भूलना नहीं चाहिए कि शासक आते-जाते रहते हैं और देश बना रहता है। प्रश्न यह है कि इराक के विरुद्ध इस अंतरराष्ट्रीय कार्रवाई का लक्ष्य सिर्फ सद्दाम हुसेन को दंडित करना है या इराक को यह बताना कि उसे आधुनिक विश्व में किस तरह रहना चाहिए और किस तरह नहीं। लेकिन ऐसा लगता है कि जब तक इराक में सद्दाम हुसेन का सिक्का चलता रहेगा, इराक के लोगों को सुख-शांति से जीने नहीं दिया जाएगा।

ऐसी स्थिति में इराक को अपने लोगों की जान की रक्षा के लिए किस पर हमला करना चाहिए? जाहिर है, संयुक्त राष्ट्र संघ पर आक्रमण करने का कोई मतलब नहीं है। इराक क्या, किसी भी देश में आज इतनी शक्ति नहीं है कि वह शेष दुनिया को युद्ध में परास्त कर सके। तो क्या उसे संयुक्त राज्य अमेरिका पर हमला कर देना चाहिए, जिसे इस सारी कारगुजारी के लिए जिम्मेदार ठहराया जा सकता है? कायदे से कुवैत को इराक के कब्जे से मुक्त कराने के बाद विश्व बिरादरी को इराक से हट जाना चाहिए था और इराक की जनता को यह फैसला करने के लिए स्वतंत्र

छोड़ देना चाहिए था कि सद्दाम हुसेन का नेतृत्व उसके लिए फायदेमंद है या नहीं लेकिन अमेरिका की इस जिद के कारण कि वह तब तक इराक पर जुल्म ढाता रहेगा, जब तक सद्दाम का तख्ता पलट नहीं जाता, इराक में सद्दाम हुसेन की लोकप्रियता पहले की तुलना में घटी नहीं है, बढ़ी ही है। इसे अमेरिकी रणनीति का दोष ही माना जाएगा कि इराक को एक लोकतांत्रिक और शांतिकामी देश के रूप में उभरने में इतना समय लग रहा है और वहाँ का बच्चा-बच्चा अमेरिका को और उसकी दादागीरी को बर्दाश्त करने वाली दुनिया को कोस रहा है। अपने लोगों का जीवन और स्वतंत्रता बचाने के लिए सद्दाम के पास एक ही विकल्प है—अमेरिका पर हमला कर उसे पराजित कर देना। लेकिन यही उसके वश में होता, तो आज उसकी यह हालत क्यों होती? तो क्या आधुनिक युग में भी वही देश अपनी रक्षा कर सकेंगे जिनके पास पर्याप्त शक्ति है?

यह सवाल इसलिए उठता है कि 11 सितंबर की घटना के बाद अमेरिका ने आतंकवाद के विरुद्ध माहौल बनाने में अभूतपूर्व सफलता हासिल की है और अफगानिस्तान पर अपने हमले को एक विश्व घटना बना दिया, जिस पर पूरी दुनिया बहस-मुबाहसा कर रही है, लेकिन जिसे रोकने की क्षमता किसी में भी दिखाई नहीं देती। इसकी तुलना हम भारत से करें, जहाँ कश्मीर में सीमा-पार के आतंकवाद के कारण अब तक कितने व्यक्तियों की मृत्यु हो चुकी है, इसका कोई हिसाब नहीं है, तो तुरंत यह स्पष्ट हो जाता है कि नागरिक अधिकारों और बुद्धिवाद के इस युग में भी किसी कमजोर देश को अपने नागरिकों की जान की रक्षा करने का अधिकार नहीं हैं पाकिस्तान पर हमला बोल देना चाहिए था। लेकिन हमने कारगिल में अपनी सीमाओं की रक्षा करने का संघर्ष छेड़ कर अपने सैनिक तो खोये, पर पाकिस्तान से उनकी कोई कीमत वसूल नहीं की। इसका एक कारण तो यह है कि भारत अमेरिका नहीं है। इसके कम से कम दो अर्थ हैं। एक अर्थ यह है कि भारत में वह 'किलर प्रवृत्ति' नहीं है जो पिछली अर्ध शती से अमेरिकी की विदेश नीति की विशेषता हो गई है। अमेरिकी दुनिया भर में अपनी साम्राज्यवादी वर्चस्व बढ़ाने के लिए जहाँ-तहाँ मार-धाड़ करते रहे हैं। इसके विपरीत, भारत ने कभी भी उपनिवेशवाद की नीति पर चलना पसंद नहीं किया, जिसका एक नतीजा यह हुआ कि उसे स्वयं एक लंबे अरसे तक उपनिवेश बन कर रहना पड़ा। इंदिरा गाँधी के समय में जरूर भारत ने बांगलादेश में अपना जौहर दिखाया, पर इस एक घटना के कारण दक्षेस की पूरी प्रक्रिया ही खटाई में पड़ गई, क्योंकि सभी पड़ोसी देश भारत को संदेह की दृष्टि से देखने लगे।

दूसरा अर्थ यह है कि भारत अमेरिका जितना शक्तिशाली नहीं है। यदि भारत एक महाशक्ति होता, तो न तो चीन की हिम्मत होती कि वह हमारी सीमा के भीतर घुस आए और हमारी ढेर सारी जमीन हड़प कर बैठ जाए और न ही पाकिस्तान

की कि वह लगभग डेढ़ दशक से भारत में आतंकवाद और अलगाववाद का निर्यात करता रहे। इराक एक दशक से अपने बच्चों को मरते हुए देख रहा है और कुछ नहीं कर पा रहा है, तो इसका एक कारण यह भी है कि वह अमेरिका जैसी महाशक्ति के आगे लाचार है। सभी सभ्य समाजों में इस मान्यता को स्थान मिल चुका है कि नागरिकों को न्याय पाने के लिए हिंसा नहीं करनी चाहिए। नागरिक समाज में आत्मरक्षा के लिए हिंसा करने का कानूनी प्रावधान अभी भी है, लेकिन इस तरह की हिंसा की जरूरत कम ही पड़ा करती है। शारीरिक या हिंसक बल में कुछ नागरिक दूसरों से बेहतर स्थिति में हैं, लेकिन ज्यादातर लोगों की स्थिति एक जैसी है। इसके विपरीत, अंतरराष्ट्रीय समुदाय में अभी भी 'जिसकी लाठी उसकी भैंस' का सिद्धांत चलता हुआ दिखाई पड़ रहा है। चूँकि हमने किसी विश्व व्यवस्था के बारे में नहीं सोचा है जो कमजोर देशों और देशों के भीतर कमजोर समुदायों को भी न्याय दिला सके, इसीलिए आतंकवाद का वातावरण बनता रहता है और फिर आतंकवाद के निरोध के नाम पर युद्ध जैसी स्थितियों का सृजन होता है। इसीलिए आत्मरक्षा का सिद्धांत विश्व स्तर पर प्रासंगिक या उपयोगी दिखाई नहीं देता। कल्पना कीजिए कि अफगानिस्तान भी एक शक्तिशाली देश होता, तो क्या अमेरिका ने बिना सबूतों के उस पर इस तरह हमला कर दिया होता? इस सिलसिले में स्मरणीय है कि सोवियत संघ और संयुक्त राज्य अमेरिका के बीच चार दशक तक खूब ठनी रही, लेकिन उनके बीच बहस चाहे जितनी होती हो, विवाद चाहे जितने होते हों, लड़ाई कभी नहीं हुई। क्या इसका कारण यह नहीं था कि दोनों ही देश सामरिक शक्ति की दृष्टि से समान थे और जो भी युद्ध छेड़ता, वह खुद भी उस युद्ध की ज्वाला में भस्म हो जाता?

अफगानिस्तान पर हमले के संदर्भ में स्वतंत्रता जैसे मूल्यों की रक्षा की बात कही गई है। इसमें क्या संदेह है कि आतंकवाद सबसे पहले मनुष्य की स्वतंत्रता पर ही हमला करता है। स्वतंत्रता का अर्थ होता है निर्भयता। जो आदमी भय से आक्रांत है, वह स्वतंत्रतापूर्वक आचरण नहीं कर सकता। दूसरी तरफ, आतंकवाद एक अज्ञात भय का प्रसार करता है। आतंकवादी हिंसा के शिकार वस्तुतः कुछ लोग ही होते हैं, पर इसका भय सभी को सताता रहता है। लेकिन आतंकवाद को रोकने के लिए अमेरिका ने अफगानिस्तान में जो रास्ता अपनाया है, यदि उसे ही मॉडल मान लिया जाए, तो क्या दुनिया के लोग हमेशा आतंक में नहीं रहेंगे? कोई भी व्यवस्था आतंक से ही चलती है, पर यह आतंक हथियार या हिंसा का नहीं होता, नैतिक आतंक होता है। जहाँ राज्य का यह नैतिक आतंक नहीं रह जाता, जैसे तालिबान के शासन में या जनरल मुशर्रफ की हुकूमत में, वहाँ एक तरह की अराजकता फैल जाती है। आतंक का विष वृक्ष अराजकता के माहौल में ही फलता-फूलता है। आतंकवादी स्वयं भी अराजक ही होता है, क्योंकि वह अपनी समस्याओं के समाधान के लिए लोकतांत्रिक तरीके नहीं अपनाता, बल्कि डर का वातावरण पैदा करता है।

कुछ लोगों का कहना है कि आतंकवाद कमजोर का हथियार है। कमजोर सामन आ कर नहीं लड़ सकता, इसीलिए वह कम साधनों से अपनी गुरिल्ला लड़ाई लड़ता है। लेकिन सवाल यह है कि उसकी इस संघर्ष शैली से समाज में किन मूल्यों की स्थापना होती है यदि हिंसा को ही आदर्श माना जाए, तो इससे जिस तरह का माहौल बनेगा, उसमें ताकतवर ही राज करेगा और कमजोर इसका शिकार बनता रहेगा। यदि 11 सितंबर की घटना के ओसामा लादेन बिन ही जिम्मेदार है, तो हम देख सकते हैं कि वह खुद तो किसी सुरक्षित स्थान पर छिपा हुआ है और उसके किए की सजा निर्दोष और निरीह अफगानों को भुगतनी पड़ रही है।

इसका मतलब यह नहीं है कि आत्मरक्षा का तर्क निस्सार है या उसके लिए कोई व्यवस्था नहीं होनी चाहिए। इस संसार में कौन असुरक्षित रहना चाहता है? लेकिन आधुनिक समय में हिंसा के प्रकार इतने बढ़ गए हैं और उनकी सुलभता भी इतनी बढ़ गई है कि एक अहिंसक समाज में ही आदमी सुरक्षा की उम्मीद कर सकता है। हिंसा, आक्रमण, प्रत्याक्रमण आदि का बोलबाला जितना ही बढ़ेगा, प्रतयेक आदमी के लिए आतंक का उतना ही कलुषित वातावरण बनेगा। अफगानिस्तान पर हमला होने के बाद से न केवल अमेरिका के, बल्कि भारत के भी लोग जैविक डथियारों के प्रयोग से सहमे हुए हैं। डाक से आया हुआ हर बंद लिफाफा मौत का परवाना प्रतीत होता है। यह इसी बात का प्रमाण है कि आतंक से आतंक का सफाया नहीं किया जा सकता। राज्य को या व्यवस्था को सख्त होना ही चाहिए, लेकिन यह सख्ती तभी अपने स्वाभाविक रूप से काम कर सकती है, जब समाज लोकतांत्रिक की ओर बढ़ रहा है, जिसमें हिंसा से नहीं, बहस और विचार से फैसले किए जाते हैं। अमेरिका के अफगानिस्तान युद्ध का सबक यही है। इसके माध्यम से कोई न्यायपूर्ण और अहिंसक विश्व बनाया जाएगा, इसमें कभी को संदेह है। यह उन कई हजार लोगों की सामूहिक मौत के साथ विश्वासघात है, जिन्होंने 11 सितंबर को सभ्यता की असभ्य बलि वेदी पर अपनी जान दे दी।

जो इराक में नहीं हो पाया, वह अफगानिस्तान में हो गया। इराक में अमेरिका की पूरी कोशिश रही है कि सद्दाम हुसेन का तख्ता पलट दिया जाए और उनकी जगह किसी ऐसे व्यक्ति को सत्ता सौंप दी जाए जो अमेरिका के हुक्म का गुलाम हो। इसके लिए अनेक प्रकट और उनसे ज्यादा गुपचुप प्रयास किए जा चुके हैं। लेकिन अभी तक इराक की जनता ने सद्दाम का साथ नहीं छोड़ा है। इसके विपरीत, अफगानिस्तान में अमेरिकी हस्तक्षेप पूरी तरह से सफल रहा है। अमेरिका ओसामा बिन लादेन की तलाश के बहाने अफगानिस्तान की तत्कालीन सरकार को नष्ट करना चाहता था, जिसने लादेन को शरण देने की गुस्ताखी की थी। यह उसने बहुत जल्दी कर लिया, इसका कारण क्या था? जो लक्ष्य इराक में ग्यारह साल में भी नहीं हासिल

किया जा सका, ठीक वही लक्ष्य अफगानिस्तान में प्राप्त करने में ग्यारह महीने भी नहीं लगे। क्यों? एक कारण तो बहुत स्पष्ट है और सभी ने उसकी चर्चा भी की है। दुनिया का सबसे गरीब और कमजोर देश दुनिया के सबसे अमीर और मजबूत देश के सामने कब तक टिक सकता था? लेकिन यह कारण पर्याप्त नहीं जान पड़ता। इस संदर्भ में कृपया 60 के दशक में वियतनाम में अमेरिकी हस्तक्षेप को याद करें वियतनाम भी तब एक निर्धन देश ही था। दूसरी ओर, अमेरिका की आर्थिक और सैन्य स्थिति तब भी किसी से कमजोर नहीं थी। लेकिन वियतनाम के अध्याय को आज भी अमेरिका के समकालीन इतिहास में एक काला अध्याय माना जाता है। इसलिए नहीं कि अमेरिका के बुद्धिजीवी दूसरे देशों में हस्तक्षेप को कोई गंदी चीज मानने लगे हैं। बल्कि इसलिए कि वियतनाम में अमेरिका ने हासिल कुछ भी नहीं किया और गँवाया बहुत कुछ। दूसरे विश्व युद्ध के बाद अमेरिका ने अपने सबसे ज्यादा सैनिक वियतनाम में ही गँवाए। विश्व भर में अलोकप्रियता हासिल की, वह अलग से।

वह क्या चीज है जो अफगानिस्तान को वियतनाम से अलग करती है? वियतनाम के लोग कुछ प्रगतिशील मूल्यों के प्रति प्रतिबद्ध थे। उनके पास हो ची मिन्ह जैसा सादगीपूर्ण, प्रभावशाली तथा जनता के साथ अनुराग रखनेवाला नेतृत्व था। वे किसी पर अत्याचार नहीं कर रहे थे, अत्याचार स्वयं उन पर हो रहा था। और अफगानिस्तान में? यहाँ तालिबान का शासन था, अपने देश को संपन्न और सुव्यस्थित बनाने में जिनकी कोई रुचि नहीं थी। उनके वैचारिक शोहदेपन का पता इसी से चलता है कि वे बुद्ध की मूर्तियों से ही दुश्मनी मोल ले बैठे, जिन्होंने किसी का कुछ नहीं बिगाड़ा था। कहा जा सकता है कि इस्लाम में मूर्ति पूजा की मनाही है। लेकिन इस्लामी धर्मग्रंथों में कहीं यह नहीं कहा गया है कि सच्चा मुसलमान वह है जो अपने आसपास की मूर्तियाँ तोड़ कर दिखाये। यही समय अगर खुदा की इबादत में लगाया गया होता, तो कुछ सवाब भी हासिल होता। इसी तरह, तालिबान के शासन में स्त्रियों पर धर्म की रक्षा के नाम पर कहर ढाहा जाने लगा। इन्हें खदेड़ कर घरों में वापस भेज दिया गया। अपराध पर नियंत्रण के नाम पर मध्य युगीन बर्बरताओं का आनंद लिया जाने लगा। काबुल और कंधार धूमिल और गुनहगार शब्द हो गए। ऐसे समाज में तालिबान शासक कब तक सुरक्षित रह सकते थे?

जल्द ही इनके खिलाफ विद्रोह का वातावरण बन जाता, जैसा कि ईरान में खुमैनी के अनुयायियों के साथ हुआ। एक समय में ईरान में वहीं होता था जो आयतुल्ला खुमैनी चाहते थे। आज के ईरान में उस युग को बहुत ही पीड़ा के साथ याद किया जाता है। लेकिन वहाँ आधुनिक जीवन की वापसी अमेरिकी हस्तक्षेप के कारण नहीं हुई—वह इसलिए हुई कि ईरान की जनता धर्म के नाम पर दकियानूसी और प्रतिक्रियावाद से ऊब गई थी। ईरान संपन्न देश है। अफगानिस्तान गरीब है। इसलिए

जो ईरान में आठ-दस साल में हो गया, वह अफगानिस्तान में कुछ और समय ले सकता था। जो बीमारी अपने आप ठीक हो सकती थी, उसके लिए अमेरिका ने शल्यक्रिया की।

लेकिन क्या यह ठीक हुआ? तालिबान की सत्ता का पराभूत होना महत्वपूर्ण है और उनकी बढ़ती हुई बर्बरता को देखते हुए यह जरूरी भी था। लेकिन इसकी वास्तविक कीमत किसने चुकायी? कुछ लाख डॉलर का खर्च अमेरिका के लिए उतना ही महत्व रखता है जितना दिवाली पर आतिशबाजी का आनंद लेने के लिए संपन्न लोगों द्वारा फूँक दिया जानेवाला हजारों रुपया अफगानिस्तान में जीत हासिल कर न केवल राष्ट्रपति बुश ने अपनी सत्ता को मजबूत कर लिया है, बल्कि शक्ति की पूजा करनेवालों के बीच अमेरिकी की हैसियत भी तनिक ऊँची उठा दी है। लेकिन क्या ये दोनों ही लाभ संदिग्ध नहीं हैं? इनकी तुलना में अफगानिस्तान के साधारण लोगों को जितनी बड़ी संख्या में जान गँवानी पड़ी है, क्या उसके लिए कभी अमेरिका को माफ़ किया जा सकता है? इन साधारण लोगों का कसूर क्या था? यही तो कि वे अफगानिस्तान में रहते थे। दूसरी ओर, अफगानिस्तान की जो भी टूटी-फूटी अर्थव्यवस्था थी, वह क्षत-विक्षत हो चुकी है। तालिबान ने उसे जितनी चोट पहुँचायी, उससे कहीं ज्यादा चोट अमेरिका के बमों और मिसाइलों ने पहुँचायी है। क्या इसके बाद भी अमेरिका यह दावा कर सकता है कि अफगानिस्तान की जनता का प्रेम पात्र बन जाए? वहाँ के लोग तालिबान को भी पसंद नहीं करते थे, अन्यथा तालिबान की सत्ता का पराभव इतनी तेजी से नहीं होता। फिर भी तालिबान उसके अपने लोग थे। अमेरिकी सात समुद्र पार से आए और अफगानिस्तान के परोक्ष मालिक बन बैठे हैं। यह बात आम अफगान के गले कैसे उतर सकती है? अफगान स्त्रियों ने अपने देश की पुनर्मुक्ति का स्वागत किया है, तो यह उचित ही है। यह शायद पहली बार है जब अफगानिस्तान के मंत्रिमंडल में किसी स्त्री को जगह मिली है। लेकिन अफगान महिलाओं को यह भूलना नहीं चाहिए कि जब उनके देश पर रूस का कब्जा था, तब अफगान समाज में उनकी स्थिति आज से कहीं बेहतर थी। पर रूसी आधिपत्य के कारण आम अफगान की मनस्थिति नहीं बदली। इसलिए स्वराज्य आते ही महिलाओं की स्थिति पहले से भी बदतर हो गई। अतएव अमेरिकी आधिपत्य से किसी टिकाऊ सामाजिक क्रांति की आशा करना उचित नहीं है। क्रांतियों का आयात-निर्यात नहीं होता। वे आंतरिक प्रयत्नों से ही पैदा होती हैं तथा आंतरिक प्रयत्नों से ही उनके नतीजे बने रहते हैं।

अफगानिस्तान में अमेरिका ने इस धारणा को पुष्ट किया है कि विश्व में सुख-शांति लाने के लिए उसके पास कोई कारगर फार्मूला नहीं है न ही वह किसी ऐसे फार्मूले की खोज में है। अमेरिका विश्व नेता बनता चाहता है। वह मानता है कि पश्चिमी सभ्यता की उपलब्धियों की रक्षा करना उसका ऐतिहासिक कर्तव्य है।

पर अफगानिस्तान में अमेरिकी कार्रवाई ने साबित किया है कि उसके ऊंच लक्ष्य भी तात्कालिक हितों से ही प्रेरित होते हैं 11 सितंबर 2000 की घटना का प्रतिशोध लेते ही आतंकवाद के विरुद्ध उसका गुस्सा ठंडा पड़ गया दिखता है। लेकिन दुनिया अभी भी इस बात पर आश्चर्य कर रही है कि आतंकवाद के विरुद्ध कार्रवाई में अमेरिका ने एक ऐसे देश की सहायता क्यों ली, जो स्वयं आतंकवाद का एक प्रसिद्ध गढ़ है? यह ठीक है कि पाकिस्तान की जमीन और आसमान से अफगानिस्तान के खिलाफ सैनिक कार्रवाई करना ज्यादा आसान था, पर पाकिस्तान को अपना सहयोगी बना कर क्या अमेरिका ने यह साबित नहीं कर दिया है कि उसका झगड़ा आतंकवाद मात्र से नहीं, बल्कि उस आतंकवाद से है जो अमेरिका का नुकसान कर सकता है? जाहिर है, इस तरह की धारणा फैलने से आतंकवाद के खिलाफ माहौल नहीं बनता, बल्कि लोग यह सोचने लगते हैं कि आतंकवाद भी अच्छा या बुरा हो सकता है। अफगानिस्तान कार्रवाई के बाद क्या स्वयं अमेरिका की एक आतंकवादी छवि नहीं बन गई है? यह छवि एक ऐसे आक्रामक देश की है, जो अंतरराष्ट्रीय क्षेत्र में किसी नियम-कानून को नहीं मानता, संयुक्त राष्ट्र संघ को मजबूत करने में जिसकी कोई दिलचस्पी नहीं है और जो लोकतंत्र की बात तो करता रहता है, पर विश्व समस्याओं का कोई लोकतांत्रिक समाधान निकालना नहीं चाहता।

आतंकवाद की समस्या जिन कारणों से उग्र हुई है, उनमें एक कारण गरीबी, आधुनिकता की शक्तियों का कमजोर होना तथा शांतिप्रिय तरीकों से न्याय प्राप्त करने में असमर्थता भी है। आतंकवाद वहीं पनपता है जहाँ लोकतंत्र कमजोर होता है। और, लोकतंत्र आम तौर पर वहीं कमजोर होता है, जहाँ गरीबी और मानसिक पिछड़ापन है। ध्यान देने की बात यह है कि अधिकतर आतंकवादी कार्यकर्ता, नेता और संगठन कट्टरवादी विचारों के वश में रहते हैं। वे किसी प्राचीन व्यवस्था को आधुनिक युग में प्रत्यारोपित करना चाहते हैं। वे अभावहीन लोगों को यह संतोष देते हैं कि उनके जीवन में कोई भौतिक सुख-सुविधा नहीं है, तो क्या हुआ, उनका जीवन का कोई बड़ा लक्ष्य तो है। ओसामा बिन लादेन की धारणाओं से इन सभी बातों की पुष्टि होती है।

इसलिए आतंकवाद के विरुद्ध जो भी समग्र रणनीति बनाई जाएगी, उसका एक महत्वपूर्ण हिस्सा होगा दुनिया भर में गरीबी, अभाव, तानाशाही और बौद्धिक अवरोधों के खिलाफ मोर्चा खोलना। जब आम जनता में खुशहाली आती है, तो शांति में उसके निहित स्वार्थ पैदा हो जाते हैं। संघर्ष वह तब भी करती है, लेकिन लोकतंत्र को मजबूत करते हुए—ताकि उसे मिली हुई स्वतंत्रताएँ बरकरार रह सकें। प्रश्न यह है कि अफगानिस्तान में सैनिक कार्रवाई करने के बाद अमेरिका ने इस दिशा में क्या कोई उल्लेखनीय कदम उठाया है। अफगानिस्तान को जरूर कुछ आर्थिक सहायता दी गई है, लेकिन वह इतनी नहीं है कि उसके बल पर वहाँ का आर्थिक पुनर्निर्माण

किया जा सके तथा घर-घर में शिक्षा की ज्योति फैलायी जा सके। रूस ने भी अफगानिस्तान को गरीब और पिछड़ा हुआ रखा और अब अमेरिका की मंशा भी यही है। दुनिया के दूसरे हिस्सों के बारे में तो, जहाँ आतंकवाद की समस्या है, अमेरिका के पास कोई कार्यक्रम ही नहीं है। इससे भी लोगों को यह सोचने का अवसर मिलता है कि 11 सितंबर के बाद भी अमेरिका की विश्व नीति बदली नहीं है। वह अब भी एक आत्म-केंद्रित देश है।

अमेरिका की वर्चस्ववादी आक्रामकता आधुनिक विश्व की जितनी बड़ी समस्या है, मुस्लिम आतंकवाद को भी उतनी ही कठिन समस्या मानना चाहिए। अमेरिका के बर्बर चरित्र को भर्त्सना करते हुए प्रायः सभी विचारकों ने मुस्लिम हिंसा की अवहेलना कर दी है। बहुतों ने तो ओसामा बिन लादेन को हीरो के रूप में पेश कर प्रसन्नता हासिल की है। तथ्य यह भी है कि दुनिया भर के मुसलमानों के बीच लादेन रातोंरात सितारा बन गया। यह स्थिति चिंताजनक है। खून के खेल को इतने हलकेपन से नहीं लिया जाना चाहिए।

यह सच है कि मुस्लिम आतंकवाद दुनिया में आतंकवाद की एकमात्र किस्म नहीं है। यूरोप में अनेक ईसाई संगठन हैं जो आतंकवाद से अपने राजनीतिक लक्ष्यों की पूर्ति करना चाहते हैं। उत्तरी आयरलैंड को अंततः इसका फायदा भी मिला। तमिल आतंकवाद ने डेढ़ दशक से श्रीलंका में तबाही मचा रखी है। यह सब देखते हुए अनेक लोगों के मन में यह प्रश्न उठता है कि मुस्लिम संगठनों के आतंकवाद को मुस्लिम आतंकवाद क्यों कहा जाए? क्या राष्ट्रीय स्वयंसेवक संघ तथा उसके द्वष्टा परिचलित संगठनों द्वारा फैलाए जा रहे आतंकवाद को हिंदू आतंकवाद कहा जा सकता है?

ये प्रश्न जायज हैं। लेकिन दो स्थितियाँ आधुनिक विश्व में मुस्लिम समुदायों के बीच से उठ रही आतंकवादी हिंसा को कुछ अलग ढंग से परिभाषित करती हैं पहली बात तो यह है कि यह हिंसा प्रायः सभी जगह आधुनिक जीवन पद्धति—खासकर पश्चिमी देशों—के विरोध में है। इसी से 'सभ्यताओं का संघर्ष' जैसे मुहावरों के प्रति आकर्षण पैदा होता है। दूसरी बात यह है कि मुस्लिम गुट या संगठन जहाँ भी आतंकवाद की कार्रवाइयाँ कर रही हैं, उनका लक्ष्य इस्लाम की रूढ़िवादी तथा स्वतंत्रता विरोधी व्याख्या को सहमति से नहीं, बंदूक की नाक पर लागू करना है। इस तरह कट्टरतावाद से उसका रिश्ता अपने आप जुड़ जाता है। मुल्ला या मौलवी इस पूरे संघर्ष का केंद्रीय प्रतीक बन जाता है। अगर आतंकवादी हिंसा के माध्यम से सत्ता की माँग की जाती है या अलग देश की, तो उसके पीछे कोई ऐसे उद्देश्य नहीं रोते जिनसे मुस्लिम राज्य बेहतर बनते हों और दूसरे देशों को कोई नयी राह दिखाते हों। स्त्रियों के लिए ऐसी आतंकवादी सत्ताएँ काल ही बन जाती है।

मुस्लिम आतंकवाद को इस्लामी आतंकवाद भी लिखा जाता है। यह ठीक नहीं है। इससे यह संकेत मिल सकता है कि यह मामला इस्लाम से जुड़ा हुआ है। शायद ही कोई धर्म हो, जिसके अनुयायियों ने हिंसा न की हो। धर्म का एक कोना सदाचार से जुड़ा हुआ है, तो दूसरा कोना सत्ता से लेकिन संसार का कोई भी धर्म ऐसा नहीं है जिसकी शिक्षाओं पर चलते हुए प्रेमपूर्ण और अहिंसक जीवन न जिया सके। किसी भी धर्म में जितने दुष्ट हुए हैं, उससे ज्यादा सज्जन हुए हैं। इसलिए आतंकवाद की समस्या की जड़ इस्लाम में नहीं है। यह आधुनिक मुस्लिम समाज की समस्या है। उसे तय करना है कि वह अपने प्रतिक्रियावादी खोल से बाहर कैसे निकल सकते है। कहना न होगा कि समस्या सिर्फ आतंकवाद की नहीं है—मुस्लिम समुदाय अभी तक लोकतंत्र और मानव अधिकारों की वांछनीयता पर भी सहमत नहीं हो पाए हैं।

अफगानिस्तान के संदर्भ में मुस्लिम आतंकवाद बनाम अमेरिकी वर्चस्ववाद की चर्चा से अमेरिका की विश्व नीति की विसंगतियों पर जितना फोकस किया गया है, उतना मुस्लिम समाज की समस्याओं पर। शिकार के साथ सभी की सहानुभूति होती है, लेकिन क्या सिर्फ इसलिए उससे यह माँग नहीं की जानी चाहिए कि आत्मपरिष्कार को वह भी उपेक्षणीय मूल्य न माने।

यह पुस्तक इन्हीं प्रश्नों को केंद्र में रख कर लिखी गई है। यह एक सहकारी प्रयास है, जिसके परिणामस्वरूप एक समन्वित दृष्टि का विकास अपेक्षाओं की सीमा में है। हम सभी का लक्ष्य यह रहा है कि मुद्दे की तात्कालिकता के प्रवाह में न बहा जाए तथा इस कठिन विश्व के सभी पहलुओं का दीर्घकालीन परिप्रेक्ष्य में अध्ययन किया जाए।

अनुक्रम

1

आतंकवाद का इतिहास

आतंकवाद कोई नई परिघटना नहीं है। इसका एक लंबा, कम से कम दो-ढाई सौ वर्ष पुराना इतिहास है। इन दो-ढाई सौ वर्षों में इसके चरित्र और स्वरूप में अनेकों बदलाव आए हैं। वैसे तो राजनीतिक, सामाजिक, आर्थिक और धार्मिक मुद्दों व समस्याओं अथवा किसी खास समुदाय, धर्म, व्यक्ति समूह के हितों की पूर्ति या किसी विशेष समस्या व शिकायत के हल के लिए हिंसा और आतंक का सहारा लेने की परिघटना का इतिहास और भी पुराना है लेकिन 18वीं शताब्दी के अंत में 'आतंकवाद' शब्द का इस्तेमाल मुख्यतः राज्य (सरकार) द्वारा अपने नागरिकों को अनुशासनबद्ध और राज्य के प्रति आज्ञाकारी बनाए रखने के उद्देश्य से हिंसा और आतंक का सहारा लेने की परिघटना को चिह्नित करने के लिए शुरू हुआ था।[1] उस दौर में राज्य और उस पर काबिज वर्ग ही संगठित हिंसा और आतंक के मुख्य स्रोत थे यह भी कहा जा सकता है कि हिंसा पर उनका एकाधिकार था। इस हिंसा और आतंक को एक किस्म की वैधानिकता भी प्राप्त थी, इसलिए यह अकसर इतिहासकारों और राजनीतिशास्त्रियों की निगाह से ओझल हो जाती है। आम तौर पर ऐसा भूलवश नहीं, जानबूझकर होता रहा है।

यह अकारण नहीं है कि आज 'आतंकवाद' शब्द का इस्तेमाल एकांतिक रूप से गैर-राज्य शक्तियों या समूहों की हिंसा और आतंकपूर्ण गतिविधियों के लिए होने लगा है। राज्य द्वारा की जानेवाली हिंसक और आतंकपूर्ण कार्रवाइयों को स्वाभाविक मान लिया गया है। वैदिकी हिंसा, हिंसा न भवति। आतंकवाद संबंधी लोकप्रिय और अकादमिक बहसों में 'सम्राट' के थोक आतंकवाद की या तो कोई चर्चा नहीं होती है और अगर होती भी है तो उसे इस या उस बहाने जायज और वैधानिक ठहराने की कोशिश होती है। बहुत हुआ तो उसे एक 'अनिवार्य बुराई' की तरह स्वीकार

करने और कभी-कभार मानवाधिकार हनन के मामले के तौर पर पेश करने पर जोर दिया जाता है लेकिन यह (भी) आतंकवाद है, इससे शायद ही कोई आतंकशास्त्री (टेर्‌रोलॉजिस्ट) सहमत हो। आतंकवाद के शास्त्र में नोम चोम्स्की के शब्दों में अब केवल 'चोर' के फुटकर आतंकवाद को ही शामिल किया जाता है।[2]

आश्चर्य नहीं कि ओसामा बिन लादेन और उसके अल-कायदा नेटवर्क की कार्रवाइयों को, चाहे वे 11 सितंबर को न्यू यॉर्क व वाशिंगटन में की गयी आतंकवादी कार्रवाइयाँ हों या उससे पहले नैरोबी व दारेस्लाम में अमेरिकी दूतावासों को बमों का निशाना बनाने की घटनाएँ, बिना किसी हिचकिचाहट के आतंकवाद मान लिया जाता है। लेकिन अमेरिकी सरकार द्वारा अफगानिस्तान में अंधाधुंध बमबारी और उससे पहले अतीत में दर्जनों देशों, उनकी निर्वाचित सरकारों, नेताओं और आम जनता के खिलाफ परोक्ष या अपरोक्ष रूप से हिंसक और आतंकपूर्ण कार्रवाइयों को अंजाम देने को आतंकवाद नहीं माना जाता। यही नहीं, मध्यपूर्व में हमास या हिजबुल्ला अथवा अन्य फिलस्तीनी संगठनों की उग्र, आक्रामक और हिंसक कार्रवाइयों को तो बिला शक आतंकवादी कार्रवाई मान लिया जाता है। लेकिन इजरायली सरकार द्वारा की जानेवाली हिंसक और आतंकपूर्ण कार्रवाइयों को अधिक से अधिक 'प्रतिशोधवश' या 'बदले में' और कई बार 'आत्मरक्षा में' या 'भविष्य के आतंकवादी हमलों से बचाव' की कार्रवाई बताकर उसे आतंकवाद के दायरे से बाहर कर दिया जाता है।

ऐसा क्यों और कैसे हुआ, इस सवाल का उत्तर आगे खोजने की कोशिश की जाएगी। फिलहाल यह कहने में कोई हर्ज नहीं है कि पिछले पचास वर्षों में आतंकवाद का जो शास्त्र पश्चिम, खासकर अमेरिका, में सक्रिय राज्य के प्रोत्साहन और संरक्षण में विकसित हुआ है, उसमें अत्यंत मनमाने तरीके और राजनीतिक सुविधा के आधार पर अपने अनुकूल राज्यों के साथ-साथ ताकतवर वर्गों (जैसे बहुराष्ट्रीय निगमों व कारपोरेट समूहों) की हिंसक व आतंकपूर्ण कार्रवाइयों व गतिविधियों को आतंकवाद के दायरे से बाहर कर दिया गया है, जबकि राजनीतिक रूप से प्रतिकूल राज्यों और गैर-राज्य शक्तियों, संगठनों और समूहों की हिंसक व आतंकपूर्ण कार्रवाइयों को आतंकवाद के रूप में प्रस्तुत किया जाता है—भले ही वह आत्मरक्षा या प्रतिरोध में की गयी कार्रवाई रही हो। उदाहरण के लिए, अमेरिकी विदेश मंत्रालय (स्टेट डिपार्टमेंट) द्वारा हर साल जारी होनेवाले 'वैश्विक आतंकवाद की प्रवृत्तियाँ' शीर्षक रिपोर्ट को देखा जा सकता है। अप्रैल, 2001 में जारी वर्ष 2000 की रिपोर्ट में एक अध्याय 'राज्य-प्रायोजित आतंकवाद' पर भी है और उसमें जिन सात देशों को अंतर्राष्ट्रीय आतंकवाद को समर्थन और संरक्षण देने का दोषी बताया गया है उनके नाम हैं—क्यूबा, ईरान, इराक, लीबिया, सीरिया, उत्तरी कोरिया और सूडान।[3] दुहराने की जरूरत नहीं है कि यह सूची कितने मनमाने तरीके से बनाई गई है। इसके राजनीतिक निहितार्थ स्वतः स्पष्ट हैं। इसके बावजूद कुछेक अपवादों को छोड़कर

पश्चिम की देखादेखी एशियाई, लातिनी अमेरिकी और अफ्रीकी देशों के आतंकशास्त्रियों की निरंतर बड़ी होती जमात को अमेरिकी विदेश विभाग के ऑर्केस्ट्रा की धुन पर गाते हुए देखा जा सकता है। ये आतंकशास्त्री ही आज आतंकवाद की परिभाषा तय करने से लेकर 'कौन आतंकवादी है और कौन नहीं' और 'कौन-सा आतंकवाद ज्यादा खतरनाक है और कौन-सा कम' का फैसला कर रहे हैं।

आतंकवादी या स्वतंत्रता सेनानी ?

मजे की बात यह है कि लेकिन आतंकवाद के शास्त्र पर पूर्ण अकादमिक एकाधिकार के बावजूद ये आतंकशास्त्री आज तक दुनिया को आतंकवाद की एक सर्वसम्मत परिभाषा पर सहमत कराने में नाकाम रहे हैं। यहाँ तक कि 11 सितंबर की घटनाओं के बाद जिस तरह से आतंकवाद के दायरे को मनमाने तरीके से फैलाकर जायज जन-संघर्षों तक को लपेटने की कोशिश हो रही है या ऐसे जन-संघर्षों के विकास की संभावनाओं को दबाने की कोशिश हो रही है, उसके प्रति दुनिया भर में प्रकट की जा रही चिंताओं और विरोध के स्वरों को आतंकवाद के प्रति सहानुभूति रखने का आरोप लगाकर खारिज किया जा रहा है। इसके बावजूद 11 सितंबर की घटनाओं के बाद जब संयुक्त राष्ट्र संघ की महासभा में आतंकवाद से मुकाबले की रणनीति बनाने के लिए चर्चा शुरू हुई, तो उसमें कई देशों के प्रतिनिधियों ने आतंकवाद को पारिभाषित करने की माँग उठाई। संयुक्त राष्ट्र संघ में मलयेशिया के राजदूत हाशमी अगाम ने आतंकवाद की एक स्पष्ट परिभाषा तैयार करने पर जोर देते हुए कहा कि विशुद्ध आतंकवादी कार्रवाइयों, जैसे निर्दोष नागरिक आबादी के खिलाफ हमलों, को किसी भी परिस्थिति में जायज नहीं ठहराया जा सकता, लेकिन ऐसी आतंकवादी कार्रवाइयों को उपनिवेशवादी अथवा बाहरी या विदेशी कब्जे व प्रभुत्व के खिलाफ आत्मनिर्णय के अधिकार या राष्ट्रीय आजादी के लिए चल रहे जनता के संघर्षों से अलग करके देखा जाना चाहिए।[4]

इसी मौके पर अरब समूह की ओर से बोलते हुए लीबिया के राजदूत अबूजद उमर डोरडा ने कहा कि उनका समूह विदेशी/बाहरी कब्जे के खिलाफ प्रतिरोध के संघर्षों को आतंकवादी कार्रवाई बताने का विरोध करेगा, क्योंकि ऐसी कोशिश इस पूरी अवधारणा को ही सिर के बल खड़ा कर देगी और ऐसे उत्पीड़न से केवल घृणा ही पैदा होगी। ईरान के उप विदेश मंत्री जवाद जरीफ ने भी आतंकवाद को वस्तुनिष्ठ मानकों के आधार पर पारिभाषित करने की माँग को दुहराते हुए कहा कि आतंकवाद के खिलाफ वैश्विक संघर्ष की वैधानिकता और उसे आगे भी जारी रखने के लिए जरूरी है कि एक ही किस्म के मानदंड सब पर लागू हों।[5] संयुक्त राष्ट्र संघ की महासभा की इस बैठक में और कई देशों ने इन्हीं बातों को दुहराते हुए आतंकवाद को पारिभाषित करने के लिए अलग से एक अंतरराष्ट्रीय सम्मेलन बुलाने की माँग

की। अल्पमत में होने के बावजूद इन देशों की माँगों से इतना तो स्पष्ट है कि आतंकवाद की सर्वसम्मत परिभाषा अभी तय होनी है। अब तक ऐसा नहीं हो पाया है। इसकी कई वजहें हैं।

दरअसल, आतंकवाद के लंबे इतिहास के बावजूद दुनिया अभी भी 'एक के लिए आतंकवादी, दूसरे के लिए स्वतंत्रता सेनानी' की नैतिक और राजनीतिक दुविधा का सामना कर रही है। इजराइलियों व अमेरिका के लिए जो आतंकवादी हैं, फिलस्तिनियों व अरबों के लिए वे स्वतंत्रता सेनानी हैं। भारत के लिए जो कश्मीरी जंगजू आतंकवादी हैं, पाकिस्तान उन्हें स्वतंत्रता सेनानी बताता है। भगत सिंह और चंद्रशेखर आजाद जैसे युवा क्रांतिकारी अंग्रेजों के लिए आतंकवादी थे, जबकि भारतीयों के लिए देशभक्त और स्वतंत्रता सेनानी। दुनिया के इतिहास में ऐसे एक-दो नहीं, सैकड़ों उदाहरण हैं। जाहिर है कि 'आतंकवादी या स्वतंत्रता सेनानी' की यह दुविधा निकट भविष्य में समाप्त नहीं होने जा रही है। यहाँ तक कि संयुक्त राष्ट्र संघ भी जनता के आत्मनिर्णय के अधिकार (संयुक्त राष्ट्र संघ का चार्टर, अध्याय 1, धारा 1 (2)) को मान्यता देता है।

दूसरी बात यह है कि आतंकवाद अपने आपमें कोई विचारधारा नहीं, बल्कि एक रणनीति है। यह रणनीति कहाँ तक उचित या अनुचित है—इसे लेकर लंबी बहसें चली हैं। इसका इस्तेमाल होना चाहिए या नहीं और अगर होना चाहिए तो किन स्थितियों में—इस सवाल पर भी गंभीर विवाद व मतभेद रहे हैं। इस सिलसिले में भगत सिंह के लंबे वैचारिक आलेख 'बम का दर्शन' को याद किया जा सकता है। यही नहीं, दुनिया ऐसे कई लोकप्रिय जनसंघर्षों/राष्ट्रीय मुक्ति आंदोलनों को पिछले सौ-डेढ़ सौ वर्षों में देखा जा सकता है, जिन्होंने कभी छिटपुट, कभी खुलकर और कभी आत्मरक्षा में हिंसक और आतंकवादी कार्रवाइयों का सहारा लिया।

तीसरी बात यह है कि इतिहास में ऐसे अनेकों मौके और प्रसंग मिलते हैं जब निरंकुश, जालिम, उत्पीड़क और जनविरोधी औपनिवेशिक शासनों/विदेशी हुकूमतों अथवा देशी शासकों के हिंसक दमन के खिलाफ लड़ रहे समूहों/संगठनों/व्यक्तियों ने जवाब में हथियार उठाने और हिंसा का जवाब हिंसा से देने में कोई संकोच नहीं किया। एक बहुत पुरानी कहावत है—"Nein, eine Grenze hat Tyrannenmacht... Zum letzten Mittel, wenn kein anderes mehr verfangen will, ist ihm das Schwert gegeben" (नहीं, जुल्म की भी एक सीमा है और इसलिए अंतिम उपाय के बतौर किसी के पास तलवार भी होनी चाहिए, अगर और कुछ भी न चल पाए।) असहनीय उत्पीड़न झेल रहे स्वतंत्र मनुष्यों के लिए अंतिम तर्क के बतौर बल प्रयोग (Ultima ratio) की शिलर की मशहूर उक्ति पीढ़ियों तक उत्पीड़क हुकूमतों के खिलाफ लड़नेवाले विद्रोहियों की प्रेरणा का स्रोत रही है।[6] कहने की जरूरत नहीं है कि आत्मरक्षा का अधिकार चाहे वह किसी एक व्यक्ति का हो या किसी समुदाय/समाज/राष्ट्रीयता

का—उसे सार्वभौमिक मानवाधिकार के बतौर इतिहास में लंबे समय से मान्यता मिली हुई है।

आतंकवाद की एक सर्वमान्य परिभाषा गढ़ने में एक बड़ी कठिनाई इस कारण भी होती रही है कि पिछले पचास वर्षों में आतंकवाद का अंतरराष्ट्रीय राजनीति व द्विपक्षीय राजनय में काफी दुरुपयोग हुआ है। सच तो यह है कि द्वितीय विश्व युद्ध के बाद दोनों महाशक्तियों—अमेरिका और सोवियत रूस—के बीच 40 वर्षों तक चले शीत युद्ध के दौरान दोनों ने खासकर अमेरिका ने ज्यादा उग्र और नग्न तरीके से आतंकवाद को अघोषित व परोक्ष युद्ध के हथियार के बतौर इस्तेमाल किया। दोनों ने एक-दूसरे के और अधिकांश मामलों में एक-दूसरे के समर्थक देशों के खिलाफ आतंकवादी संगठनों को खड़ा करने, हथियारबंद करने से लेकर हर तरह की मदद मुहैया कराने में कोई संकोच नहीं किया। अमेरिकी लेखक क्लेयर स्टर्लिंग ने इसी बिना पर लिख दिया कि आतंकवाद सोवियत संघ-प्रेरित एक हथियार है, जिसका लक्ष्य 'पश्चिमी लोकतांत्रिक समाजों' को अस्थिर करना है। स्टर्लिंग ने आतंकवाद को सर्वसत्तावादी या साम्यवादी शासन व्यवस्था से जोड़कर देखा और आतंकवादियों को 'लेनिन के बच्चे' तक कह दिया।[7] हालाँकि नोम चॉम्स्की जैसे बुद्धिजीवियों ने इसका कड़ा प्रतिवाद किया, लेकिन पश्चिमी प्रचार माध्यमों और आतंकशास्त्रियों के मिले-जुले अभियान का नतीजा यह हुआ कि वह धारणा आज तक बनी हुई है, अलबत्ता उसकी अंतर्वस्तु में सोवियत संघ के पतन के बाद थोड़ा परिवर्तन जरूर हुआ है। अब यह कहा जा रहा है कि आतंकवाद केवल लोकतांत्रिक देशों में सक्रिय होता है या कार्रवाइयाँ करता है और उसके निशाने पर मुख्यतः लोकतांत्रिक आजादी, अधिकार और मूल्य होते हैं।

जाहिर है कि यह एक आधा-अधूरा सच है और इसका मकसद 'लोकतांत्रिक आजादी, खुलेपन, अधिकारों और प्रक्रियाओं' को आतंकवाद के जन्म, फैलाव और सक्रियता के लिए जिम्मेदार ठहराकर आतंकवाद से लड़ने के नाम पर उन्हीं लोंकतांत्रिक अधिकारों, आजादी, खुलेपन और मूल्यों को निशाना बनाना है। नागरिकों के लोकतांत्रिक अधिकार सीमित किए जा रहे हैं। आजादी और खुलेपन पर तरह-तरह के अंकुश लगाए जा रहे हैं और राजसत्ता को नागरिक जीवन में हस्तक्षेप के असीमित अधिकार दिए जा रहे हैं। अमेरिका से लेकर भारत तक आतंकवाद से युद्ध की आड़ में काले कानूनों को थोपने का सिलसिला-सा शुरू हो गया है। सच तो यह है कि लोकतांत्रिक अधिकारों, स्वतंत्रताओं और मूल्यों को आतंकवादियों ने जितना नुकसान नहीं पहुँचाया है, उससे कई गुना ज्यादा नुकसान 'आतंकवाद विरोधी' राजसत्ताओं ने पहुँचाया है। इसके अलावा आतंकवाद को कुचलने के बहाने अतीत और वर्तमान में राजसत्ताओं ने निर्दोष लोगों का खून बहाने के अलावा लोकप्रिय आंदोलनों का बड़े पैमाने पर दमन किया है, और दूसरी ओर ताकतवर मुल्कों (खासकर अमेरिका) और पड़ोसी

देशों (जैसे इजरायल) ने 'आतंकवाद से युद्ध' की आड़ लेकर छोटे और कमजोर देशों में खुलेआम सैनिक हस्तक्षेप किया है। उस अनुभव के मद्देनजर आतंकवाद को पारिभाषित और व्याख्यायित करने का अधिकार ताकतवर मुल्कों, राजसत्ताओं और उनके आधिकारिक आतंकशास्त्रियों को कौन देना चाहेगा? आश्चर्य नहीं कि आतंकवाद की एक सर्वसम्मत परिभाषा आज तक तय नहीं हो पाई है।

कमजोरों का राजनीतिक हथियार

इसके बावजूद राज्य और उसपर काबिज प्रभुत्वशाली वर्गों द्वारा जिस तरह से विचार और अभिव्यक्ति को नियंत्रित किया जाता रहा है, उसका एक परिणाम तो यह हुआ है कि आतंकवाद को अब उसके शुरुआती और मूल अर्थ के लिए नहीं जाना जाता है। इसके बजाय वह अब पूरी तरह से व्यक्तियों या समूहों द्वारा की जानेवाली हिंसक कार्रवाइयों के लिए प्रयोग किया जाने लगा है।

हिंसा और आतंक शुरू से ताकतवर व प्रभुत्वशाली वर्गों के हथियार रहे हैं और आज भी हैं। लेकिन इतिहास में एक ऐसा दौर भी आया जब हिंसा और आतंक राज्य के हाथों से निकलकर कमजोरों के हाथ में भी पहुँच गए। राज्य और उस पर काबिज प्रभुत्वशाली वर्गों की हिंसा से त्रस्त लोगों को समझ में आ गया कि अगर राज्य को उसी की भाषा में जवाब दिया जाए तो न सिर्फ राज्य की हिंसा व आतंक पर अंकुश लगाया जा सकता है, बल्कि उसे झुकने और कई तरह की रियायतें देने के लिए बाध्य किया जा सकता है। इन लोगों या समुदायों व छोटे समूहों ने अपने अनुभवों से यह भी सबक जल्दी ही सीख लिया कि राज्य की अपार ताकत और हिंसक शक्ति से आमने-सामने की लड़ाई में नहीं जीता जा सकता, बल्कि अगर उस पर छुपकर या अचानक बिना किसी पूर्व चेतावनी के प्रहार किया जाए और नुकसान पहुँचाकर उसकी पकड़ से बाहर निकल जाया जाए तो राज्य की ताकत को चुनौती दी जा सकती है।

इस प्रक्रिया में 'सतह के नीचे' से हिंसा और आतंक के इस्तेमाल की वह रणनीति या पद्धति उभरी, जिसे आज आतंकवाद के रूप में जाना जाता है। यह आतंकवाद अनेक रूपों में उभरा और उसके पीछे धार्मिक प्रतिरोध आंदोलनों, राजनीतिक विद्रोहों और सामाजिक उभारों जैसे अनेकों उद्देश्य काम कर रहे थे। सबसे शुरुआती आतंकवादी आंदोलनों के एक ज्ञात उदाहरण के रूप में एक अत्यधिक संगठित धार्मिक पंथ 'शिकारी' का नाम लिया जा सकता है, जिसके सदस्य समाज के निचले क्रम से आते थे और जो फिलस्तीन (66-73 ईस्वी) के यहूदी (Zealot) संघर्षों में सक्रिय थे।[8] शिकारियों की गतिविधियों के बारे में बहुत कम सामग्री मिलती है और जो है भी वह बहुत अन्तर्विरोधी किस्म की है। इसके बावजूद जोसेफस द्वारा दिए गए विवरणों के अनुसार 'शिकारी' गैर-परंपरागत रणनीति का प्रयोग करते थे,

जैसे वे दिन में खासकर छुट्टी के दिन, जब येरुशलम में भारी भीड़ इकट्ठा होती थी, अपने शत्रु पर हमला करना पसंद करते थे। उनका पसंदीदा हथियार एक छोटी-सी तलवार 'सिका' थी, जिसे वे अपने कोट में छिपाकर रखते थे। हमला कर वे भीड़ में गायब हो जाते थे। इस कारण उन्हें पहचान पाना या खोजना मुश्किल हो जाता था। उन्होंने मुख्य पुजारी के घर से लेकर हेरोडियन शासकों के महलों तक को तबाह कर दिया। कुछ विवरणों के मुताबिक उन्होंने साहूकारों के शिकंजों को तोड़ने के लिए सार्वजनिक अभिलेखागारों को जला दिया था।

शिकारियों के बारे में तरह-तरह की धारणाएँ मौजूद हैं। कुछ विवरणों के मुताबिक वे उग्रपंथी, राष्ट्रवादी और रोमनों के विरोधी थे और उनके हमलों का निशाना फिलस्तीनी और मिस्र समुदाय के उदारवादी तत्त्व थे। इसी तरह से जोसेफस के मुताबिक वे मूलतः लुटेरे (लिस्ताई) थे जो बाहरी शक्तियों के उकसावे और निजी स्वार्थों की पूर्ति के लिए देशभक्ति और स्वतंत्रता की माँग को एक वैचारिक आवरण की तरह इस्तेमाल कर रहे थे। जोसेफस शिकारियों में मौजूद धार्मिक उत्साह और अपने प्राणों को न्यौछावर करने की प्रवृत्ति की ओर भी इंगित करता है जो जाहिर है कि शिकारियों को आम लुटेरों से अलग करती है। कुछ अन्य विवरणों के अनुसार यह अनुमान लगाया जाता है कि 'शिकारी' एक सामाजिक प्रतिरोध के आंदोलन के बतौर गरीबों को अमीरों के खिलाफ खड़ा होने के लिए प्रेरित करते थे।

इसी तरह के मसीहाई उम्मीद और राजनीतिक आतंकवाद के मिश्रण से युक्त एक और ज्यादा जाना पहचाना सम्प्रदाय–'गुप्त हत्यारों' का था जो वस्तुतः इस्माइलियों की ही एक शाखा थे। वे ग्यारहवीं सदी के आसपास अस्तित्व में आए और तब तक सक्रिय रहे जब तक तेरहवीं सदी में मंगोलों ने उन्हें कुचल नहीं दिया।[9] वे पर्सिया से लेकर सीरिया तक सक्रिय थे। वे अपनी कार्रवाइयाँ अत्यंत गुप्त तरीके से करते थे यहाँ तक कि उनके आतंकवादी लड़ाके (फिदाइन) स्वयं को अपरिचित या ईसाइयों के रूप में पेश करते थे। ऐसा प्रतीत होता है कि उनके पहले नेता हसन सिबाई ने बहुत पहले ही महसूस कर लिया था कि उसका समूह इतना छोटा है कि वह खुले युद्ध में दुश्मन से नहीं निपट सकता, लेकिन एक छोटे और अनुशासित सैन्य दल द्वारा चलाए गए नियोजित, व्यवस्थित और दीर्घकालिक आतंक के अभियान को सर्वाधिक प्रभावी हथियार बनाया जा सकता है। गुप्त हत्यारों ने हथियार के रूप में धारदार छुरे का प्रयोग किया। केवल इसलिए नहीं कि छुरा एक सुरक्षित हथियार था, बल्कि वे हत्या को एक पवित्र क़ार्य समझते थे। वे अनुशासन के पक्के थे और मौत व शहादत के लिए तत्पर रहा करते थे।

गुप्त हत्यारों ने अपनी रणनीति के प्रति पूर्ण समर्पण और प्रेरणा के साथ अपनी कार्रवाइयों को अंजाम दिया। उन्होंने परफेक्टों, गवर्नरों, मुस्लिम शासकों से लेकर यरुशलम के धर्मयोद्धा राजा कोनराड के मोटफेरात तक की हत्या करने में कामयाबी

हासिल की। उन्होंने सलादीन की हत्या के दो प्रयास किए, लेकिन सफल नहीं हो पाए। वाल्टर लाकर के अनुसार ऐतिहासिक परिप्रेक्ष्यों में देखें तो यह गुप्त हत्यारों द्वारा आतंकवादी संघर्षों के जरिए अपने छोटे से धार्मिक पंथ की स्वायत्तता (और जीवन शैली) को सेलजुकों से बचाने की एक निष्फल कोशिश थी जो उन्हें कुचल देना चाहते थे। लेकिन इसके लिए उन्होंने जो तरीके इस्तेमाल किए, वे निश्चय ही कुछ समय के लिए असरदार साबित हुए।[10] इस जैसे कई और गुप्त समुदायों के उदाहरण विभिन्न देशों व समाजों में मिलते हैं।

लेकिन इस सिलसिले में ध्यान देनेवाली बात यह है कि आतंकवाद के जिस स्वरूप और चेहरे से आज दुनिया वाकिफ है, उसके बहुत सीमित और लाक्षणिक संकेत इन शुरुआती आतंकवादी समूहों में दिखाई पड़ते हैं। वे पहली नजर में सामाजिक और धार्मिक प्रतिरोध के हिंसक आंदोलन दिखते हैं। आधुनिक राजनीतिक आतंकवाद से उनके सूत्र नहीं के बराबर जुड़ते हैं। उनके जरिए आधुनिक राजनीतिक आतंकवाद की परिघटना को समझना कठिन है। इसके बावजूद ऐतिहासिक संदर्भों में आतंकवाद की अवधारणा के विकास को समझने के लिए उनका महत्त्व भविष्य में भी बना रहेगा।

फ्रांसीसी क्रांति से विश्व युद्ध तक

आधुनिक राजनीतिक आतंकवाद की शुरुआत फ्रांसीसी क्रांति से मानी जाती है। ऐसा माना जाता है कि 'आतंकवाद' (टेररिज़्म) और 'आतंकवादी' (टेररिस्ट) जैसे शब्दों की उत्पत्ति इसी क्रांति के गर्भ से हुई थी। ग्रांट वार्डला ने पीएल बर्जर और टी लुकमैन को उद्धृत करते हुए लिखा है कि 'टेररिज़्म' को सबसे पहले 1798 की एकेडेमिया फ्रांसीज डिक्शनॉयर (Dictionnaire of the Academic Francaise) में 'Systeme, regime de la terreur' के रूप में पारिभाषित किया गया है।[11] वाल्टर लॉकर के मुताबिक, 1796 में प्रकाशित एक फ्रांसीसी शब्दकोश ने इस तथ्य को दर्ज किया है कि जैकोबियनों ने इस शब्द (टेररिज़्म) का प्रयोग अपनी कार्यवाहियों के संदर्भ में सकारात्मक अर्थों में किया था, लेकिन नवें थर्मिडोर के बाद यह शब्द एक अपमानजनक अर्थ में प्रयोग होने लगा था, जिसके आपराधिक मायने मालूम पड़ते थे।[12]

दरअसल, फ्रांसीसी क्रांति और यूरोप में राष्ट्रवाद के उभार ने जनगण की आकांक्षाओं और उम्मीदों को एक नया शक्तिशाली आवेग प्रदान किया। यह दौर राजतंत्रों के पराभव, राष्ट्र राज्यों के उदय, निरंकुश शासकों के खिलाफ लोकतांत्रिक उभारों, 'स्वतंत्रता, समानता और बंधुत्व' के मूल्यों के लिए संघर्ष के साथ-साथ औपनिवेशिक गुलामी के खिलाफ राष्ट्रीय मुक्ति संग्रामों की शुरुआत का था। जनाकांक्षाओं का यह विस्फोट इतना शक्तिशाली था कि जहाँ कहीं भी राजसत्ताओं

ने परिवर्तनों को ताकत के बल पर रोकने की कोशिश की, जवाबी हिंसा और आतंकपूर्ण कार्रवाइयों के शुरू होते देर नहीं लगी। लेकिन यह जवाबी हिंसा सिर्फ तात्कालिक प्रतिक्रिया भर नहीं थी, बल्कि एक राजनीतिक लक्ष्य को हासिल करने के लिए पूरी तरह से संगठित, योजनाबद्ध और सोची विचारी रणनीति का हिस्सा थी। ऐसा लगता है कि तत्कालीन क्रांतिकारी इंतजार के लिए बिलकुल तैयार नहीं थे और व्यापक जनता को गोलबंद करके लंबी लड़ाई लड़ने का धैर्य दिखाने के बजाय वे जल्दी से जल्दी हिंसा और आतंक के बल पर अपने राजनीतिक लक्ष्य पाने को बेचैन थे।

इस पृष्ठभूमि में ही उन्नीसवीं शताब्दी के उत्तरार्द्ध में संगठित और योजनाबद्ध आतंकवादी आंदोलनों की शुरुआत हुई थी। इसी समय से दुनिया के अलग-अलग हिस्सों, लेकिन विशेषकर यूरोप में, अलग-अलग राजनीतिक उद्देश्यों, कार्यप्रणाली और सांगठनिक ढाँचे के साथ अनेकों आतंकवादी समूहों ने काम करना शुरू किया था। इन सबमें सर्वाधिक संगठित, सक्रिय और आतंकवादी रणनीति की सैद्धांतिकी विकसित करनेवाला आंदोलन रूस का 'नरोदना वोल्या' का आंदोलन था। इसका काल जनवरी 1878 से मार्च 1881 तक माना जाता है। इतने कम समय तक सक्रिय रहने के बावजूद 'नरोदना वोल्या' पहला ऐसा आतंकवादी आंदोलन माना जाता है जिसका गहरा प्रभाव भविष्य के आतंकवादी आंदोलनों और उनकी अराजकतावादी विचार प्रक्रिया पर दिखाई पड़ता है।

'नरोदना वोल्या' मूलतः एक अराजकतावादी आंदोलन था। इसका लक्ष्य जार की निरंकुश और जालिम राजसत्ता को हिंसा और आतंकपूर्ण कार्रवाइयों के जरिए तबाह कर देना था। नरोदनिकों का संघर्ष इसके एक सदस्य कोवाल्स्की द्वारा अपनी गिरफ्तारी के प्रतिरोध के साथ शुरू हुआ। यह इसके एक अन्य सदस्य वेरा जासुलिच द्वारा सेंट पीटर्सबर्ग के गवर्नर को गोली मार देने से आगे बढ़ा और उस समय अपने पहले क्लाइमेक्स पर पहुँच गया जब वे अगस्त '1878 में जार की राजनीतिक पुलिस शाखा—थर्ड सेक्सन—के प्रमुख जेनरल मेजेन्त्सेव की हत्या करने में कामयाब हो गए। नरोदनिकों ने जार अलेक्जेंडर द्वितीय की हत्या के भी कई असफल प्रयास किए, जिनमें उस ट्रेन को जिससे जार यात्रा कर रहा था, उड़ाने की कोशिश से लेकर उसके शीतकालीन महल को बारूदी सुरंग से उड़ाने की कोशिश तक शामिल थी। आखिरकार, 1 मार्च 1881 को उन्हें जार की हत्या का अवसर मिल ही गया। लेकिन तब तक इस आंदोलन के अधिकांश सदस्य पुलिस द्वारा पकड़े जा चुके थे। जार की हत्या में सफलता के बावजूद जारशाही नरोदनिकों को कुलचने में कामयाब रही और अगले दो दशकों तक जब तक कि रूस में आतंकवादी हिंसा का अगला दौर नहीं शुरू हो गया, अपेक्षाकृत शांति बनी रही।

रूस में आतंकवादी हिंसा का दूसरा दौर सोशल रिवोल्यूशनरी पार्टी के नेतृत्व में शुरू हुआ जब बालमाशेव ने जार के आतंरिक सुरक्षा मंत्री सिप्यागिन की हत्या

कर दी, हालाँकि उसके पहले 1901 में अभिजात वर्ग से आनेवाले कारपोविच नामक युवा ने शिक्षा मंत्री बोगोलीपोव की हत्या कर दी थी। लेकिन उसे एक व्यक्तिगत प्रयास माना जाता है। अगले दो वर्षों तक आतंकवादी हमलों की संख्या कोई खास नहीं थी। 1903 में सिर्फ तीन बड़े हमले हुए, जिनमें दो गवर्नर ओबलेंस्की और बागदानोविच मारे गए, जब कि 1904 में ऐसे केवल दो हमले हुए। 1905 में पहली असफल क्रांति के दौरान इनकी संख्या बढ़कर अचानक 55 तक पहुँच गयी, जो 1906 में 82 और 1907 में 71 तक पहुँचने के बाद फिर कम होने लगी।[13] इस दौरान इन आतंकवादी कार्रवाइयों में सबसे चर्चित हत्या 1904 में सेंट पीटर्सबर्ग की एक सड़क पर आंतरिक सुरक्षा मंत्री और जारशाही के सर्वाधिक शक्तिशाली सदस्य प्लेह्व और 1905 में ग्रांड ड्यूक सर्जेइ अलेक्सान्द्रोविच की हत्या थी। 1911 में कीव के एक ऑपेरागृह में स्तोलिपीन की हत्या संभवतः आखिरी ऐसी बड़ी कार्रवाई थी जिसके बारे में संदेह व्यक्त किया जाता है कि वह एक व्यक्तिगत, शायद डबल एजेंट की, कोशिश का नतीजा थी।

रूस में 1911 से 1917 के बीच छिटपुट घटनाओं को छोड़कर संगठित आतंकवादी कार्रवाइयाँ नहीं हुईं, लेकिन 1917 की बोल्शेविक क्रांति के बाद प्रतिक्रांतिकारी आतंकवादी हिंसा का तीसरा लेकिन संक्षिप्त दौर शुरू हुआ। इन आतंकवादी हमलों में दो कम्युनिस्ट नेता उरित्सकी और वालोदारस्की मारे गए, जब कि लेनिन बुरी तरह घायल हो गए। दरअसल, रूसी जमींदारों व जार समर्थकों ने आतंकवादी कार्रवाइयों का सहारा लेकर बोल्शेविक क्रांति को उलटने की कोशिश की थी, लेकिन जन समर्थन के अभाव में जल्दी ही उनका सफाया हो गया।

रूस से इतर यूरोप के अन्य कई हिस्सों में भी उन्नीसवीं सदी के अंतिम दशकों और बीसवीं सदी के शुरुआती दशक में जैसे आतंकवादी हिंसा की लहर-सी आ गई दिखती है। इनकी राजनीतिक प्रेरणाएँ अलग-अलग थीं। रूसी क्रांतिकारी जहाँ निरंकुश जारशाही के खिलाफ लड़ रहे थे, वहीं मकदूनियाई, आयरिश, सर्ब और आर्मेनियाई उग्र राष्ट्रवादी समूहों ने राष्ट्रीय स्वायत्तता और स्वतंत्रता की प्राप्ति के लिए हथियार उठाने और हिंसा का सहारा लेने में कोई संकोच नहीं किया। इसके अलावा इसी दौर में फ्रांस, इटली, स्पेन और अमेरिका में भी अराजकतावादी समूहों द्वारा राजनीतिक हत्या की कुछेक धमाकेदार कार्रवाइयों को खूब प्रचार मिला। अमेरिका में राष्ट्रपति गारफील्ड और मैकिनली, फ्रांस में राष्ट्रपति कारनाट, स्पेन में प्रधानमंत्री अंतोनियो कानोवास, आस्ट्रिया की महारानी एलिजाबेथ (जिटा) और इटली के राजा उम्बर्तो इस आतंकवादी (मुख्यतः अराजकतावादी) हिंसा के शिकार बने। अराजकतावादियों ने जर्मनी के सम्राट और बिस्मार्क की हत्या के भी कई असफल प्रयास किए। लॉकर के अनुसार जनता आम तौर पर इन अराजकतावादी समूहों के गोपनीय और रहस्यमय चरित्र के प्रति खासी आकर्षित दिखाई पड़ती थी।[14]

आतंकवाद का वैचारिक दर्शन

इस संदर्भ में गौर करने लायक एक तथ्य यह है कि इन शुरुआती क्रांतिकारियों/अराजकतावादियों/आतंकवादियों पर उनके समकालीन विचारों का बहुत गहरा प्रभाव था। इस दौर में जो राजनीतिक, दार्शनिक और वैचारिक बहसें चलीं, उन्होंने युवाओं और बुद्धिजीवियों को अंदर से बेचैन कर दिया। यूरोप खासकर रूस इन बहसों का केंद्र था। रूस के युवाओं और बौद्धिकों पर बाकुनिन, नेचयेव, प्रिंस क्रोपोटकिन आदि के विचारों का असर देखा जा सकता था। वैचारिकी के रूप में वे अराजकतावाद (एनार्किज्म) और सर्वनिषेधवाद (निहलिज्म) के सशक्त व मुखर प्रवक्ता थे। अराजकतावादी आतंकवाद के विकास में मिखाइल बाकुनिन की अत्यंत महत्त्वपूर्ण भूमिका थी। बाकुनिन पर विल्हम विट्लिंग के विचारों का स्पष्ट प्रभाव देखा जा सकता है जो स्वयं फ्रेंच क्रांतिकारी लुइस ब्लांकुई का शिष्य और शुरुआती जर्मन कम्युनिस्टों में गिना जाता है। विल्हम विट्लिंग ने 1848 में हत्यारों और डाकुओं की एक 'चुस्त और साहसी' सेना को क्रांति के अगुआ के बतौर खड़ा करने पर बल दिया था। विट्लिंग की यह समझ थी कि पवित्र तौर-तरीकों से इच्छित लक्ष्य को प्राप्त करना कठिन है।

विट्लिंग की तरह बाकुनिन को भी अपराधियों और किसानों की क्रांतिकारी क्षमताओं से काफी उम्मीद थी। बाकुनिन की सबसे बड़ी चिंता तत्कालीन सामाजिक ढाँचे को नष्ट करने की थी। उनका मानना था कि कोई भी राज्य अंततः शोषक होता है और हिंसा व रक्तपात ही वे शोधक हैं जिनसे समाज को साफ-सुथरा किया जा सकता है। उस जमाने में मार्क्स और बाकुनिन के बीच विचारों का तीखा संघर्ष चला। मार्क्स बाकुनिन के विचारों को खतरनाक और अराजक मानते थे। अराजकतावादी विचारों के एक और प्रमुख विरोधी प्लेखानोव थे, जिनका खयाल था कि आतंक और हिंसा क्रांतिकारी पार्टी की कमजोरियों का परिणाम हैं; क्योंकि वह इस नतीजे पर पहुँच चुकी है कि वह किसान विद्रोह खड़ा नहीं कर सकती। लेनिन और कम्युनिस्ट क्रांतिकारियों ने तो खैर अराजकतावादी हिंसा और आतंक का शुरू से कड़ा विरोध किया और वैचारिक रूप से उसे पूरी तरह से नकार दिया। 1876 में बाकुनिन की मृत्यु के बाद अराजकतावाद की कमान मुख्य रूप से प्रिंस क्रोपोटकिन के हाथों में आ गई। क्रोपोटकिन ने जनता में विद्रोही भावनाएँ जगाने के लिए व्यक्तिगत हिंसा व आतंकपूर्ण कार्रवाइयों को एक माध्यम के रूप में इस्तेमाल करने की खुलकर वकालत की थी।

इस दौर में आतंकवादी कार्रवाइयों के पक्ष में 'कुछ कर दिखाने के जरिए प्रचार' (प्रोपेगैंडा बाइ डीड) की सैद्धांतिकी विकसित हुई, जिसे आज भी आतंकवादी आंदोलनों द्वारा हिंसक कार्रवाइयों के पीछे मुख्य प्रेरक तर्क माना जाता है। अराजकतावादी

आंदोलनों के प्रमुख इतिहासकार जी. वुडकाक के अनुसार 'कुछ कर दिखाने के जरिए प्रचार' की सैद्धांतिकी के शुरुआती लक्षण कार्लो पिसाकेन के विचारों में दिखाई पड़ते हैं। पिसाकेन ने लिखा था कि विचार कार्यों से पैदा होते हैं और बौद्धिक प्रचार मात्र खोखला कृत्य है।[15] लेकिन 'प्रोपेगेंडा बाइ डीड' की शब्दावली ईजाद करने का श्रेय संसद विरोधी प्रमुख फ्रांसीसी नेता पॉल ब्राउस को जाता है। ब्राउस का मानना था कि समाचारपत्रों, पर्चों और जनसभाओं के जरिए किए जानेवाले प्रचार का बहुत कम प्रभाव पड़ता है। यही नहीं, इस प्रचार को बूर्जुआ प्रेस अपने झूठ और बूर्जुआ वक्ता तोड़ मोड़कर प्रभावहीन बना दे सकते हैं। इसके अलावा कठोर परिश्रम करनेवाली जनता के पास न तो इतना समय है और न ही इच्छा कि वे बौद्धिक गोष्ठियों में आएँ या ऐसे साहित्य को पढ़ें। ऐसी स्थिति में यह संदेहपूर्ण है कि जो संदेश हम उन तक पहुँचाना चाहते हैं, वह कभी पहुँच भी पाएगा या नहीं? इसलिए यह जरूरी है कि हम अपने विचारों का व्यावहारिक प्रदर्शन करें जिसे कोई अनदेखा नहीं कर सकता है और जो जनता को जाग्रत कर सकेगा।[16] 'कुछ कर दिखाने के जरिए प्रचार' की सैद्धांतिकी को अराजकतावादियों समेत हर रंग के आतंकवादियों ने हाथों-हाथ लिया और बहुतेरे विश्लेषकों का मानना है कि वह सैद्धांतिकी आज तक आतंकवादियों को कुछ धमाकेदार, चौंकानेवाली और जोरदार घटनाएँ करने के लिए प्रेरित करती रहती है, ताकि भरपूर प्रचार पाया जा सके। इसमें कोई शक नहीं है कि आतंकवादी कार्रवाइयों का एक महत्त्वपूर्ण उद्देश्य प्रचार पाना होता है और कई बार तो सिर्फ प्रचार पाने के लिए सनसनीखेज कार्रवाइयाँ की जाती हैं। अमेरिका में 11 सितंबर '2001 की आतंकवादी कार्रवाइयों ने बिन लादेन और उसके अल-कायदा नेटवर्क के नाम को दुनिया भर में पहुँचा दिया। मीडिया के जरिए इन घटनाओं को इतना अधिक प्रचार मिला है कि लादेन स्वयं में एक उपासना-पुरुष (कल्ट फिगर) बन गया।

आतंकवाद का नया दौर

प्रथम विश्वयुद्ध के पहले तक के आतंकवादी आंदोलन की मुख्य प्रेरणा राष्ट्रवाद और लोकतंत्र के उभार से जुड़ी हुई थी। संभवतः यही कारण है कि कुछेक विश्लेषक आतंकवादी आंदोलन के इस पहले दौर को एक वामपंथी परिघटना मानने की भूल कर बैठते हैं। सच तो यह है कि इस दौर के लगभग सभी प्रमुख वामपंथी विचारकों और नेताओं ने व्यक्तिगत आतंकवादी कार्रवाइयों की सख्त आलोचना की थी। दूसरे, इस दौर की आतंकवादी कार्रवाइयाँ मुख्यतः व्यक्तिगत प्रकृति की थीं और अगर उनके पीछे कोई वैचारिक समझ थी भी तो वह अराजकतावादी सोच से प्रभावित थी।

प्रथम विश्वयुद्ध के बाद आतंकवादी आंदोलन की प्रकृति में भी परिवर्तन आया। हालाँकि अब भी उसकी प्रमुख प्रेरणा राष्ट्रवाद और लोकतांत्रिक आकांक्षाएँ ही थीं,

लेकिन कुछेक प्रमुख दक्षिणपंथी-फासीवादी आतंकवादी संगठन भी रंगमंच पर आ चुके थे। ऐसे दक्षिणपंथी समूहों को क्रोएशिया (उस्टाचा), जर्मनी, फ्रांस, हंगरी और रूमानिया (आयरन गार्ड) में सक्रिय देखा जा सकता था। यूरोप से बाहर एशिया, लातिनी अमेरिका और अफ्रीका में यह दौर औपनिवेशिक गुलामी के खिलाफ राष्ट्रीय मुक्ति आंदोलनों की शुरुआत या उभार का था। यह एक शृंखलाबद्ध प्रतिक्रिया (चेन रिएक्शन) जैसा मामला था, जिसकी चपेट में एक के बाद दूसरा और इस तरह सभी देश आते चले गए।

लेकिन प्रथम विश्व युद्ध के बाद के दौर की जो सबसे महत्त्वपूर्ण विशेषता **थी**, वह यह थी कि यह जन पार्टियों का दौर था यानी चाहे राष्ट्रीय मुक्ति के आंदोलन हों या राजतंत्रों और तानाशाहियों के खिलाफ लोकतांत्रिक अधिकारों व जनतंत्र बहाली के आंदोलन—उन सबके पीछे व्यापक जनगोलबंदी पर आधारित राजनीतिक पार्टियाँ नेतृत्वकारी भूमिका निभा रही थीं। उन आंदोलनों में आम जनता स्वयं सक्रिय भागीदारी कर रही थी, इसलिए आतंकवादी हिंसा के लिए बहुत गुंजाइश नहीं थी। अराजकतावाद अपनी उम्र पूरी कर चुका था और रूसी क्रांति ने उसके रहे-सहे आकर्षण को भी समाप्त कर दिया। इस कारण इस दौर में आतंकवादी कार्रवाइयों और हिंसा में अपेक्षाकृत कमी आई। अलबत्ता, इस दौर में उग्र अंधराष्ट्रवादी उभार की लहरों पर सवार कई फासीवादी और घोर दक्षिणपंथी पार्टियाँ खासकर जर्मनी और इटली में काफी सफल साबित हुईं। हिंसा और आतंक का खुलकर प्रयोग हुआ और राजनीतिक विरोधियों की हत्याओं से लेकर 'जातीय सफाए' (जैसे जर्मनी में यहूदियों) की रोंगटे खड़ी कर देनेवाली घृणित कार्रवाइयाँ तक हुईं।

इस दौर में यूरोप में कुछेक धमाकेदार राजनीतिक हत्याएँ हुईं, जिनमें 1919 में लीबनेख्त और लक्जेमबर्ग, 1922 में रथेनाऊ और 1934 में युगोस्लाविया के शासक राजा अलेक्जेंडर और बारथाऊ की हत्याएँ प्रमुख हैं। खासकर बारथाऊ की अप्रैल 1934 में हुई हत्या के बाद, जिसमें कम से कम चार देशों की सरकारों के हाथ होने का भी अंदेशा या आरोप था, राष्ट्रसंघ (लीग ऑफ नेशंस) ने हस्तक्षेप किया। प्रस्ताव पारित हुए और आतंकवाद से अंतरराष्ट्रीय स्तर पर मुकाबले के लिए समितियों का गठन किया गया। ये सारे प्रयास व्यर्थ साबित हुए, क्योंकि जहाँ कुछ सरकारें इसके खिलाफ थीं, वहीं कुछ अन्य ने इसका समर्थन किया। इस घटना के तीन दशक बाद संयुक्त राष्ट्र संघ को भी ऐसी ही स्थिति का सामना करना पड़ा।[17]

दूसरी ओर, यूरोप से बाहर आतंकवादी आंदोलन मुख्यतः औपनिवेशिक गुलामी के खिलाफ राष्ट्रीय मुक्ति आंदोलनों के सहयोगी या समर्थक के रूप में उभरा। भारत में युवा क्रांतिकारियों ने कभी-कभी व्यक्तिगत स्तर पर और कभी बाकायदा एक रणनीति और संगठन के तहत चुनिंदा लक्षित आतंकवादी कार्रवाइयों को अंजाम दिया। भारतीय क्रांतिकारियों ने न तो निर्दोष नागरिकों को कभी निशाना बनाया और न

ही गैरजरूरी हिंसा का सहारा लिया। भगत सिंह और उनके साथियों ने जब असेंबली में बम फेंका तो किसी को नुकसान पहुँचाने के लिए नहीं, बल्कि 'बहरों को सुनाने के लिए'। आश्चर्य नहीं कि भगत सिंह और उनके साथियों को भारतीय इतिहास में किसी आतंकवादी के रूप में नहीं, बल्कि एक देशभक्त क्रांतिकारी के रूप में याद किया जाता है, जिनमें शहादत का जबरदस्त जज्बा था।

भारत से बाहर मिस्र में भी कई आतंकवादी कार्रवाइयाँ हुईं। 1910 में मिस्र के प्रधानमंत्री बुतरस पाशा और 1924 में सेनाध्यक्ष सर ली स्टैक की हत्या कर दी गई। इसी दौरान 1930 और खासकर 1940 के दशक में मिस्र में 'मुस्लिम ब्रदरहुड' और 'यंग इजिप्ट' जैसे दक्षिणपंथी झुकाववाले कई उग्रवादी समूह अस्तित्व में आए, जिन्होंने आगे चलकर सुनियोजित हिंसा और आतंकपूर्ण कार्रवाइयों का जमकर सहारा लिया। दूसरी ओर, फलीस्तीन में इजरायल की स्थापना के लिए 'इरगुन जाई लेउमी' और एलईएचआइ ने व्यक्तिगत आतंकवादी कार्रवाइयों का इस्तेमाल किया। इरगुन ने तो 1939 के बाद ब्रिटेन विरोधी कार्रवाइयाँ बंद कर दीं, लेकिन कहीं ज्यादा उग्र 'लेही' ने अपना संघर्ष जारी रखा। लॉर्ड मोयन की हत्या इनकी सबसे धमाकेदार कार्रवाई थी।[18]

दूसरे विश्व युद्ध के दौरान महायुद्ध की विभीषिका ने आतंकवादी हिंसा के ज्वार को काफी कम कर दिया। छिटपुट हिंसा और आतंकवादी कार्रवाइयाँ होती रहीं, लेकिन जन पार्टियों की बढ़ती ताकत ने उन्हें फैलने का मौका नहीं दिया। अलबत्ता औपनिवेशिक हुकूमतों और निरंकुश राजशाहियों के दमन और बर्बरता (जलियाँवाला बाग नरसंहार) के खिलाफ आम जनसमुदाय में जबरदस्त गुस्सा था जो कभी-कभी सामूहिक हिंसा और औपनिवेशिक शासन के प्रतीकों पर हमले के रूप में फूट पड़ता था।

द्वितीय विश्व युद्ध ने ब्रिटिश साम्राज्य को अंदर से खोखला कर दिया। मुक्ति संघर्षों ने रही-सही कसर पूरी कर दी। एक-एक कर तमाम उपनिवेश स्वतंत्र होते चले गए। राजतंत्रों के दिन लद चुके थे। क्रांतिकारी आतंकवाद ने अपनी पहली मंजिल हासिल कर ली थी।

अलगावबाद की लपटें

द्वितीय विश्व युद्ध की समाप्ति के साथ ही दुनिया का भौगोलिक और राजनीतिक नक्शा काफी बदल चुका था। ब्रितानी साम्राज्य का अस्त हो गया। दुनिया में जहाँ एक ओर नव-स्वतंत्र राष्ट्र अस्तित्व में आ रहे थे, वहीं दो नई महाशक्तियाँ संयुक्त राज्य अमेरिका और सोवियत रूस उभरकर सामने आ गए। उपनिवेशवाद के पतन और दूसरी ओर दो नई महाशक्तियों के उदय के फलस्वरूप अंतरराष्ट्रीय राजनीति में कुछ ऐसे नए परिवर्तन हुए, जिससे आतंकवाद को एक नया आवेग मिला।

विश्वयुद्धोत्तर आतंकवाद के उद्भव में औपनिवेशिक शासकों द्वारा अपने

उपनिवेशों में अपनाई गई नीतियों को एक प्रमुख कारण माना जा सकता है। अपने स्वार्थों और हितों के अनुकूल औपनिवेशिक शासकों ने उपनिवेशों में कुछेक समुदायों (या किसी खास धर्म) को विशेष अधिकार और सुविधाएँ दीं और कुछेक के साथ अन्यायपूर्ण व्यवहार किया। राज्यों और राष्ट्रों के विभाजन के दौरान सीमाओं के निर्धारण में जानबूझकर इतनी गड़बड़ियाँ कीं कि स्वतंत्रता प्राप्ति व विभाजन के बाद उन राष्ट्रों को आज तक उसका खमियाजा भुगतना पड़ रहा है। जॉन ब्रे ने स्वीकार किया है कि 'औपनिवेशिक शासकों ने ऐसी सीमाओं के निर्धारण द्वारा जिनका पहले कोई अस्तित्व नहीं था या जो मिट चुकी थीं भविष्य के विवादों की बुनियाद रख दी।'[19] विजय करन ने भी इस संबंध में कुछ सवाल उठाए हैं—'अगर दूसरे विश्व युद्ध के बाद फलीस्तीन को विभाजित नहीं किया गया होता तो शायद पश्चिम एशिया—और पूरी दुनिया—ढेर सारे खून-खराबे और आतंकवाद से बच गई होती ...अगर वर्साय की संधि से एक कृत्रिम राष्ट्र युगोस्लाविया न खड़ा किया गया होता, जो कई आंतरिक अंतर्विरोधों से भरा हुआ था, तो शायद दुनिया बोस्निया के कत्लेआम से बच गई होती।'[20]

यह राष्ट्रीयताओं और एथनिक पहचानों के उभार का दौर था। वे अपने लिए स्वतंत्र हैसियत और पहचान के साथ-साथ 'गृहराज्य' (होमलैंड) की भी माँग कर रही थीं। दूसरी ओर, बहुतेरे नव-स्वतंत्र देशों के लिए यह राष्ट्र निर्माण की प्रक्रिया शुरू करने का दौर था। यह एक बहुत जटिल और कठिन प्रक्रिया थी। औपनिवेशिक शासकों ने अपनी कारगुजारियों से इसे और मुश्किल बना दिया था। इसमें कोई शक नहीं है कि कृत्रिम और मनमाने सीमा निर्धारण के जरिए उन्होंने तीसरी दुनिया के अनेक देशों में इन दिनों चल रहे कई अलगाववादी-आतंकवादी आंदोलनों की ऐतिहासिक पृष्ठभूमि उन्हीं दिनों तैयार कर दी थी। रही-सही कसर इन नव-स्वतंत्र देशों के नए शासकों ने अपनी गलत नीतियों, धूर्तताओं, सैनिक दमन और संवेदनहीन रवैये से पूरी कर दी। दुनिया भर में चल रहे या सफल हो चुके अलगाववादी आंदोलनों की मिसाल सामने थी ही, बस इतना काफी था। देखते-देखते कई देशों में अलगाववादी आंदोलनों की शुरुआत हो गई। इनमें से कई ने हथियार उठाने और हिंसा व आतंक का सहारा लेने में संकोच नहीं किया और कुछ राज्य दमन के प्रतिकार में हथियार उठाने पर मजबूर हो गए। दूसरी ओर, आयरलैंड में आयरिश आंदोलनकारियों को जल्दी ही समझ में आ गया कि उन्हें अभी बहुत लंबी लड़ाई लड़नी होगी। आयरिश आंदोलन ने दुनिया भर के तमाम अलगाववादी आंदोलनों पर गहरा असर डाला।

यही वह पृष्ठभूमि थी जिसमें विश्वयुद्धोत्तरकालीन आतंकवाद का एक प्रमुख रूप—अलगाववादी (यह शब्द भी आतंकवाद से कम विवादास्पद नहीं है) आंदोलन विकसित हुआ। आज दुनिया के कई देशों में ऐसे आंदोलन चल रहे हैं, जिनमें से कई को व्यापक जनसमर्थन भी प्राप्त है। इनमें से अधिकांश को आतंकवादी हिंसा

से कोई परहेज नहीं है। इनमें 1980 के दशक में श्रीलंका में 'तमिल ईलम' यानी अलग होमलैंड की माँग को लेकर शुरू हुआ आंदोलन आतंकवादी हिंसा का चरम रूप प्रदर्शित करता है। एलटीटीई दुनिया का संभवतः सबसे संगठित, प्रशिक्षित, खतरनाक और आक्रामक आतंकवादी संगठन है, हालाँकि उसकी आतंकवादी गतिविधियाँ श्रीलंका (कभी-कभार भारत) तक सीमित हैं। इसके अलावा स्पेन में बास्क इलाके को अलग करने के लिए ईटीए, कनाडा में क्यूबेक प्रांत की स्वाधीनता के लिए क्यूबेक उग्रपंथी, तुर्की में अलग कुर्दिस्तान के लिए पीकेके, भारत में कश्मीर, असम, नगालैंड, मणिपुर और मिजोरम में अलग-अलग अलगाववादी संगठनों और रूस में चेचन्या की स्वतंत्रता के लिए चेचेन छापामारों की हिंसक गतिविधियाँ लगातार जारी हैं। इनके अलावा छोटे-छोटे, कम तीव्रता के और सीमित दायरे में सक्रिय अलगाववादी आंदोलनों की तादाद भी कम नहीं है।

इन अलगाववादी आतंकवादी आंदोलनों की बढ़ती तीव्रता ने राष्ट्र राज्यों की स्थिरता और एकता के लिए नई चुनौतियाँ खड़ी कर दी हैं। राष्ट्र-राज्य अंदर और बाहर दोनों ओर से जबरदस्त दबाव का सामना कर रहे हैं। इन अलगाववादी आंदोलनों ने हिंसा और आतंक के जोर पर दुनिया के नक्शे को नए सिरे से खींचने का अभियान छेड़ दिया है, जिसके दबाव में अजेय और स्थिर दिख रहे राष्ट्र-राज्य अचानक बहुत कमजोर और भंगुर दिखाई पड़ने लगे हैं। पिछले कुछ वर्षों में जिस तरह से युगोस्लाविया खंड-खंड में टूटकर बिखर गया, इंडोनेशिया को पूर्वी तिमोर छोड़ना पड़ा और इरियन जावा से लेकर एचेह तक में अलगाववादी हिंसा भड़क उठी है, उसने राष्ट्र-राज्यों को जैसे नींद से जगा दिया है। राष्ट्र-राज्यों को समझ में नहीं आ रहा है कि इस चुनौती से कैसे निपटा जाए? सैनिक दमन का हथियार विफल साबित हुआ है। उसने आग बुझाने का नहीं, भड़काने का काम किया है। अंतरराष्ट्रीय समुदाय एक अलग राजनीतिक दुविधा का सामना कर रहा है। जनता के आत्मनिर्णय के सिद्धांत का समर्थन किया जाए और दुनिया के नक्शे को नए सिरे से (अधिकांश मामलों में हिंसा और रक्तपात के जरिए) खींचने की इजाजत दी जाए तो उसका नतीजा क्या होगा? यह आग कहाँ जाकर रुकेगी? कहने की जरूरत नहीं है कि दुनिया पिछले कई दशकों से इस सवाल का उत्तर ढूँढ़ रही है और अभी वह खोज जारी है।

शीत युद्ध की तप्त रणनीति

दूसरे विश्व युद्ध के बाद आतंकवाद के फैलाव व विस्तार में जिस एक और कारक ने सर्वाधिक महत्त्वपूर्ण भूमिका निभाई, वह थी दोनों महाशक्तियों के बीच चार दशकों तक चली शीत युद्ध की राजनीति। दूसरे विश्व युद्ध की विभीषिका, व्यापक धन-जन की हानि और परमाणु बमों के इस्तेमाल के साथ ही पारंपरिक युद्ध में निहित जोखिम और खतरे से पूरा विश्व वाकिफ हो चुका था। यह स्पष्ट था कि अगर तीसरा विश्वयुद्ध

हुआ या दोनों महाशक्तियों के बीच सीधा युद्ध हुआ तो विजेता कोई नहीं होगा, बल्कि पूरी दुनिया खत्म हो सकती है। इस अहसास के साथ ही पारंपरिक युद्ध एक तरह से अप्रासंगिक हो गया। इसके बावजूद दोनों महाशक्तियों और उनके बीच बँटी दुनिया की परस्पर शत्रुता और कटु प्रतिस्पर्द्धा में कोई कमी नहीं आई।

इस प्रक्रिया में ही शीत युद्ध की परिघटना का जन्म हुआ। शीतयुद्ध का अर्थ ही यही था कि आमने-सामने की लड़ाई के बजाय परोक्ष युद्ध। यह परोक्ष युद्ध ही बीसवीं सदी के उत्तरार्ध में आतंकवाद के प्रसार का एक प्रमुख माध्यम बन गया। शीत युद्ध की शुरुआत के साथ ही कमजोरों का हथियार (आतंकवाद) एक बार फिर ताकतवरों का हथियार बन गया। आतंकवाद शीत युद्ध की अभिव्यक्ति का माध्यम बन गया।[21] पूरे शीत युद्ध के दौरान सोवियत रूस और साम्यवाद के प्रसार को रोकने के लिए अमेरिका ने शैतान से भी हाथ मिलाने में संकोच नहीं किया। वह शैतान था आतंकवाद (जो बाद में भस्मासुर साबित हुआ), जिसके जरिए अमेरिका ने सोवियत रूस और जहाँ कहीं भी वामपंथी या कम्युनिस्ट सरकारें सत्ता में आईं, उनके खिलाफ अपरोक्ष युद्ध छेड़ दिया। आम तौर पर बिना किसी अपवाद के यह सिलसिला चार दशकों तक चलता रहा।

अमेरिकी राष्ट्रपति रीगन के शब्दों में 'शैतान सोवियत साम्राज्य' और उसके समर्थक देशों को ध्वस्त करने के लक्ष्य के साथ अमेरिका ने अपनी कुख्यात खुफिया सेवा–सीआइए–को हर साधन का इस्तेमाल करने की खुली छूट दे दी थी। सीआइए ने सोवियत समर्थक देशों की सरकारों को अस्थिर करने और गिराने के उद्देश्य से उस देश के अंदर अलगाववादी आंदोलनों से लेकर प्रतिक्रांतिकारी विद्रोही गुटों (जैसे अंगोला में यूनिटा, निकारागुआ में कोंट्रा आदि) तक को खुलकर आर्थिक, सैनिक, राजनीतिक और कूटनीतिक मदद मुहैया कराया, गोपनीय ऑपरेशनों के तहत सैनिक विद्रोहों और राजनीतिक हत्याओं (जैसे चिली के वामपंथी राष्ट्रपति अलेंदे की हत्या) को अंजाम दिया और यहाँ तक कि सैकड़ों बार सीधे सैनिक हस्तक्षेप तक किया। वियतनाम में अमेरिका ने जो कुछ किया, वह आतंकवाद का सबसे कुरूप और भयावह चेहरा है।

दूसरी ओर, सोवियत संघ ने भी दुनिया भर में जहाँ संभव था, अपनी समर्थक सरकारों को मदद देने से लेकर अमेरिका समर्थक सुल्तानों, तानाशाहों और निरंकुश शासकों के खिलाफ लड़ रहे आंदोलनों और विद्रोही छापामारों को खुलकर मदद पहुँचायी। इसी दौर में अमेरिका ने दुनिया के कई प्रमुख देशों और क्षेत्रों में वामपंथी/कम्युनिस्ट आंदोलनों की बढ़त को रोकने के लिए अपने सैनिक अड्डे खड़े किए, जिनमें सऊदी अरब, दियागो गार्सिया, फिलीपींस, जापान तथा दक्षिण कोरिया के सैनिक अड्डे प्रमुख हैं। अमेरिकी मदद से कई देशों, जैसे इंडोनेशिया, तुर्की, पेरू, चिली, मेक्सिको, फिलीपाइंस, हांडुरास, कोस्टारिका आदि, में सशस्त्र विद्रोहियों/

छापामारों/कम्युनिस्ट क्रांतिकारियों को कुचलने के लिए राज्य आतंकवाद (लाल आतंक के विरुद्ध श्वेत आतंक) को जमकर बढ़ावा दिया गया।

अफगानिस्तान इस खेल का क्लाइमेक्स था, जहाँ 1979 में घुस आए सोवियत रूस को निकाल बाहर करने के लिए और अफगानिस्तान को सोवियत रूस के लिए 'वियतनाम' बना देने के उद्देश्य से अमेरिका ने अपनी पूरी ताकत झोंक दी। 80 के दशक की शुरुआत में अमेरिकी राष्ट्रपति रोनाल्ड रीगन के कार्यकाल में सीआइए के नेतृत्व में सोवियत रूस को अफगानिस्तान से बाहर करने का अभियान शुरू हुआ। सीआइए ने इस अभियान में पाकिस्तानी खुफिया एजेंसी आइएसआइ और सऊदी अरब को सक्रिय साझीदार बनाया। तीनों ने मिलकर मुस्लिम देशों से स्वयंसेवकों का चयन, प्रशिक्षण और उन्हें हथियार देकर अफगानिस्तान भेजना शुरू कर दिया। इसे जिहाद का नाम दिया गया और समूचे मुस्लिम संसार में कट्टरपंथी ताकतों को इस जिहाद में शामिल होने का आह्वान किया गया। यह जिहाद एक दशक चला और इस दौरान अमेरिका पूरी ताकत के साथ उसके पीछे खड़ा रहा। सोवियत रूस अफगान युद्ध में टिक नहीं पाया और उसे 1989 में अफगानिस्तान छोड़ना पड़ा। अमेरिकी मदद से मुजाहिदीन ने एक अजेय समझी जानेवाली महाशक्ति को करारी शिकस्त दे दी थी। जिहादियों के मुँह खून का स्वाद लग चुका था।

सोवियत रूस के पतन के साथ शीत युद्ध की समाप्ति और एकल महाशक्ति अमेरिका के नेतृत्व में बनी 'नई विश्व व्यवस्था' ने जल्दी ही स्वयं को इस शेर के सामने खड़ा पाया। यह आतंकवाद के एक नए दौर की शुरुआत का संकेत था।

आतंकवाद की नई प्रवृत्तियाँ

भगत सिंह और चे ग्वारा के जमाने के आतंकवाद और भिंडरांवाले और बिन लादेन के आतंकवाद में जमीन-आसमान का फर्क है। जाहिर है कि यह फर्क सिर्फ समय के अंतराल और व्यक्तियों भर का नहीं है, बल्कि इस बीच आतंकवाद के स्वरूप, चरित्र, लक्ष्यों और कार्यप्रणाली में भी बुनियादी अंतर आ चुका है। इस लिहाज से 90 के दशक में विकसित हुए आतंकवाद की कुछ विशेष नई प्रवृत्तियों की संक्षिप्त चर्चा के बगैर आतंकवाद के इस नए रूप को नहीं समझा जा सकता। यह सच है कि आज के आतंकवाद की कुछ खास प्रवृत्तियों की झलक शीतयुद्धकालीन आतंकवाद, खासकर 80 के दशक के दौरान अफगानिस्तान में अमेरिकी मदद से चले 'जिहाद' में भी देखी जा सकती हैं। वे प्रवृत्तियाँ अब पूरी तरह से जवान हो चुकी हैं।

90 के दशक के आतंकवाद की पहली विशेषता यह है कि वह पहले के मुकाबले कहीं ज्यादा संगठित, प्रशिक्षित और अत्याधुनिक हथियारों से लैस है।[22] आधुनिक संचार उपकरणों और हथियारों की सहज उपलब्धता ने उसके नेटवर्क को विश्वव्यापी

और उसकी पहुँच और मारक क्षमता को कई गुना बढ़ा दिया है। संख्या में कम होने के बावजूद उनकी नुकसान पहुँचाने की क्षमता बहुत ज्यादा बढ़ गई है। छोटे और हलके हथियारों ने उनका काम आसान कर दिया है और विस्फोटकों की नयी विकसित शृंखला उनका सबसे घातक हथियार बन गई है।

मौजूदा आतंकवाद की दूसरी पहचान इन्हीं नए और हल्के हथियारों और विस्फोटकों की सहज उपलब्धता और उससे भी ज्यादा सहजता से आतंकवादी संगठनों द्वारा उनका प्रयोग है। 'क्लाश्निकोव संस्कृति' के नाम से जानी जाने वाली यह प्रवृत्ति 90 के दशक के आतंकवाद की खास विशेषता है। स्वचालित एके-47 या 56 राइफलों की पूरी शृंखला हो या रॉकेट लांचर या स्टिंगर मिसाइलें या ग्रेनेड या फिर प्रलयंकारी आर डी एक्स—वे इतनी सहजता से और सस्ते में उपलब्ध हैं कि छोटे-छोटे कस्बाई अपराधी और माफिया गिरोहों तक पहुँच गए हैं—संगठित आतंकवादी गिरोहों की तो बात ही क्या है। कहना चाहिए कि तकनीकी क्रांति और हथियारों के खुले बाजार ने अत्याधुनिक हथियारों और विस्फोटकों पर से राज्य के एकाधिकार को खत्म कर दिया है। आतंकवादी गिरोहों की पहुँच आधुनिक संचार उपकरणों—वायरलेस, वॉकी टाकी, सैटेलाइट फोन, सेल्यूलर और पेजर और रेडियो संचार—तक हो गई है। केवल कश्मीर और पंजाब के आतंकवादी गिरोहों से बरामद हथियारों, विस्फोटकों और संचार उपकरणों की सूची देखकर अंदाजा लगाया जा सकता है कि 'क्लाश्निकोव संस्कृति' का पिछले एक दशक में कितनी तेजी से प्रसार हुआ है।

पंजाब और कश्मीर में आतंकवादी गिरोहों से बरामद हथियारों, विस्फोटकों और संचार उपकरणों की सूची

पंजाब (1986-1993) हथियार/विस्फोटक आदि	संख्या	कश्मीर (1988-98) हथियार/विस्फोटक आदि	संख्या
1. एके-47 शृंखला के स्वचालित राइफल	2497	1. एके-47 शृंखला के स्वचालित राइफल	67818
2. मशीनगन	139	2. मशीनगन	1041
3. ग्रेनेड लांचर	119	3. राकेट लांचर	1028
4. गोलियाँ	850000 राउंड	4. मोर्टार	88
5. विस्फोटक	2985 किलो	5. गोलियाँ	2852000 राउंड
6. वायरलेस/वॉकी टाकी	24	6. विस्फोटक	17206 किलो
		7. वायरलेस/वॉकी टाकी	1671

स्रोत : जनसत्ता (नई दिल्ली), 9 जनवरी 2000

90 के दशक के आतंकवाद की तीसरी खास विशेषता यह है कि यह सीधे-सीधे राजसत्ता को चुनौती दे रहा है। यहाँ तक कि श्रीलंका के उत्तरी हिस्से में एलटीटीई समानांतर सरकार चला रही है तो अफगानिस्तान में तालिबान ने सत्ता पर ही कब्जा कर लिया। जाहिर है कि इस नए आतंकवाद को विश्व जनमत की कोई परवाह नहीं है। उनकी अपनी अलग राजनीतिक, सामाजिक, धार्मिक और सांस्कृतिक आचार संहिता है। उन्हें आमने-सामने की लड़ाई से भी परहेज नहीं है और अपने लक्ष्य को ध्वस्त करने के लिए (एलटीटीई शैली में) मानव बम बनने से भी कोई गुरेज नहीं है।

90 के दशक के आतंकवाद की चौथी पहचान यह है कि उसकी न तो अपनी कोई विचारधारा है और न ही कोई रेडिकल लक्ष्य और उद्देश्य। उसके लिए हिंसा और आतंक सिर्फ साधन नहीं, बल्कि साध्य बन गए हैं। अत्यधिक हिंसा ने उसे लोगों से दूर कर दिया है। ऐसा लगता है जैसे उन्हें न तो जनमत की परवाह है और न ही जनसमर्थन की जरूरत। वे सिर्फ हिंसा और आतंक के बल पर सब कुछ हासिल कर लेने में यकीन करते दिखाई पड़ते हैं। इस कारण जिस तरह इस सदी के पूर्वार्ध और शीत युद्ध के दौरान आतंकवादी संगठनों और आतंकवादियों को किसी बड़े लक्ष्य से जुड़े होने के कारण व्यापक जनता की सहानुभूति हासिल थी और उन्हें नायकों का दर्जा मिला हुआ था, वह कुछेक अपवादों को छोड़कर पिछली सदी के अंतिम दशक के लक्ष्यहीन और अराजक आतंकवाद को नहीं प्राप्त है। विचारधारा खासकर वाम विचारधारा से बँधे आतंकवादी संगठनों में एक किस्म का आंतरिक अनुशासन दिखता था और बहुत हद तक भले-बुरे का विवेक भी काम करता था। लेकिन विचारधारा की विदाई के साथ ही वह अनुशासन और भले-बुरे का विवेक भी चला गया है। यहाँ तक कि निर्दोष नागरिकों की हत्या या जनसंहार में भी उन्हें कोई हिचकिचाहट नहीं होती। अब वे एक लक्ष्य के प्रति समर्पित संगठन के बजाय संगठित गिरोह हैं जहाँ किसी प्रभाकरन, किसी लादेन या परेश बरूआ का हुक्म चलता है और विरोध करने वाले को उसी निर्ममता से खत्म कर दिया जाता है जैसे दुश्मन को। प्रभाकरन ने एलटीटीई में नंबर दो के नेता महात्या की हत्या क्यों करवाई थी, कोई नहीं जानता?

इस दशक के आतंकवाद की पाँचवीं विशेषता यह है कि प्रभाकरन, लादेन, परेश बरूआओं ने आतंकवाद का निजीकरण कर दिया है। इस आतंकवाद का अपना ही एक निजी तंत्र बन गया है। एक निजी सेना, उसकी निजी राजनीतिक-सामाजिक और धार्मिक-सांस्कृतिक आचार संहिता, एक निजी अर्थतंत्र और बहुत सीमित लक्ष्य। इस आतंकवाद ने अपनी एक समानांतर अर्थव्यवस्था खड़ी कर ली है, जिससे उसका भारी-भरकम और अत्याधुनिक तंत्र अपने पैरों पर खड़ा हो गया है। यहीं आकर उसके तार संगठित अपराधी गिरोहों से भी जुड़ते हैं। बिन लादेन ने अरब शेखों,

निजी कंपनियों, वित्तीय संस्थाओं के साथ-साथ मादक पदार्थों की तस्करी के जरिए एक स्ववित्त पोषित नेटवर्क खड़ा कर दिया। अल्फा ने असम की अर्थव्यवस्था की जान चाय और इमारती लकड़ी के उद्योगों को 'अपहरण-फिरौती' के जरिए सालाना करोड़ों रुपए देने के लिए बाध्य कर दिया है और इसी उगाही के जरिए इकट्ठा धन से उसका शक्तिशाली नेटवर्क चल रहा है। एलटीटीई ने तो खैर श्रीलंका के उत्तर में समानांतर सरकार और उसका कर ढाँचा ही खड़ा कर लिया है। भारत के एमसीसी और पीपुल्स वार जैसे उग्र वाम संगठन भी इस प्रवृत्ति से बचे नहीं रह सके हैं और ठेकेदारों-व्यापारियों और अफसरों से नियमित वसूली का जाल बिछाकर उसी में उलझ गए हैं। इस प्रक्रिया में आज के आतंकवाद का आंतरिक चरित्र इतनी तेजी से बदला है कि संगठित अपराधी गिरोहों और आतंकवादी संगठनों के बीच एक बहुत पतली विभाजक रेखा रह गई है और वह भी अक्सर धुँधली हो जाती है।

90 के दशक के आतंकवाद की छठी विशेषता यह है कि इसने भूमंडलीकरण की मौजूदा प्रक्रिया का भरपूर लाभ उठाया है। वित्तीय भूमंडलीकरण और उदारीकरण ने हवाला कारोबार का एक विशाल अंतरराष्ट्रीय नेटवर्क खड़ा कर दिया है। इस नेटवर्क के साथ निजी बैंकों, वित्तीय संस्थाओं, फर्जी कंपनियों का एक ऐसा तंत्र बना है जो आतंकवादी गिरोहों के लिए बहुत मुफीद बैठ रहा है। बैंक ऑफ क्रेडिट एंड कामर्स इंटरनेशनल (बीसीसीआई) के दिवालिया होने के बाद हुई जाँच-पड़ताल से यह बात खुलकर सामने आई कि उसने अफगान मुजाहिदीन और लादेन के जेहादियों तक धन पहुँचाने में महत्त्वपूर्ण भूमिका निभाई थी। आज कम से कम दो दर्जन ऐसे अत्यंत छोटे संप्रभु राज्य हैं जो तमाम किस्म के वैध-अवैध धंधों के अड्डों में बदल गए हैं, जिनके अपतटीय बैंकों के जरिए आतंकवादी गिरोहों का निजी आर्थिक नेटवर्क सुचारु रूप से चल रहा है। आखिर ये 'सुरक्षित स्वर्ग' और उनके बैंकों और वित्तीय संस्थाओं का नेटवर्क किसके काम आता है? यही नहीं, इन दिनों इस नेटवर्क के माध्यम से आया धन शेयर बाजारों के अंदर सट्टेबाजी और उससे भारी मुनाफा बटोरने के काम भी आ रहा है। इसकी जानकारी अमेरिका तक को है, लेकिन इसे रोकने में वह भी स्वयं को असमर्थ महसूस कर रहा है।

इसी नेटवर्क का अनुषांगिक है मादक पदार्थों और हथियारों की तस्करी का एक अंतरराष्ट्रीय तंत्र जिसे ये आतंकवादी संगठन और अपराधी गिरोह मिलकर चला रहे हैं। मादक पदार्थों की तस्करी अकेले पूरी दुनिया के कुल सकल घरेलू उत्पाद के 2 प्रतिशत के बराबर यानी 350 बिलियन डॉलर (14875 अरब रुपए) का समानांतर अर्थतंत्र रचती है। अफगानिस्तान मादक पदार्थों के इस अंतरराष्ट्रीय कारोबार का केंद्र बन गया है। 'कंदहार के इर्दगिर्द दूर क्षितिज तक अफीम के हरे-भरे लहलहाते खेत देखे जा सकते हैं। हेरात में तालिबान ने हेरोइन पैदा करने और बनाने के 'आदर्श

फार्म' खोल रखे हैं जहाँ किसानों को ट्रेनिंग दी जाती है। संयुक्त राष्ट्र संघ के मादक पदार्थ नियंत्रण कार्यक्रम की रिपोर्ट के अनुसार 1999 में अफगानिस्तान ने पिछले वर्ष के मुकाबले दुगुना यानी 4600 मीट्रिक टन अफीम पैदा किया। फिलहाल, अफगानिस्तान पूरी दुनिया जितना अफीम पैदा करती है, उसका तिगुना अफीम अकेले पैदा कर रहा है। इसका करीब 96 प्रतिशत हिस्सा तालिबान नियंत्रित इलाके में पैदा हो रहा था। तालिबान अफीम के व्यापारियों और ट्रांसपोर्टरों से 20 प्रतिशत कर वसूलते थे जो सीधे उनके युद्ध कोष में जाता था। अफीम के व्यापारी ही देश का एकमात्र बैंकिंग तंत्र संचालित कर रहे थे जिसका मुख्य काम अफीम के किसानों को फसल उगाने के लिए अग्रिम देना था। इस आपराधिक अर्थतंत्र ने इस पूरे इलाके के अधिकांश देशों को अंदर से खोखला कर दिया है। इसका असर इस क्षेत्र के सभी देशों पर पड़ा है। मादक पदार्थों के नशेड़ियों की संख्या तेजी से बढ़ रही है। इस समय पाकिस्तान में 50 लाख, ईरान में 30 लाख और चीन के सिनक्यांग प्रांत में 10 लाख हेरोइन के नशेड़ी हैं। दूसरी ओर, अफीम के बदले में अफगानिस्तान और इस क्षेत्र के दूसरे देशों में पाकिस्तान के कराची के रास्ते उपभोक्ता सामानों, खाने-पीने की वस्तुओं और ईंधन की तस्करी का जाल भी फैल गया है। 1999 की विश्व बैंक की एक रिपोर्ट का अनुमान है कि 1997 में पाकिस्तान और अफगानिस्तान के बीच तस्करी के जरिए होने वाला व्यापार 2.5 बिलियन डॉलर (102 अरब रुपए) के बराबर था, जो अफगानिस्तान के कुल सकल घरेलू उत्पाद का आधा बैठता है।[23]

90 के दशक के आतंकवाद की सातवीं प्रवृत्ति विभिन्न आतंकवादी संगठनों के बीच बढ़ते संपर्क, परस्पर आदान-प्रदान और सहयोग के रूप में सामने आई है। तालिबान और तमिल टाइगरों में कोई एकरूपता नहीं है। कश्मीरी मुजाहिदीन और अल्फा के बीच कोई समानता नहीं है—न लक्ष्य के बाबत और न विचार को लेकर, न रणनीति को लेकर और न राजनीति को। इसके बावजूद उनके तार एक- दूसरे से जुड़े हुए हैं। दरअसल, आतंकवाद अब एक निर्यात उद्योग में बदल चुका है। उनके बीच प्रशिक्षण, हथियारों और दूसरे साजो-सामानों के लेन-देन, लड़ाकुओं के आवागमन और अपनी कार्यवाहियों को समन्वित करने के मामले में एक जटिल रिश्ता बन गया है।[24] उनके बीच यह संपर्क सूत्र जोड़ने और मजबूत बनाने में उन तमाम किस्म के अवैध धंधों की भी भूमिका है, जो बगैर एक-दूसरे के सहयोग और संरक्षण के चल ही नहीं सकते हैं।

इसी से जुड़ी शीतयुद्धोत्तरकालीन आतंकवाद की आठवीं उल्लेखनीय विशेषता अपराधी गिरोहों और आतंकवादियों के बीच बनी नजदीकी है। दोनों एक-दूसरे के लिए उपयोगी साबित हुए हैं। अपराधी गिरोहों को लगता है कि आतंकवाद से जुड़ने से वे अपने लिए उस खास समुदाय, समूह या वर्ग में, जिनके लिए लड़ने का दावा वे आतंकवादी करते हैं, अपने लिए सामाजिक सम्मान और संरक्षण जुटा सकेंगे।

दूसरी ओर, आतंकवादी समूहों को लगता है कि अपराधियों का इस्तेमाल कर वे न सिर्फ अपने लिए हथियार और धन जुटा सकेंगे बल्कि उन अपराधियों का अपने लक्ष्यों को निशाना बनाने में भी प्रयोग कर सकेंगे। यह एक किस्म का दुतरफा रिश्ता है। पंजाब में 1986 के बाद आतंकवादी गुटों में बड़े पैमाने पर अपराधियों का प्रवेश हुआ। उन्होंने 1986-1992 के बीच पंजाब में आतंकवाद के नाम पर विशुद्ध आपराधिक कार्य जैसे बैंक डकैती, फिरौती, हफ्ता वसूली और बलात्कार किए। मुंबई में 1992-93 के बम विस्फोटों के पीछे आतंकवादी गिरोहों का नहीं, बल्कि मुंबई के अंडरवर्ल्ड का हाथ था।

सदी के इस अंतिम दशक में फल फूल रहे आतंकवाद की नवीं विशेषता, भाड़े के विदेशी सैनिकों का बड़े पैमाने पर आतंकवादी आंदोलनों में प्रवेश है। घोषित वजह चाहे जिहाद हो या कोई और उद्देश्य लेकिन वास्तविकता यह है कि अरब देशों, उत्तरी अफ्रीका, अफगानिस्तान और दक्षिण एशिया के देशों की आर्थिक-सामाजिक परिस्थितियों का लाभ उठाकर धर्म के आवरण में गरीब, निरक्षर और बेरोजगार मुसलमानों को भाड़े के लड़ाकुओं में बदल दिया गया है। यहाँ इस तथ्य को दुहराना जरूरी है कि इस प्रक्रिया की शुरुआत 80 के दशक के शुरू में अमेरिकी देखरेख और खुले प्रोत्साहन के साथ अफगानिस्तान में हुई थी, जहाँ से सोवियत सैनिकों को निकाल बाहर करने के लिए अमेरिका ने पाकिस्तान और सऊदी अरब के सहयोग से पूरी इसलामी दुनिया से जिहादियों को इकट्ठा करने, फौजी प्रशिक्षण देने और नियमित तनख्वाह पर अत्याधुनिक हथियारों से लैस कर अफगानिस्तान भेजने का सिलसिला शुरू किया था। ओसामा बिन लादेन उसी प्रक्रिया की देन है। यही भाड़े के जिहादी आज पूरी मुस्लिम दुनिया और खासकर दक्षिण और मध्य एशिया में आतंकवादी गतिविधियों की असली बागडोर सँभाले हुए हैं। आज कश्मीर में सक्रिय हरकत-उल-मुजाहिदीन, लश्कर-ए-तोइबा, अल-जिहाद और हरकत-उल-अंसार जैसे आतंकवादी गिरोहों में विदेशी भाड़े के सैनिकों का ही वर्चस्व है। 'कश्मीरी स्वतंत्रता का आंदोलन दिन पर दिन विश्व समुदाय की सहानुभूति इसलिए खोता जा रहा है क्योंकि उसमें पाकिस्तानी और अरब जिहादी शामिल होते जा रहे हैं और उन्होंने इसे भी तालिबानी जिहाद में बदलने की कोशिश शुरू कर दी है।'[25]

20वीं सदी के आखिरी दशक के आतंकवाद की दसवीं विशेषता आत्मघाती आतंकवाद का बड़े पैमाने पर विकास और प्रयोग है। 11 सितंबर को न्यू यॉर्क और वाशिंगटन में 19 आत्मघाती आतंकवादियों ने इस तकनीक को जिस सफलता से अंजाम दिया, वह दिल दहलाने वाला है। इससे पहले तमिल टाइगरों ने आत्मघाती आतंकवाद का जिस बड़े पैमाने पर सफलतापूर्वक इस्तेमाल किया है, वह हैरत में डालने वाला है। आत्मघाती आतंकवाद में शारीरिक और मानसिक युद्ध में प्रशिक्षित आतंकवादी को अपने लक्ष्य यानी शत्रु को खत्म करते हुए स्वयं भी खत्म हो जाना

पड़ता है। मानव बमों के जरिए तमिल चीतों ने भारत के पूर्व प्रधानमंत्री राजीव गाँधी की नृशंस हत्या से लेकर श्रीलंका की राष्ट्रपति चंद्रिका कुमारतुंगा और प्रधानमंत्री सिरिमावो भंडारनायके के कार्यालय तक पर हमला किया है। कुमारतुंगा तो सिर्फ मामूली रूप से घायल होकर बच निकलीं, लेकिन तमिल टाइगरों की विशेष शाखा ब्लैक टाइगर के जो मानव बम की योजना बनाने से लेकर उसे लागू करने तक के लिए जिम्मेदार हैं, हमलों से बहुत कम 'लक्ष्य' ही बच पाए हैं।[26] एलटीटीई ने राजीव गाँधी की हत्या में अपना हाथ आज तक स्वीकार नहीं किया है क्योंकि उसकी आचार संहिता ऐसा करने से रोकती है। दरअसल, एलटीटीई अपने को एक ऐसे मुक्ति संघर्ष के आंदोलन के बतौर प्रोजेक्ट करके जो सिर्फ सैनिक लक्ष्यों और ठिकानों को ही निशाना बनाती है, अंतरराष्ट्रीय सहानुभूति हासिल करना चाहता है और इसलिए वह असैनिक हमलों की जिम्मेदारी स्वीकार नहीं करता है।[27] तमिल टाइगरों ने इतने कम समय में आत्मघाती दस्तों के जरिए श्रीलंका में जितने नेताओं, सैनिक और असैनिक अफसरों की हत्या और आर्थिक ढाँचे को तबाह किया है, वैसी दूसरी कोई मिसाल पूरी दुनिया में नहीं मिलती। तमिल टाइगरों के अलावा आत्मघाती दस्तों का इस्तेमाल मध्य पूर्व के अनेक आतंकवादी संगठन खासकर फलीस्तीन के हमाश और फलीस्तीन इस्लामिक जिहाद, लेबनान का हिजबुल्ला, तुर्की का पीकेके, मिस्र का इस्लामिक ग्रुप ऑफ इजिप्ट आदि करते हैं।[28] इस बीच एक महत्त्वपूर्ण बात यह दर्ज की गई है कि कश्मीर के आतंकवादी संगठनों ने भी इस रणनीति का इस्तेमाल शुरू कर दिया। 'फिदाइयाँ जत्थे' यानी आत्मघाती दस्तों ने पिछले कुछ महीनों में कश्मीर में सुरक्षा बलों के कैंपों और सेना की छावनियों पर हमला बोलकर सुरक्षा बलों को चौंका दिया है। कहने की जरूरत नहीं है कि आत्मघाती आतंकवाद ने न सिर्फ आतंकवादी तकनीक और रणनीति को नई ऊँचाई दे दी है, बल्कि उसे इस कदर मारक और विनाशक बना दिया है कि उसका कोई जवाब सुरक्षा एजेंसियों के पास भी नहीं है।

90 के दशक के आतंकवाद के बारे में कोई भी चर्चा तब तक अधूरी रहेगी जब तक आतंकवाद के बदलते चरित्र को लेकर उठ रही कुछ आशंकाओं पर विचार न किया जाए। आतंकवाद ने जिस तेजी से अत्याधुनिक हथियारों, विस्फोटकों, संचार उपकरणों और उनकी तकनीक को पकड़ा और समझा है, उनका सफलतापूर्वक इस्तेमाल किया है, उससे यह आशंका पुष्ट होती जा रही है कि इन आतंकवादी संगठनों की पहुँच परमाणु या रासायनिक हथियारों तक या वे उनकी तकनीक चुराकर खुद ऐसे हथियार बनाने की कोशिश करने लगे हैं। टोकियो के भूमिगत रेल सबवे में आतंकवादियों द्वारा नर्व गैस (Nerve Gas) के इस्तेमाल ने पूरी दुनिया के कान खड़े कर दिए थे। ऐसी खबरें आयी हैं कि रूस के संगठित अपराधी और माफिया गिरोह दूसरे देशों के अपराधी और माफिया गिरोहों से मिलकर परमाणु हथियार या

विखंड्य पदार्थ किसी आतंकवादी संगठनों के हवाले कर चुके हैं। हो सकता है कि यह खबर कुछ ज्यादा ही बढ़ा-चढ़ाकर पेश की जा रही हो। संभव है कि इस प्रचार के पीछे उस सत्ता प्रतिष्ठान का हाथ हो जो आतंकवादियों के 'खलनायकीकरण' अभियान के जरिए आम नागरिकों को आंतकित कर अपने पीछे गोलबंद करना चाहता हो, इसके बावजूद यह आशंका कि आतंकवादियों के हाथ परमाणु या रासायनिक हथियार लग सकते हैं, इतनी भयावह है कि इस मामले में शायद ही कोई संयोग पर निर्भर रहना चाहे।

संदर्भ

1. नोम चॉम्स्की : पिरेट्स एंड एम्परर्स : इंटरनेशनल टेरिज्म इन द रियल वर्ल्ड, न्यूयार्क : क्लेयरमांट रिसर्च एंड पब्लिकेशंस, 1986, पृष्ठ 1
2. वही, पृष्ठ 2
3. अमेरिकी विदेश विभाग : पैटर्न्स ऑफ ग्लोबल टेररिज़्म, 2001, पृष्ठ 1, खंड-4
4. *यू एन न्यूजलेटर,* दिल्ली कार्यालय, 6-12 अक्टूबर, 2001, पृष्ठ 3-4
5. वही, पृष्ठ 4
6. वाल्टर लॉकर : टेररिज़्म, लंदन : वेडनफील्ड एंड निकोल्सन, 1977, पृष्ठ 4
7. नोम चॉम्स्की : पूर्व उद्धृत, पृष्ठ 2
8. वाल्टर लॉकर : पूर्व उद्धृत, पृष्ठ 7
9. वही, पृष्ठ 8
10. वही, पृष्ठ 9
11. ग्रांट वार्डला : पोलिटिकल टेररिज़्म : थियरी, टैक्टिस एंड काउंटर मेजर्स, कैम्ब्रिज : कैम्ब्रिज यूनिवर्सिटी प्रेस, 1982, पृष्ठ 18
12. वही, पृष्ठ 18
13. वाल्टर लॉकर : पू.उ., पृष्ठ 12
14. वही, पृष्ठ 14
15. ग्रांट वार्डला : पू.उ., पृष्ठ 21
16. वही, पृष्ठ 21
17. वाल्टर लॉकर : पू.उ., पृष्ठ 17
18. वही, पृष्ठ 17-18
19. शारदा जैन : पॉलिटिक्स ऑफ टेररिज्म इन इंडिया : द केस ऑफ पंजाब, नई दिल्ली : दीप एंड दीप पब्लिकेशंस, 1995, पृष्ठ 23
20. विजय करन, वार बाइ स्टिल्थ : टेररिज्म इन इंडिया, नई दिल्ली : वाइकिंग, 1997, पृष्ठ 98
21. वही, पृष्ठ 7
22. वेद मारवाह : अनसिविल वार्स : पैथालॉजी ऑफ टेररिज्म, नई दिल्ली : इंडस, 1995, पृष्ठ 21
23. अहमद राशिद : द तालिबान : एक्सपोर्टिंग एक्सट्रीमिज्म *फॉरेन अफेयर्स,* नवंबर-दिसंबर, 1999, न्यूयॉर्क पृष्ठ 33-34

24. ग्रांट वार्डला, पृष्ठ 31
25. अहमद राशिद, पू.उ., पृ. 28
26. रोहन गुणरला, द एल.टी.टी.ई. एंड सुसाइड टेररिज्म चेन्नई : *फ्रंटलाइन,* 18 फरवरी 2000, पृष्ठ 107
27. वही, पृष्ठ 107
28. वही, पृष्ठ 108

2

मुस्लिम आतंकवाद की पृष्ठभूमि

यह विरोधाभासों, विस्मृतियों और विडंबनाओं का दौर है। जैसे एक विरोधाभास तो यही है कि चाहे वह सुदूर पूर्व फिलीपाइंस में अबू सयाफ गिरोह की गतिविधियाँ हों या पश्चिमी एशिया में इजरायली कब्जेवाले इलाकों में फिलीस्तीनी इंतिफादा या फिर ओसामा बिन लादेन और उसके अल क़ायदा नेटवर्क की हिंसक कार्रवाइयाँ—इन सबके लिए राजनीतिक शब्दकोश में केवल एक शब्द है—'इस्लामी आतंकवाद'। मीडिया से लेकर जिम्मेदार कहे जानेवाले राजनेता तक इसका धड़ल्ले से इस्तेमाल कर रहे हैं। यह सब इतनी चतुराई और बारीकी से हो रहा है कि शब्दों के अर्थ एक-दूसरे में गड्डमड्ड हो गए हैं, इस हद तक कि इस्लाम और आतंकवाद एक-दूसरे के पर्याय बना दिए गए हैं। खासकर 11 सितंबर की घटनाओं के बाद से मीडिया के जरिए 'इस्लाम', 'इस्लामी दुनिया' और 'मुस्लिम समुदाय' की जो छवियाँ और तस्वीरें—बारीक टिप्पणियों के साथ—हम तक पहुँच रही हैं, उनसे यही अर्थ निकलता है। इससे 'सभ्यताओं के संघर्ष' वाली फैशनेबल और इन दिनों जबरदस्त चर्चा में आ गई हटिंगटनी सैद्धांतिकी के भाव काफी बढ़ गए हैं।

कितनी हकीकत, कितना फसाना

दुनिया दो हिस्सों में विभाजित हो गई है। अमेरिकी राष्ट्रपति बुश ने दो-टूक शब्दों में एलान कर दिया है—'या तो आप हमारे साथ हैं या फिर दूसरी ओर (यानी 'इस्लामी आतंकवाद' की ओर), बीच में कोई जगह नहीं है।' इसके बावजूद बहुत से लोग ऐसे हैं जो दोनों ओर नहीं हैं और इन सब पर सवाल उठा रहे हैं। ऐसे लोग 'इस्लामी आतंकवाद' शब्द के प्रयोग को अनुचित मानते हैं। उनका सवाल है कि जब आयरलैंड में जारी आतंकवाद को कैथोलिक या प्रोटेस्टेंट आतंकवाद नहीं कहा जाता, जब

फिलीस्तीनी इलाके में इजरायली हिंसा की कार्रवाइयों को यहूदी आतंकवाद नहीं माना जाता, अमेरिका में टिमोथी मैक्वा द्वारा ओक्लाहोमा बमकांड को ईसाई आतंकवाद की संज्ञा नहीं दी जाती है और असम में उल्फा व उत्तरी श्रीलंका में तमिल टाइगरों के हमलों को हिंदू आतंकवाद नहीं समझा जाता तो अबू सयाफ से लेकर फिलस्तीनी इंतिफादा तक को 'इस्लामी आतंकवाद' के लपेटे में क्यों लपेटा जा रहा है? क्या यह एक विरोधाभास नहीं है?

सवाल यह है कि किसी एक धर्म के कुछेक अनुयायियों द्वारा की जानेवाली जायज/नाजायज हिंसक कार्रवाइयों/गतिविधियों को, वे भले ही उस धर्म का नाम लेकर या उसके नाम पर की गई हों, उस पूरे धर्म से कैसे जोड़ा जा सकता है? ओसामा बिन लादेन और उसके अल कायदा नेटवर्क और ऐसे ही एकाध दर्जन अन्य संगठनों व समूहों की हिंसक और आतंकपूर्ण कार्रवाइयों के आधार पर उन्हें पूरे इस्लाम या इस्लामी दुनिया और मुस्लिम समुदाय का प्रतिनिधि कैसे माना जा सकता है? उन्हें इस्लाम या इस्लामी दुनिया अथवा मुस्लिम समुदाय की ओर से न तो कोई धार्मिक आदेश प्राप्त है और न ही राजनीतिक या सामाजिक जनादेश? आश्चर्य नहीं कि 'इस्लामी आतंकवाद' शब्द के प्रयोग पर सर्वाधिक आपत्तियाँ 'इस्लामी दुनिया' या मुस्लिम समुदाय की ओर से ही आई हैं।

यह ठीक है कि ओसामा बिन लादेन और उसकी तरह के अन्य समूह मुख्यतः इस्लामी प्रतीकों, भाषा और संकेतों का इस्तेमाल करते हैं जिससे यह संदेश जाता है कि वे जो कुछ भी कर रहे हैं, इस्लाम और उसके अनुयायियों के लिए कर रहे हैं। लेकिन उनकी माँगें और लक्ष्य धार्मिक कम, राजनीतिक अधिक हैं। जैसे वे फिलस्तीनी मुद्दे को उठा रहे हैं जिसका 'इस्लाम' से कोई लेना-देना नहीं है, सिवाय इसके कि फिलस्तीन में रहनेवाले लोग मुसलमान हैं। आखिर फिलस्तीन मुद्दे को उठाने या समर्थन करनेवाले लोगों, संगठनों और यहाँ तक कि राष्ट्रों को 'इस्लाम' से कैसे जोड़ा जा सकता है? इसी तरह बिन लादेन सऊदी अरब (जिसे वह मक्का और मदीना के कारण मुसलमानों के लिए सबसे पवित्र भूमि मानता है) से अमेरिकी सैनिक ठिकानों को हटाने की माँग कर रहा है। इसमें गलत क्या है—सिवाय इसके कि वह एक विशुद्ध राजनीतिक माँग को धार्मिक आवरण में उठा रहा है ? एक संप्रभु राष्ट्र के बतौर सऊदी अरब में अमेरिकी फौजी अड्डों की उपस्थिति से किसी भी नागरिक को आपत्ति हो सकती है। अमेरिका के ऐसे ही फौजी अड्डों के खिलाफ जापान के ओकिनावा, दक्षिण कोरिया, फिलीपाइंस आदि जगहों में काफी उग्र विरोध रहा है।

ऐसे ही, इराक के खिलाफ लागू आर्थिक-सैनिक प्रतिबन्धों और अमेरिका-ब्रिटेन द्वारा नियमित रूप से बमबारी के मुद्दे को सिर्फ ओसामा बिन लादेन ही नहीं, बल्कि दुनिया भर के कई मानवाधिकार संगठन, मानवीय सहायता पहुँचानेवाले गैर-सरकारी समूह और राजनीतिक संगठन भी उठा रहे हैं। यहाँ तक कि फ्रांस, चीन, जर्मनी

जैसे कई देश भी अब इन प्रतिबंधों को हटाए जाने की पैरवी कर रहे हैं। जाहिर है कि यह कोई 'इस्लामी माँग' नहीं है और ओसामा बिन लादेन द्वारा उठाए जाने के बावजूद वह 'इस्लामी' माँग नहीं हो जाएगी। इसी तरह चाहे वह कश्मीर या चेचन्या का मामला हो या मिस्र और अल्जीरिया में धार्मिक गोलबंदी के आधार पर सत्ता पर कब्जे की कोशिश–इन्हें धार्मिक मामला मानना या धर्म के आधार पर उनकी व्याख्या करना एक बड़ी भूल है। ये मामले आज के नहीं हैं और न ही ओसामा बिन लादेन और उसके साथियों द्वारा शुरू किए गए हैं। इन सबके पीछे मुख्यतः राजनीतिक और स्थानीय कारण हैं। वे कारण न 'इस्लाम' ने बनाए या पैदा किए हैं और न ही ओसामा ने।

सच तो यह है कि बिन लादेन और उसकी जैसी अन्य शक्तियों ने इनमें से बहुत सारे ऐसे मसलों को भुनाने की कोशिश की है जिनका जनतांत्रिक तरीकों से राजनीतिक समाधान खोजने में दुनिया अब तक विफल रही है। बिन लादेन को इस्लामी दुनिया में आम लोगों का जिस हद तक भी समर्थन मिलता दिख रहा है, उसके पीछे सबसे बड़ी वजह धर्म यानी इस्लाम नहीं है बल्कि आम लोगों की कुंठा, असंतोष और आक्रोश को एक प्रतीक (बिन लादेन) का मिल जाना है। बिन लादेन इस्लामी और अरब जगत में पश्चिमी दुनिया खासकर अमेरिका की नीतियों के खिलाफ दशकों से जमा हो रहे गुस्से के विस्फोट का माध्यम बन गया है। ऐसा किसी धार्मिक कारण से नहीं, बल्कि इस्लामी दुनिया में जनतांत्रिक राजनीति के आधुनिक प्रतीकों, माध्यमों और संस्थाओं के अभाव और उनकी विफलता के कारण हुआ है, जिसमें स्वयं पश्चिम खासकर अमेरिका की बहुत बड़ी भूमिका रही है।

इसलिए 'इस्लाम' या बिन लादेन को खलनायक बनाकर पेश करने से कुछ हासिल नहीं होगा सिवाय इसके कि अमेरिकी सत्ता प्रतिष्ठान को अपनी गलतियों पर पर्दा डालने, विश्व जनमत की आँखों में धूल झोंकने और अपने युद्ध उद्योग को एक नये स्थायी 'दुश्मन' के खिलाफ खूब फलने-फूलने का मौका देने का बहाना मिल जाएगा। आखिर अमेरिका बिना दुश्मन और युद्ध के दुनिया का एकछत्र सम्राट कैसे बना रह सकता है? दुहराने की आवश्यकता नहीं है कि ओसामा बिन लादेन को स्वयं अमेरिका ने पैदा किया है। अमेरिका बिन लादेन की 'आतंकवादी कंपनी' का सबसे बड़ा और प्रमुख शेयरधारक रहा है। 80 के दशक में यह कंपनी अमेरिका के तत्कालीन दुश्मनों विशेषकर सोवियत संघ और अरब जगत में सेक्यूलर-जनतांत्रिक राष्ट्रवादी शक्तियों के खिलाफ लड़ने के लिए खड़ी की गई थी। तब अमेरिका को 'पाप के साम्राज्य' यानी सोवियत संघ के विरुद्ध अन्य शैतानों से हाथ मिलाने में जरा-सा भी संकोच नहीं होता था। ठीक उसी तरह जैसे उसे अफगानिस्तान में तालिबान और बिन लादेन के खिलाफ नॉर्दर्न एलायंस नामक प्रतिक्रियावादी जमावड़े से हाथ मिलाने में कोई संकोच या कठिनाई नहीं महसूस हुई।

यह जाना-पहचाना अमेरिकी खेल है जो इस बार कुछ ज्यादा ही उजागर हो गया है। आश्चर्य नहीं कि अफगानिस्तान पर अमेरिकी हमले के ख़िलाफ़ अरब और इस्लामी दुनिया में आम लोगों का गुस्सा सड़कों पर उतर आया। इन सबको 'कट्टरपंथी' या 'कठमुल्लावादी' शक्तियाँ और लादेन के समर्थक बताकर आसानी से खारिज नहीं किया जा सकता। सच्चाई कुछ और है। लोगों के पास अमेरिकी नीतियों के विरोध के लिए वैसा कोई ताकतवर प्रतीक नहीं है जैसा कि 11 सितंबर के बाद बिन लादेन बन गया है। जनतांत्रिक शक्तियों या शक्तिशाली जन-आंदोलनों के अभाव में गलत या सही, अरब व इस्लामी जगत में बिन लादेन ही एक ऐसी शक्ति के रूप में उभरा है जो अमेरिका जैसी महाशक्ति से टकराने की हिम्मत दिखा पा रहा है। अपने इस दुस्साहस के कारण ही वह 'इस्लामी दुनिया' का 'हीरो' बन गया है।

इस 'हीरो' को पश्चिमी दुनिया खासकर अमेरिका जितना अधिक 'खलनायक' बनाकर पेश करने की कोशिश करेगा, उसका इस्लामी दुनिया में उतना ही उलटा असर पड़ेगा। बिन लादेन उतना ही बड़ा 'नायक' बनता जाएगा। अपनी नीतियों और तौर-तरीकों के कारण अमेरिका की 'इस्लामी दुनिया' में कोई खास साख नहीं रह गई है। थोड़ी-बहुत जो रही भी होगी, वह भी अफगानिस्तान पर हमले के बाद खत्म हो गई दिखती है। अमेरिका के मुकाबले बिन लादेन की साख कहीं ज्यादा है। कम-से-कम उसके 'कहे और किए' में उतना बड़ा फासला नहीं दिखता जितना अमेरिका की कथनी और करनी में दिखता रहा है। यह कोई धार्मिक व्यवहार का मामला नहीं है बल्कि इसका सीधा रिश्ता राजनीति से है।

यह राजनीति है जो लक्ष्यों, विचारों और चरित्र में भारी अंतर के बावजूद बिन लादेन से लेकर फिलस्तीनी संघर्ष तक को 'इस्लामी आतंकवाद' के एक ही खाने में डाल देती है। तथ्य यह है कि फिलस्तीनी संघर्ष शुरू से एक सेक्यूलर राष्ट्रवादी मुक्ति संघर्ष रहा है। उसे इजरायल सहित कुछेक देशों को छोड़कर किसी ने भी 'इस्लामी' या 'आतंकवादी' आंदोलन नहीं कहा। ऐसे में, अब फिलीस्तीनी संघर्ष को बिन लादेन के साथ जोड़ने के पीछे राजनीतिक मकसद साफ हैं। यह भी राजनीति ही है जो दुनिया के सभी मुस्लिम बहुल देशों को 'इस्लामी दुनिया' के एक खाँचे में डाल देती है, भले ही उनके बीच भाषा, संस्कृति, राष्ट्रीयता, नृजातीय और भौगोलिक तौर पर कितनी ही भिन्नताएँ और अंतर क्यों न हो। क्या मलयेशिया और मिस्र या फिर इंडोनेशिया और ईरान के मुसलमानों के बीच कोई अंतर नहीं है? क्या ये अंतर इतने कमजोर और धार्मिक समानता के सूत्र इतने शक्तिशाली हैं कि सूडान से लेकर उजबेकिस्तान तक और अल्जीरिया से लेकर इंडोनेशिया तक के मुसलमान किसी 'अखिल इस्लामी साम्राज्य' के लिए 'जिहाद' करने को प्रेरित हो गए हैं, जैसाकि पूरी दुनिया को समझाने की कोशिश हो रही है?

इस्लाम की कट्टरपंथी व्याख्या

स्पष्ट है कि 'इस्लामी दुनिया' जैसी कोई इकहरी, संगठित और समरूप राजनीतिक, आर्थिक, सांस्कृतिक और भौगोलिक इकाई न कभी अस्तित्व में थी और न बनती दिख रही है। बन भी नहीं सकती, क्योंकि इस आधुनिक जमाने में धर्म कोई ऐसा गोंद नहीं है जो तमाम भिन्नताओं और अंतरों के बावजूद लोगों को इस हद तक जोड़ सके कि वे अपनी धार्मिक पहचान के अलावा अन्य सभी पहचान या जरूरतें भूल जाएँ—हालाँकि बिन लादेन और उस जैसी अन्य शक्तियों की कोशिश यही है कि धार्मिक पहचान के रोडरोलर के नीचे अन्य सभी पहचानों और विभिन्नताओं को कुचलकर 'इस्लाम' की एक समतल जमीन तैयार की जाए।

अगर बिन लादेन और उसके साथी इस कोशिश में एक हद तक कामयाब होते दिख रहे थे तो उसकी वजह धार्मिक से कहीं ज्यादा राजनीतिक, सामाजिक और आर्थिक है। दरअसल, यह एक दिन में नहीं हुआ है। इसके लिए तीन सौ सालों के इतिहास को न भी खंगाला जाए तो पिछले चालीस-पचास वर्षों के इतिहास की पड़ताल तो करनी ही पड़ेगी। इन चालीस-पचास वर्षों में पश्चिम एशिया और उसके इर्द-गिर्द के मुस्लिम देशों में जो आंतरिक और बाह्य राजनीतिक, सामाजिक, आर्थिक और सांस्कृतिक प्रक्रियाएँ चली हैं, बिन लादेन परिघटना उन्हीं की देन है। पश्चिम के ताकतवर मुल्कों खासकर अमेरिका द्वारा खाड़ी देशों में पेट्रोलियम भंडारों पर नियंत्रण के मकसद से इस पूरे खित्ते में अपनाई गई नीतियों और नग्न हस्तक्षेप की राजनीति ने प्रगतिशील, जनतांत्रिक और समाजवादी शक्तियों को कभी पनपने नहीं दिया; उलटे तानाशाह, जनविरोधी और दमनकारी हुकूमतों को खुला संरक्षण और प्रोत्साहन दिया गया जिन्होंने बदले में पूरी वफादारी से तेल भंडारों के दोहन के कारोबार को पश्चिमी बहुराष्ट्रीय तेल कंपनियों के हवाले कर दिया।

इस संश्रय ने अपने लूटतंत्र और शोषण को टिकाए रखने के लिए धर्म (इस्लाम) को दुधारी तलवार की तरह इस्तेमाल किया। इस संश्रय के संरक्षण और प्रोत्साहन में एक 'आधिकारिक इस्लाम' (ऑफिसियल इस्लाम) का विकास हुआ जिसने एक ओर इस संश्रय खासकर स्थानीय हुकूमतों को 'धार्मिक वैधता' प्रदान करने का काम किया और दूसरी ओर, प्रगतिशील-लोकतांत्रिक और समाजवादी शक्तियों को 'विदेशी व धर्मविरोधी विचार' बताकर कुचल डालने का समर्थन। सच पूछिए तो 'आधिकारिक इस्लाम' इन देशों में शासक प्रतिष्ठान का अभिन्न अंग रहा है। आश्चर्य नहीं कि यह 'आधिकारिक इस्लाम' हर राजनीतिक-सामाजिक-धार्मिक संकट और कठिनाई के समय शासक प्रतिष्ठान और उसके साम्राज्यवादी संश्रय के पक्ष में खड़ा हुआ। यहाँ तक कि बिन लादेन के कथित 'जिहाद' की निंदा और विरोध में 'आधिकारिक इस्लाम', जार्ज बुश और परवेज मुशर्रफ की तुलना में कहीं से भी पीछे नहीं है।

कहने की जरूरत नहीं है कि 'आधिकारिक इस्लाम' ने पिछले कई दशकों से अधिकांश मुस्लिम देशों में स्थानीय शासक वर्गों और साम्राज्यवादी/नव-औपनिवेशिक शक्तियों के संश्रय द्वारा की जा रही लूट-खसोट, दमन-उत्पीड़न और आम नागरिकों को तमाम किस्म के नागरिक व लोकतांत्रिक अधिकारों से वंचित रखने की कोशिशों को कुरान की मनमानी व्याख्या के जरिए जायज और 'इस्लामी' ठहराने की कोशिश की है। 'क्या इस्लामी है और क्या गैर-इस्लामी' से लेकर हर बात-बेबात पर फतवे जारी करने की परंपरा बिन लादेन ने नहीं, बल्कि 'आधिकारिक इस्लाम' ने शुरू की थी जो प्रारंभ से ही पश्चिमी दुनिया का अत्यंत लाडला और नजदीकी मित्र रहा है। 'आधिकारिक इस्लाम' के आशीर्वाद से मुस्लिम देशों में कथित इस्लामी हुकूमतों ने सबसे ज्यादा मुसलमानों का ही कत्लेआम किया है वहाँ किसी भी किस्म की आधुनिक वैकल्पिक राजनीति और विपक्ष को 'गैर-इस्लामी' बताकर कुचल दिया गया।

यहाँ तक कि इस्लाम के अंदर भी जो विभिन्न धाराएँ और सुधारवादी आंदोलन थे, उन्हें 'आधिकारिक इस्लाम' ने निर्ममतापूर्वक कुचल डाला। इस्लाम को एक प्रगतिशील और आधुनिक धर्म के रूप में विकसित होने से रोकने के लिए कट्टरपंथी और कठमुल्ला शक्तियों को 'आधिकारिक इस्लाम' के बैनर तले सप्रयत्न गोलबंद किया गया। उन्हें भरपूर राजकीय संरक्षण प्रदान किया गया। पेट्रो-डालर से धनी अरब व खाड़ी के मुस्लिम देशों खासकर सऊदी अरब, कुवैत आदि के कट्टरपंथी और कठमुल्ला तत्त्वों ने इस्लाम के इस सरकारी संस्करण का गरीब और पिछड़े मुस्लिम देशों, जैसे पाकिस्तान, सूडान, मिस्र, अल्जीरिया आदि में बड़े पैमाने पर निर्यात किया। यह एक ऐतिहासिक तथ्य है कि जैसे-जैसे मुस्लिम देशों में राजनीतिक सुधारों और नागरिक अधिकारों की माँग बढ़ी, वैसे-वैसे शासक प्रतिष्ठानों ने 'इस्लाम' की कट्टर से कट्टर धारा को मजबूत करके उसके खिलाफ खड़ा किया।

मुस्लिम देशों के शासक प्रतिष्ठानों ने 'इस्लामी दुनिया' में परिवर्तन और राजनीतिक सुधारों की हर मुहिम को कुचलने या उसके पैदा होने की संभावनाओं को ही सिरे से खत्म कर देने के लक्ष्य के साथ 'आधिकारिक इस्लाम' की कट्टरपंथी धारा को मजबूत करने और उसे एक हथियार के रूप में इस्तेमाल करने में कभी कोई संकोच नहीं किया। आज जिस कथित 'इस्लामी कट्टरवाद' को इतना कोसा जा रहा है, वह कोई आसमान से या हवा में नहीं पैदा हुआ है, बल्कि वह 'आधिकारिक इस्लाम' नामक सिक्के का ही दूसरा पहलू है। 'इस्लामी कट्टरपंथ' का जनक और पालक पोषक 'आधिकारिक इस्लाम' ही रहा है और है, हालाँकि विस्मृतियों के इस दौर में इस तथ्य को सुविधापूर्वक भुला दिया जाता है।

बेशक, 11 सितंबर की त्रासदी के बाद अमेरिकी दबाव के कारण आज कथित इस्लामी कट्टरपंथ और आधिकारिक इस्लाम एक-दूसरे के खिलाफ़ खड़े दिखाई पड़ रहे हैं—लेकिन इसका अर्थ यह नहीं है कि आधिकारिक इस्लाम का चरित्र बदल

गया है। आधिकारिक इस्लाम न तो उदारवादी और प्रगतिशील हो गया है और न ही उसका जन विरोधी और दमनात्मक रवैया बदल गया है। संभवतः यह भी एक कारण है कि आधिकारिक इस्लाम के अपीलों के बावजूद मुस्लिम देशों में लाखों मुसलमान 'इस्लामी कट्टरपंथ' से ज्यादा नजदीकी महसूस कर रहे हैं। लादेन, अमेरिका और दूसरी गैर-मुस्लिम शक्तियों के खिलाफ लड़ता हुआ दिखाई पड़ रहा है और उसकी लड़ाई में मुस्लिम जनमानस का 'आहत स्वाभिमान' (इजरायल के हाथों मिली पराजय और फिलीस्तीन का अनसुलझा सवाल) कहीं-न-कहीं से मरहम या तुष्टि का भाव महसूस करता है, जबकि इसके उलट 'आधिकारिक इस्लाम' न सिर्फ भ्रष्ट, कमजोर और अमेरिका के पिट्ठू शासक प्रतिष्ठान का रक्षा कवच बना हुआ है, बल्कि उसके दमन-उत्पीड़न का प्रमुख निशाना भी आम मुसलमान ही हैं। ऐसे में, गलत या सही, आम मुसलमान की सहानुभूति और समर्थन 'इस्लामी कट्टरपंथ' की ओर झुकती हुई दिखाई पड़ रही है और मुस्लिम देशों में शासक वर्गों के साथ-साथ 'आधिकारिक इस्लाम' भी आम जनसमुदाय से अलग-थलग पड़ गया मालूम होता है।

जनता की अफीम या पीड़ितों की आह

'आधिकारिक इस्लाम' ने धर्म का सर्वाधिक राजनीतिक दुरुपयोग किया है। सत्ता प्रतिष्ठान के प्रति जनसमुदाय की स्वामिभक्ति को बनाए रखने के लिए 'आधिकारिक इस्लाम' ने धर्म को 'लोगों के लिए अफीम' की तरह इस्तेमाल किया। इससे लोगों की चेतना को कुंद करने और उन्हें खामोश रखने में आसानी हुई। लोगों के 'व्यक्तिगत जीवन' से लेकर 'सार्वजनिक जीवन' तक को इस्लामी शरीयत के कानूनों के आधार पर नियंत्रित और निर्देशित करने की कोशिश की गई। शरीयत कानूनों को पूरी सख्ती से लागू किया गया और उनकी मनमानी व्याख्या का अधिकार मुल्लों और मौलवियों के हाथ में दे दिया गया था। शरीयत को मनमाने तरीके से लागू करने की प्रक्रिया में आम मुसलमानों खासकर औरतों का जमकर उत्पीड़न हुआ। परिवर्तन और सुधार के प्रयासों को गैर-इस्लामी बताकर कुचल दिया गया।

इस तरह राज्य के संरक्षण में इस्लामी कट्टरपंथ संगठित हुआ, लेकिन अंततः यह शेर की सवारी जैसा ही मामला था। राज्य के समर्थन से फलते-फूलते और निरंतर फैलती कट्टरपंथी जमातों से अमेरिका और पश्चिमी देशों को तब तक कोई शिकायत नहीं हुई जब तक वे उनकी हितों की रक्षा करते रहे। दोनों के बीच आम तौर पर मधुर संबंध तब तक बने रहे जब तक कट्टरपंथी जमातों के एक हिस्से ने 'आधिकारिक इस्लाम' से अलग होकर स्वतंत्र हैसियत बनाना शुरू नहीं कर दिया। दरअसल, मुस्लिम देशों की मौजूदा हुकूमतों के दमनकारी, भ्रष्ट और अलोकतांत्रिक निजामों के खिलाफ गलत या सही विपक्ष अगर कहीं से पैदा हो सकता था तो यहीं से पैदा हो सकता था, क्योंकि बाकी अन्य सभी रास्ते या माध्यम पूरी तरह से अनुपलब्ध थे। इस्लाम

लोगों को संगठित करने का एक आसान और बहुत कम जोखिम भरा माध्यम था। 'मुस्लिम ब्रदरहुड' जैसे संगठन इसी प्रक्रिया में खड़े हुए।

अमेरिकी साप्ताहिक *न्यूजवीक* के संपादक फरीद जकारिया ने इस तथ्य को स्वीकार किया है—'इस्लामी कट्टरपंथ के उदय के लिए अगर कोई एक कारण जिम्मेदार है तो वह है अरब जगत में राजनीतिक संस्थाओं का पूरी तरह से विफल साबित होना।'[1] सच तो यह है कि कुछेक देशों को छोड़कर पूरा अरब और मुस्लिम जगत राजनीतिक रूप से भी एक रेगिस्तान ही है जहाँ राजनीतिक पार्टियों के गठन पर या तो पाबंदी है या कुछेक कठपुतली पार्टियों को सजावटी मंजूरी मिली हुई है, 'स्वतंत्र प्रेस' जैसी किसी चीज को पनपने नहीं दिया गया है, असहमति व्यक्त करने या अपनी माँगें उठाने का कोई मंच नहीं है, स्वतंत्र न्याय की कोई मशीनरी नहीं है और आम लोगों की हैसियत ऐसी भीड़ से अधिक नहीं है जिसे न्यूनतम नागरिक अधिकार भी प्राप्त नहीं है। वे धर्म यानी इस्लाम के अलावा अन्य किसी उद्देश्य/लक्ष्य के लिए गोलबंद नहीं हो सकते।

इस 'राजनीतिक शून्य' ने ही कट्टरपंथ को खड़ा होने की जगह और अवसर प्रदान किया। यहाँ इस्लाम का कोई प्रतिद्वन्द्वी नहीं था। उसने कम-से-कम लोगों को भागेदारी का मौका और जीवन को एक अर्थ और उद्देश्य दिया। फरीद जकारिया ने अरब मामलों के विशेषज्ञ फऊद आजमी को अपनी पुस्तक 'द अरब प्रीडिकामेंट' में इस स्थिति के नतीजों का उल्लेख करते हुए उद्धृत किया है—'कट्टरपंथियों के आह्वान को समर्थन मिला क्योंकि इसने लोगों को भागेदारी के लिए आमंत्रित किया...यह उस राजनीतिक संस्कृति के बिल्कुल विपरीत था जो लोगों को मूक दर्शक बनाकर सीमित कर देती थी और उन सारी चीजों को अपने शासकों के लिए छोड़ देने को कहती थी। एक ऐसे समय में जब भविष्य अनिश्चित हो, कट्टरपंथियों ने लोगों को परंपरा से जोड़ा जिसने उनके संभ्रम को कम करने में मदद की।'[2] जकारिया के अनुसार 'इस्लामी कट्टरपंथ ने अपने शासकों और स्थितियों से असंतुष्ट अरबों को विरोध का एक शक्तिशाली स्वर दिया।'[3] उसे एकमात्र विपक्ष होने का स्वाभाविक लाभ मिला।

कट्टरपंथ ने जल्दी ही 'कौन सच्चा और अच्छा मुसलमान है' की शर्तें तय करनी और सर्टिफिकेट बाँटना शुरू कर दिया। सतही पश्चिमीकरण से निराश आम लोगों ने आम तौर पर इसका स्वागत किया। उन्हें इस्लाम में ही मुक्ति का रास्ता दिखने लगा। इस प्रक्रिया में ही 'आधिकारिक इस्लाम' से अलग 'राजनीतिक इस्लाम' की नींव पड़ी। 'राजनीतिक इस्लाम' ने मुस्लिम देशों के शासक प्रतिष्ठानों और उनके पश्चिमी आकाओं विशेषकर अमेरिका को अपनी आलोचना और मुहिम का निशाना बनाया। मुस्लिम ब्रदरहुड जैसे संगठनों ने समाज सेवा के कार्यों जैसे चिकित्सा सहायता, शिक्षा, सलाह-मशविरा और जनसेवा में भी सक्रियता दिखाई। जिन समाजों में राज्य

और सरकारी मशीनरी बिल्कुल नाकारा और असंवेदनशील थी, वहाँ ऐसे संगठनों की जन सेवा ने लोगों को न सिर्फ थोड़ी राहत प्रदान की, बल्कि उन संगठनों की जन स्वीकार्यता को भी बढ़ाने में योगदान किया।

लेकिन 'राजनीतिक इस्लाम' का मुकाबला करने के लिए मुस्लिम देशों के सत्ता प्रतिष्ठानों ने 'आधिकारिक इस्लाम' और अन्य दूसरे माध्यमों से और कट्टर इस्लाम को बढ़ावा दिया। इसमें खाड़ी के पेट्रो डॉलर से अमीर हुए अरब देशों खासकर सऊदी अरब ने अगुआ भूमिका अदा की। सऊदी सुल्तानों ने सचमुच में धर्म को 'अफीम' की तरह इस्तेमाल किया। उन्होंने इस्लाम की सबसे शुद्ध और कट्टर मानी जानेवाली धारा बहाबियों को जमकर बढ़ावा दिया। मुस्लिम देशों में धार्मिक शिक्षा के प्रचार-प्रसार के लिए खाड़ी के शेखों, सुल्तानों और शाहों ने खूब पैसा दिया। वे इसके जरिए अपने क्रियाकलाप पर पर्दा डालना चाहते थे और जन समुदाय का ध्यान बँटाना चाहते थे।

उन्हें शुरुआत में बहुत हद तक सफलता भी मिली, लेकिन कुल मिलाकर यह एक खतरनाक खेल था। वे कट्टरपंथी ताकतों को राजनीतिक रूप से शिकस्त देने के लिए जिस कट्टरपंथ को हवा-पानी दे रहे थे, वह भस्मासुर को आशीर्वाद देने की तरह था। इस समर्थन की राजनीतिक सीमाएँ थीं और एक दिन ऐसा आना ही था जब कट्टरपंथ और सत्ता प्रतिष्ठानों को आमने-सामने होना था। आखिर जिस कट्टरपंथ को इतनी शक्ति दी जा रही थी, उसकी अपनी महत्त्वाकांक्षाओं को कब तक काबू में रखा जा सकता था? बिन लादेन या तालिबान को समर्थन देनेवाले कई मुस्लिम देशों के लिए 11 सितंबर की घटनाओं के बाद मुश्किल चुनाव का वह समय आखिरकार आ ही गया, जब उन्हें 'अमेरिका और तालिबान' में से एक को चुनना पड़ा। वे अपने ही बुने जाल में फँस गए।

उन्होंने जिस शेर को खून का स्वाद चखाकर नरभक्षी बना दिया था, वह अब उनके सामने ही मुँह बाए खड़ा था। यह उनकी करारी राजनीतिक शिकस्त थी। लोगों के सामने उनकी पूरी तरह से कलई खुल चुकी थी। उनके मुकाबले बिन लादेन और उसके साथी 'इस्लामी उद्देश्यों' और मुसलमानों के राजनीतिक, सामाजिक, सांस्कृतिक और राष्ट्रीय हितों के प्रति ज्यादा प्रतिबद्ध और ईमानदार प्रतीत हो रहे थे। यह एक बहुत कड़वा सच है, लेकिन उसे अनदेखा नहीं किया जा सकता है। गलत या सही, अरब और मुस्लिम देशों के सत्ता प्रतिष्ठानों और उनके पश्चिमी संरक्षकों खासकर अमेरिका के क्रियाकलापों से असंतुष्ट, नाराज और हताश आम मुस्लिम जनसमुदाय खासकर युवाओं को लादेन का उग्र और आक्रामक रवैया आकर्षित कर रहा है। ऐसा लगता है जैसे लादेन ने उनके गुस्से को इतनी ताकतवर अभिव्यक्ति दे दी है जिसकी अनुगूँज लंबे समय तक सुनाई देती रहेगी। इसे जितना ही दबाने या कुचलने का प्रयास होगा, वह उतना ही मजबूत और आक्रामक होगा।

एजाज़ अहमद ने बिल्कुल ठीक लिखा है—'अमेरिका अंतर्राष्ट्रीय पहुँच वाले

आतंकवाद को कभी नहीं हरा पाएगा क्योंकि अपनी समग्र बर्बरता और अविवेक के बावजूद धार्मिक आधार पर प्रेरित 'आतंकवाद' अंततः 'पीड़ितों की आह' भी है और अगर कुछ फिलीस्तीनियों ने इस पर (11 सितंबर की घटनाओं पर) खुशियाँ मनाईं तो उसका भी कारण यह तथ्य है कि कई बार 'लोगों की अफीम' को ही लोग गलती से दवा समझ लेते हैं।'[4] किसी अन्य विकल्प के अभाव में इस्लाम प्रतिरोध का माध्यम बन गया है। इसमें कोई शक नहीं है कि आज यह प्रतिरोध अत्यधिक हिंसक, निर्मम और अविवेकपूर्ण हो गया है। मुस्लिम देशों में जनसमुदाय के एक छोटे से हिस्से खासकर युवाओं को यह हिंसा इसलिए भी आकर्षित कर रही है कि उन्हें हिंसक प्रतिकार का यह स्तर फिलस्तीन और उसके आसपास के देशों व इलाकों में अमेरिकी संरक्षण में जारी इजरायली हिंसा की बराबरी का महसूस होता है। यह उनकी निराशा और हताशा की ही अभिव्यक्ति है कि वे दुनिया के सबसे ताकतवर मुल्क को 'उसकी ही भाषा' में चुनौती देने के लिए अपनी जान भी देने को तैयार हैं बल्कि दे रहे हैं।

ऐसा एक दिन में नहीं हुआ है—इसका एक लंबा इतिहास है। यहाँ तक कि आज इसके पीछे दिखनेवाली मुख्य प्रेरणा धर्म (इस्लाम) भी अचानक नहीं आया है। वह भी एक विशेष राजनीतिक-सामाजिक परिस्थितियों के बीच विकसित हुआ है। फिलस्तीनियों के संघर्षों को कभी भी धर्म के चश्मे से नहीं देखा गया और न ही उसके पीछे कोई धार्मिक प्रेरणा थी। दुनिया के और तमाम देशों की तरह अरब और दूसरे मुस्लिम-बहुल देशों में लंबे समय से अलग-अलग राजनीतिक-सामाजिक-आर्थिक मुद्दों को लेकर सक्रिय उग्रपंथी संगठनों और समूहों की कमी नहीं रही है। लेकिन वे न तो मूलतः धार्मिक संगठन थे और न ही उनके कोई धार्मिक उद्देश्य थे। अमेरिकी थिंक टैंक 'रैंड' के ब्रूस हॉफमैन ने भी स्वीकार किया है कि 1980 में मध्य-पूर्व और दक्षिण एशिया में सक्रिय 64 आतंकवादी/उग्रपंथी संगठनों/गुटों में केवल दो ऐसे थे जो धार्मिक आधार पर प्रेरित थे, लेकिन अगले 15 वर्षों में ही यानी 1995 में सक्रिय ऐसे 56 संगठनों/गुटों में लगभग आधे यानी 26 धार्मिक प्रेरणाओं से संचालित संगठनों/गुटों की सूची में शामिल थे।[5] स्पष्ट है कि इन 20 वर्षों में बहुत कुछ ऐसा घटा है जिसने पूरे परिदृश्य को काफी हद तक बदल दिया है। लेकिन इन 20 वर्षों को एक व्यापक और समग्र परिप्रेक्ष्य में देखने के लिए जरूरी है कि उसके पहले के 15 वर्षों के इतिहास पर भी नजदीक से निगाह डाली जाए।

फिलस्तीनी संघर्ष से ईरानी क्रांति तक (1964-1979)

दुनिया के अन्य देशों की तरह अरब और मुस्लिम देशों में भी औपनिवेशिक शासन के दौरान राष्ट्रवादी, सेक्यूलर और क्रांतिकारी आंदोलनों का जन्म हुआ, जिसे उत्तर-औपनिवेशिक दौर में राज्यों के विफल पुनर्गठन खासकर औपनिवेशिक शक्तियों द्वारा

फिलस्तीनियों की जमीन पर जबरन इजरायल नामक एक नए यहूदी राष्ट्र के गठन से जबरदस्त आवेग मिला। पिछले पचास वर्षों में अरब जगत में अगर किसी एक समस्या ने सर्वाधिक राजनीतिक उथल-पुथल, संघर्ष और आम लोगों के मनोभावों को झकझोरा है, तो वह समस्या बेहिचक इजरायल का गठन और उसके बाद भड़का फिलीस्तीन की मुक्ति का संघर्ष है। इजरायल बनाम फिलस्तीनी संघर्ष ही वह धुरी है जिसके इर्द-गिर्द 20वीं सदी के उत्तरार्द्ध की मध्य पूर्व की राजनीति घूमती रही है। इजरायल-फिलस्तीन का संघर्ष, जो 60 के दशक के अंतिम वर्षों में इजरायल-अरब संघर्ष में बदल गया, अरब जगत का ऐसा नासूर बन गया है जो निरंतर रिसता रहता है। एक ऐसा घाव, जिसे लगभग हर अरब या मुस्लिम नागरिक अपने जिस्म पर महसूस करता है और जो पिछले पचास वर्षों से निरंतर हरा है।

यह एक कड़वी सच्चाई है कि पश्चिम खासकर अमेरिका और ब्रिटेन अरब जगत और मुसलमानों के प्रति अपनी सदाशयता के चाहे जितने दावे करें, लेकिन अरब जगत में उन्हें हमेशा से इजरायल के निर्माता और संरक्षक के बतौर देखा जाता रहा है। यही नहीं, राजनीतिक या विद्रोही इस्लामी आंदोलनों की यह भी शिकायत रही है कि पश्चिमी शक्तियों ने अरब और मुस्लिम देशों में भ्रष्ट, निरंकुश और पश्चिमपरस्त कमजोर शासकों को अपने स्वार्थों के लिए टिकाए रखा है। खासकर खाड़ी के कई देशों में अमेरिका के स्थायी फौजी अड्डों की मौजूदगी के बारे में आम धारणा यही है कि अमेरिका इनके जरिए अरब जगत में अपने राजनीतिक (शेखशाही को सुरक्षा), आर्थिक (तेल की नियमित व सुरक्षित आपूर्ति) और रणनीतिक (रूस और चीन को इस इलाके में न घुसने देने) हितों की रक्षा करता है। *न्यूजवीक* के संपादक फरीद जकारिया ने इस तथ्य को घुमाफिराकर स्वीकार किया है—'अधिकांश अमेरिकी सोचते हैं कि अरबों को खाड़ी युद्ध के दौरान अमेरिका की भूमिका यानी कुवैत और सऊदी अरब की रक्षा के लिए अमेरिका के प्रति कृतज्ञ होना चाहिए, जबकि इसके उलट अधिकांश अरब यह सोचते हैं कि अमेरिका ने सऊदी और कुवैती राज परिवार को बचाया।'[6]

लेकिन अमेरिका के प्रति अरब या मुस्लिम घृणा या चिढ़ का सबसे बड़ा कारण निस्संदेह इजरायल को उसका खुला और एकतरफा समर्थन रहा है। अरब लोगों का यह मानना रहा है कि इजरायल इतनी मनमानी और आक्रामक कार्रवाइयाँ इसलिए कर पाता है क्योंकि उसे अमेरिका का खुला समर्थन प्राप्त है। समूचे अरब व मुस्लिम जगत में इजरायल को अमेरिका के लठैत के रूप में देखा जाता है, जिसके जरिए वह अरब जगत को नियंत्रित करता है। दरअसल, द्वितीय विश्व युद्ध से पहले अरब जगत में औपनिवेशिक शासक के रूप में जो भूमिका ब्रिटेन ने निभाई, वही भूमिका द्वितीय विश्व युद्ध के बाद अमेरिका निभा रहा है। लेकिन अमेरिका को राष्ट्रीय स्वाधीनता आन्दोलनों से जागरूक होकर निकले जुझारू अरब जनमत का सामना

करना पड़ा। फिलस्तीनियों को आत्मनिर्णय के अधिकार से वंचित कर इजरायल की स्थापना के फैसले को अरब जनमत ने कभी स्वीकार नहीं किया। यह उन्हें हमेशा अपनी हार की तरह दिखा।

वैसे तो फिलस्तीनी स्वाधीनता का आंदोलन बहुत पुराना है, लेकिन इजरायल की स्थापना से फिलस्तीनियों के अन्दर छले जाने का भाव गहराने लगा और उन्हें लगा कि यहूदियों को उनकी हिंसक और आतंकवादी कार्रवाइयों के बदले में इजरायल का उपहार दिया गया है। दूसरे, फिलस्तीनियों को इससे अपने अहिंसक आंदोलन की व्यर्थता का भी अहसास होने लगा। यह दौर पूरी दुनिया में क्रांतिकारी आंदोलनों की सफलताओं और उभार का दौर था, जिसका एक पहलू हिंसा का रणनीतिक-राजनीतिक इस्तेमाल भी था। फिलस्तीनियों को भी इसने आकर्षित किया। यह एक तथ्य है कि 50 और 60 के दशक के मध्य और अंतिम वर्षों में खड़े हुए फिलस्तीनी संगठनों के पीछे कम्युनिस्ट या सोवियत प्रेरणाएँ काम कर रही थीं और वे मूलतः सेक्यूलर सोच और व्यवहार के संगठन थे।[7]

1964 में फिलीस्तीनी मुक्ति संगठन (पीएलओ) की स्थापना हुई। पीएलओ मूलतः एक सेक्यूलर राष्ट्रवादी छाता संगठन था, जिसमें कई छोटे-बड़े फिलस्तीनी संगठन शामिल थे और इसका उद्देश्य एक स्वतंत्र फिलस्तीनी राज्य की स्थापना करना था। इस बीच 1967 में इजरायल ने अरब देशों को युद्ध में हरा दिया। यह एक ऐसी अपमानजनक घटना थी, जिसे अरब जगत कभी नहीं भुला पाया। इस घटना ने न सिर्फ फिलीस्तीनियों, बल्कि अरब लोगों में भी अहसास पैदा कर दिया कि वे आमने-सामने के युद्ध में इजरायल को परास्त नहीं कर सकते और न ही इजरायल से कोई राजनीतिक संवाद या बातचीत सम्भव है। इसके बाद ही फिलस्तीनी संगठनों में आतंकवादी कार्रवाइयों के प्रति झुकाव बढ़ा। यासिर अराफात के नेतृत्व वाले अल फतह और पॉपुलर फ्रंट फार द लिबरेशन ऑफ पैलेस्टाइन (पीएफएलपी) ने चुनिंदा आतंकवादी कार्रवाइयाँ शुरू कर दीं।

1968 में अल फतह पीएलओ में शामिल हुआ और एक साल के अंदर ही पीएलओ का नेतृत्व उसके हाथों में आ गया। 1969 में यासिर अराफात को पीएलओ की कार्यकारिणी समिति का अध्यक्ष चुना गया और तब से अराफात इस पद पर बने हुए हैं। फिलस्तीनी मुक्ति संघर्ष में पीएलओ के अलावा छोटे-बड़े आधा दर्जन संगठन या गुट हमेशा सक्रिय रहे हैं, इसके बावजूद इसका सबसे लोकप्रिय और राजनीतिक चेहरा पीएलओ और उसके नेता यासिर अराफात ही रहे हैं। पीएलओ और अराफात फिलीस्तीनी संघर्ष के वैसे ही प्रतीक या पहचान बन गए जैसे भारतीय स्वाधीनता आंदोलन में कांग्रेस और गांधी अथवा दक्षिण अफ्रीका में अफ्रीकन नेशनल कांग्रेस (एएनसी) और नेलसन मंडेला। अराफात के नेतृत्व में पीएलओ का तेजी से विस्तार हुआ। पीएलओ को फिलस्तीनियों के प्रतिनिधि और वैधानिक नेतृत्व के

लिए व्यापक राजनीतिक मान्यता भी मिली। अरब और मुस्लिम देशों सहित गुटनिरपेक्ष आंदोलन के देशों और समाजवादी देशों ने पी एल ओ को राजनीतिक मान्यता और समर्थन दिया। इसके बरक्स इजरायल को अमेरिका, ब्रिटेन और कुछ पश्चिमी देशों का ही समर्थन मिल सका और आम तौर पर वह अंतर्राष्ट्रीय बिरादरी में अलग-थलग-सा पड़ा रहा है।

इसके बावजूद, न तो इजरायल के आक्रामक और हिंसक रवैये में कोई परिवर्तन आया और न ही अमेरिका ने उसे खुला और एकतरफा समर्थन देना बंद किया। दरअसल, मध्य पूर्व में आतंकवादी कार्रवाइयों की शुरुआत इजरायलियों ने ही की। इजरायली सेना-पुलिस से लेकर गुप्त एजेंटों तक ने खुलेआम ऐसी अनगिनत कार्रवाइयाँ की हैं जिन्हें आतंकवाद के अलावा और कुछ नहीं कहा जा सकता है। इनमें नागरिक विमानों और समुद्री जहाजों के अपहरण, फिरौती के लिए बंधक बनाने, चुनिंदा हत्याओं से लेकर नरसंहार तक और नागरिक ठिकानों पर बमबारी जैसी घटनाएँ शामिल हैं। लेकिन जैसा कि नोम चोम्स्की ने लिखा है, इजरायली कार्रवाइयों को कभी आतंकवाद का उदाहरण नहीं माना जाता, बल्कि उन्हें 'आत्मरक्षा' और 'बचाव' में की गई कार्रवाई बताकर जायज ठहराने की कोशिश की जाती है।[8]

इसके बावजूद 70 के दशक में फिलस्तीनी संगठनों खासकर पीएफएल पी,[9] पीएफएलपी-जी सी[10], अबू निदाल संगठन[11] द्वारा इजरायल और उसके बाहर दुनिया के कई देशों में की गई आतंकवादी कार्रवाइयों में आम तौर पर नागरिकों को निशाना नहीं बनाया गया। एक बड़ा अपवाद 1972 के म्यूनिख ओलंपिक खेलों के दौरान इजरायली खिलाड़ियों के अपहरण और हत्या की घटना थी। 1968 से 80 के बीच फिलस्तीनी आतंकवादी संगठनों ने विमान अपहरण, बम विस्फोट, बंधक बनाने से लेकर चुनिंदा हत्याओं तक की कार्रवाइयाँ कीं। वे अब एक पारंपरिक ग्रामीण गुरिल्ला युद्ध के बजाय शहरी आतंकवाद में दक्ष हो चुके थे। उन्होंने शहरी आतंकवाद की प्रविधियों को निरंतर विकसित किया और संचार व परिवहन के आधुनिक माध्यमों से लेकर हथियारों और विस्फोटकों के प्रयोग में भी महारत हासिल की। इसी प्रक्रिया में उनका दुनिया के अन्य देशों में सक्रिय कई प्रमुख आतंकवादी आंदोलनों से भी संपर्क बना।

इधर फिलस्तीनियों का संघर्ष फैल रहा था, उधर 1973 में अरब मुल्कों को एक बार फिर इजरायल के खिलाफ युद्ध में मात खाना पड़ा। इसके साथ ही नासर का 'अखिल अरबवाद' का एक अपेक्षाकृत प्रगतिशील, आधुनिक, सेक्यूलर और समाजवादी स्वप्न और अरब दुनिया में उसकी अपील कमजोर पड़ने लगी। यह महत्त्वपूर्ण तथ्य है कि मिस्र के राष्ट्रपति नासर द्वितीय विश्वयुद्ध के बाद राष्ट्रीय मुक्ति आंदोलनों और राष्ट्रीय नवनिर्माण की जमीन पर खड़े अरब जगत के एक सबसे बड़े, लोकप्रिय और शक्तिशाली नेता के रूप में उभरे थे। उन्हें 'मिस्र का शेर' कहा

जाता था और तीसरी दुनिया के देशों में नासर-नेहरू-सुकार्णो और मार्शल टीटो ने मिलकर गुट निरपेक्ष आंदोलन की नींव डाली थी। नासर ने अरब राजनीति को आत्मनिर्णय के अधिकार, समाजवाद और अरब एकता जैसे आधुनिक विचारों के जरिए आगे बढ़ाने की कोशिश की।[12] नासर के विचारों और स्वप्नों का पूरी अरब दुनिया पर असर पड़ा। इराक और सीरिया में बाथ पार्टी के नेतृत्व में आधुनिक विचारों का बोलबाला हुआ और राजनीति आगे बढ़ी।

लेकिन इस पूरी प्रक्रिया में कई अन्तर्निहित कमजोरियाँ थीं। समाजवाद के नाम पर राज्य नौकरशाही शक्तिशाली हुई। भूमि सुधारों को उपेक्षित कर दिया गया। सार्वजनिक क्षेत्र भ्रष्टाचार और सार्वजनिक संपत्ति के लूट का केन्द्र बन गया। सैनिक तंत्र मजबूत हुआ। अंदर से खोखला 'समाजवाद' लोगों की अपेक्षाओं को पूरा न कर सका। लेकिन इसके साथ यह भी उतना ही सच है कि पश्चिमी (साम्राज्यवादी) शक्तियों ने मध्य पूर्व में नासर को कमजोर करने, उनके समाजवादी और खासकर अरब एकता के प्रोजेक्ट को हर हाल में सफल न होने देने के लिए कोई कसर नहीं उठा रखी। इजरायल को अरबों को काबू में रखने के लिए ही बढ़ावा दिया गया।

लेकिन नासरवाद की विफलता और अवसान ने अरब राजनीति को आगे बढ़ाने के बजाय पीछे ढकेल दिया। अरब एकता बिखर गई। अमेरिका को अरब और मुस्लिम दुनिया में पैर जमाने का मौका मिला। 70 के दशक में खाड़ी के देशों में 'तेल की ताकत' के अभूतपूर्व उभार को भी अमेरिका और पश्चिमी देशों ने अपने कब्जे में कर लिया। तेल के साथ ही तेल की राजनीति शुरू हुई। अमेरिका ने खाड़ी के शेखों, सुल्तानों और ईरान के शाह को भरपूर राजनीतिक-सैनिक संरक्षण प्रदान किया। लेकिन पेट्रो-डॉलर से आम अरबों के जीवन की गुणवत्ता या सार्वजनिक सेवाओं की सुलभता में कोई बहुत फर्क नहीं पड़ा, बल्कि उससे शेखों की ऐयाशियों, फिजूलखर्ची और भ्रष्टाचार को ही और बढ़ावा मिला। इससे अमेरिका संरक्षित एक 'चौर्यतंत्र' (क्लेप्टोक्रेसीज़) को फलने-फूलने में मदद मिली। इस तरह 70 के दशक की तेल क्रांति भी विफल हो गई।

इसी दौर में पैदा हुए राजनीतिक शून्य को 'राजनीतिक इस्लाम' और 'आधिकारिक इस्लाम' ने भरने की कोशिश की, जिसकी विस्तार से पहले ही चर्चा की जा चुकी है। 70 के दशक के अंत होते-होते 1979 में ईरान में आयतुल्ला खुमैनी के नेतृत्व में ऐतिहासिक 'इस्लामी क्रांति' ने रजा शाह पहलवी के तख्त को पलट दिया। ईरान की 'इस्लामी क्रांति' ने अरब जगत ही नहीं, तमाम मुस्लिम देशों को झकझोर कर रख दिया। यह अरब और मुस्लिम दुनिया में ऐतिहासिक मोड़ था। इससे कट्टरपंथी तत्त्वों को एकजुट होने और मजबूती से अपनी दावेदारी पेश करने का मौका मिला। वह कई मुल्कों में आक्रामक और हिंसक भी हो उठा। खासकर मिस्र और अल्जीरिया में, जहाँ उसे सत्ता प्रतिष्ठान के दमन का सामना करना पड़ा।

अफगान जिहाद और धार्मिक आतंकवाद (1979-1992)

1979 सिर्फ ईरानी क्रांति के कारण ही मशहूर नहीं है, बल्कि इस साल एक और ऐसी घटना हुई जिसने बीसवीं सदी के अगले दो दशकों के इतिहास को बहुत गहराई से प्रभावित किया। 1979 में सोवियत सेनाएँ अफगानिस्तान में घुस आईं। यह एक अमेरिकी जाल था, जिसमें चाहे-अनचाहे सोवियत संघ फँस गया। इससे अमेरिका को मौका मिल गया। उसने पाकिस्तान और सऊदी अरब की मदद से अफगानिस्तान में सोवियत सेनाओं के खिलाफ अफगानों को गोलबंद किया, उन्हें हथियार-गोला-बारूद से लेकर हर तरह की आर्थिक, रणनीतिक और राजनीतिक मदद मुहैया कराई और इस तरह अफगानिस्तान में 'जिहाद' शुरू हुआ। लड़ाकूओं को बाकायदा सैनिक ट्रेनिंग दी गई और उन्हें 'मुजाहिदीन' घोषित किया गया। यह धार्मिक प्रतीकों और भाषा के इस्तेमाल के साथ-साथ एक विचार के रूप में 'जिहाद' (धर्मयुद्ध) के इस्तेमाल का पहला संगठित मामला था। राजनीतिक मामलों से निपटने के लिए धार्मिक गोलबंदी को प्रोत्साहित किया गया। यह एक ऐसे खतरनाक खेल की शुरुआत थी, जिसने एक दशक के अंदर लगभग सभी मुस्लिम देशों में जिहादियों की विशाल फौज खड़ी कर दी जो छोटी से छोटी बात पर भी मर-मिटने को तैयार थे।

अफगान 'जिहाद' में अमेरिका की सीधी भूमिका थी। अमेरिकी योजना, सहयोग और समर्थन के बिना अफगान 'जिहाद' संभव न होता। पाकिस्तान और सऊदी अरब में न तो इतनी सामर्थ्य थी और न ही साहस कि वे अपने दम पर सोवियत रूस का मुकाबला करने की सोचते। दरअसल, पाकिस्तान और सऊदी अरब को अफगान 'जिहाद' में अमेरिका ने उतारा था। अमेरिका इस जिहाद के पीछे कितनी मजबूती से खड़ा था, इसका अंदाजा इस तथ्य से लगाया जा सकता है कि राष्ट्रपति रीगन और सीआइए प्रमुख विलियम केसी के जमाने में, जब अफगान जिहाद की शुरुआत हुई, सीआइए का 'ब्लैक बजट' (गोपनीय आर्थिक सहायता का स्रोत, जो अफगान जिहाद के लिए भी मुहैया कराया गया) अचानक 9 अरब डॉलर से चौगुना बढ़ाकर 36 अरब डॉलर कर दिया गया था।[13]

अफगानिस्तान ऑपरेशन में अमेरिका के हित किस हद तक दाँव पर लगे हुए थे, इसका अनुमान इस तथ्य से लगाया जा सकता है कि पहले रीगन और बाद में बुश प्रशासन लगातार तीन वर्षों—1987, 88 और 89—तक अमेरिकी कांग्रेस से झूठ बोलते रहे कि पाकिस्तान के पास परमाणविक क्षमता नहीं है, जबकि वे अच्छी तरह जानते थे कि पाकिस्तान के पास यह क्षमता है। लेकिन यह स्वीकार करने का परिणाम यह होता कि अमेरिकी कांग्रेस पाकिस्तान को दी जा रही हर किस्म की सहायता पर रोक लगा देती और नतीजा यह होता कि अफगानिस्तान ऑपरेशन ठप हो जाता। यही नहीं, अमेरिका ने पाकिस्तान को अफगानिस्तान ऑपरेशन में

'फ्रंटलाइन स्टेट' के बतौर काम करने के बदले में भारी आर्थिक मदद भी दी। यहाँ तक कि इजरायल और मिस्र के बाद पाकिस्तान तीसरे नम्बर पर सर्वाधिक अमेरिकी विदेशी अनुदान पानेवाला देश बन गया था। अमेरिका से मिलने वाले प्रत्येक डॉलर के बदले में पाकिस्तान ने सऊदी अरब से भी एक डॉलर प्राप्त किया था।[14]

अफगान 'जिहाद' मूलतः एक सैनिक अभियान बना रहता तो शायद इतनी दिक्कत न होती। विदेशी हमले, घुसपैठ या कब्जे का राजनीतिक-सैनिक प्रतिरोध अफगानों का जन्म-सिद्ध अधिकार था और अगर वे ऐसा करते तो इसमें कोई अनुचित बात न थी। लेकिन अमेरिकी हस्तक्षेप ने उसे बदशक्ल और गुमराह कर दिया। सोवियत रूस के खिलाफ इस 'परोक्ष युद्ध' के पीछे व्यापक जनसमर्थन जुटाने और उसे एक किस्म की वैधता दिलाने के लिए अमेरिका ने इसे 'जिहाद' का आवरण पहना दिया। यह 'दुष्ट सोवियत साम्राज्य' को खत्म करने के इरादे के साथ शुरू हुआ। सो सिर्फ अफगानिस्तान का अफगानों तक सीमित संघर्ष नहीं रह गया। सीआइए ने पाकिस्तान और सऊदी अरब की मदद से दुनिया भर के मुस्लिम देशों से स्वयंसेवकों का चयन, मुजाहिदीन के रूप में धार्मिक और सैनिक प्रशिक्षण और उसके बाद उन्हें अत्याधुनिक हथियारों से लैस कर अफगानिस्तान भेजना शुरू कर दिया। अमेरिकी रक्षा विभाग से जुड़े रहे जॉन मूर ने इस सिलसिले में यमन में सऊदी अरब समर्थित इस्लामिक फ्रंट के गठन का उदाहरण दिया है, जिसे यमन से अफगान 'जिहाद' के लिए स्वयंसेवकों के चयन हेतु आर्थिक, सैनिक और प्रशिक्षण संबंधी सहायता मुहैया कराने के लिए स्थापित किया गया था।[15]

अफगान 'जिहाद' में अरबों की भर्ती को जायज ठहराने के लिए 'अरब-अफगान' नाम की एक नई राष्ट्रीयता विकसित कर ली गई। यही तथाकथित 'अरब-अफगान' आगे चलकर बिन लादेन और अल कायदा की विध्वंसक शक्ति के वास्तविक आधार बने। इसमें से बहुत सारे 'अरब-अफगान' अफगान 'जिहाद' के खत्म होने के बाद उत्तरी अफ्रीका, कश्मीर, चेचन्या, बोस्निया, चीन और फिलीपींस के स्थानीय संघर्षों में लड़ने पहुँच गए। वे मूलतः भाड़े के फौजी थे, लेकिन अपनी धार्मिक ट्रेनिंग के कारण स्वयं को धर्मयोद्धा मानते थे। धर्म की रक्षा के रूप में उन्हें एक उद्देश्य (कॉज) मिल गया था। 'जिहाद' ने उनमें मर मिटने का जज्बा पैदा कर दिया था, इसलिए वे सिर्फ भाड़े के सैनिक भी नहीं रह गए थे। अमेरिका को इस 'जिहाद' को संगठित करने में दो कारणों से बहुत मदद मिली।

पहली वजह तो ईरानी क्रांति थी। मजे की बात यह है कि ईरानी क्रांति अमेरिका विरोधी थी और उसने अरब और मुस्लिम देशों में अमेरिका विरोधी भावनाओं को मजबूत किया था। इसके बावजूद ईरानी क्रांति के पश्चात अरब और मुस्लिम देशों में धार्मिक पुनरुत्थानवाद की जो लहर पैदा हो गई थी, उसने अमेरिका को अपनी पिट्ठू सरकारों—सऊदी अरब और पाकिस्तान—के जरिए अफगान 'जिहाद' के लिए

स्वयंसेवक जुटाने में मदद की। दरअसल, ईरानी क्रांति ने सऊदी अरब को (और अमेरिका को भी) डरा दिया था। शाह का हश्र सऊदी सुल्तानों के लिए एक सबक था। उन्होंने इस इस्लामी पुनरुत्थानवाद की लहर की काट के रूप में और कट्टर इस्लाम को प्रोत्साहित करना शुरू कर दिया। अफगान 'जिहाद' में सऊदी सक्रियता की यह एक बड़ी वजह थी।

अमेरिकी सफलता की दूसरी वजह अरब व मुस्लिम जगत में 70 और 80 के दशक में हुआ जनसांख्यिकीय परिवर्तन था। 70 के दशक के उत्तरार्द्ध में अरब जगत में 'युवा विस्फोट' की स्थिति पैदा हो गई। अरब व मुस्लिम देशों में आधी से अधिक आबादी 25 वर्ष से कम आयु के युवाओं की हो गई थी। इनमें शिक्षित युवा थे तो अशिक्षित भी लेकिन दोनों के पास कोई काम नहीं था। वे बेचैन थे--अपनी स्थितियों से असंतुष्ट। परम्परा और आधुनिकता के बीच के द्वंद्व में उन्हें पैर टिकाने को जगह नहीं मिल रही थी। ईरानी क्रांति ने उन्हें जीवन के मायने और अफगान 'जिहाद' ने उद्देश्य दे दिया। जो अफगान 'जिहाद' में नहीं गए, वे अपने-अपने मुल्कों या इलाकों में सक्रिय कट्टरपंथी, उग्रपंथी आंदोलनों में शरीक हो गए। अरब जगत का 'युवा विस्फोट' किसी सकारात्मक राजनीतिक-सामाजिक परिवर्तन का वायस बनने के बजाय 'जिहाद' का बारूद बन गया।

इसी दौर में 1982 में लेबनान में हिजबुल्ला और पहले फिलस्तीनी इंतिफादा के दौरान 1987 में मुस्लिम ब्रदरहुड से निकले इस्लामी प्रतिरोध आंदोलन (हमाश) के गठन से फिलीस्तीनी आंदोलन में एक नया मोड़ आ गया। हिजबुल्ला मूलतः शिया मुसलमानों का समूह है। वह लेबनान में अधिक सक्रिय है और ऐसा समझा जाता है कि उसे ईरान और सीरिया से समर्थन मिलता है। हिजबुल्ला को मध्य-पूर्व और फिलस्तीनी आंदोलन में 'आत्मघाती लड़ाकुओं' के इस्तेमाल का जनक और चैम्पियन माना जाता है। वह घोर अमेरिका विरोधी माना जाता है। 1983 में बेरुत में हिजबुल्ला के आत्मघाती दस्ते ने अमेरिकी दूतावास और अमेरिकी फौजियों के कैम्प को निशाना बनाया, जिसमें 241 अमेरिकी सैनिक मारे गए थे। इसने सितम्बर 1984 में बेरुत स्थित अमेरिकी दूतावास की एनेक्सी को निशाना बनाया। हिजबुल्ला को लेबनान में कई अमेरिकी व पश्चिमी देशों के राजनयिकों और अधिकारियों के अपहरण का भी जिम्मेदार माना जाता है।

हिजबुल्ला की तरह हमाश भी आत्मघाती लड़ाकुओं के लिए मशहूर है। इजरायल के कब्जेवाले फिलीस्तीनी इलाकों में हमाश सर्वाधिक सक्रिय धार्मिक प्रतिरोध का आंदोलन है। आम तौर पर सेक्यूलर माने जानेवाले फिलीस्तीनी मुक्ति संघर्ष को हमाश और हिजबुल्ला ने धार्मिक रंग दिया है। हमाश के लड़ाकुओं ने मुख्य तौर पर इजरायली लक्ष्यों (सैनिकों और कभी-कभी असैनिकों) को अपना निशाना बनाया है। इन दोनों के मुकाबले थोड़ा और कट्टर फिलीस्तीनी गुट फिलीस्तीनी इस्लामिक

जिहाद (पीआइजे) है, जो हमाश या हिजबुल्ला की तरह संगठित नहीं है, बल्कि कई छोटे-छोटे और फैले हुए गुटों को एक ढीले-ढाले ढाँचे में बाँधकर बना है। पीआइजे का भी मुख्य निशाना इजरायल ही है।

इन तीनों फिलीस्तीनी गुटों के साथ-साथ मिस्र के दो संगठनों—इजिप्शियन इस्लामिक जिहाद (ईआइजे) और अल-गमात-अल इस्लामिया का संक्षेप में जिक्र जरूरी है। मिस्र के इन दोनों संगठनों को धार्मिक आधार पर संगठित किया गया है और उनका लक्ष्य मिस्र के मौजूदा निजाम को हटाकर वहाँ इस्लामी शासन व्यवस्था लाना है। इन दोनों संगठनों को हिंसा और आतंक से कोई परहेज नहीं है। ईआइजे के दो धड़े हैं, जिनमें से एक का नेतृत्व ओसामा का दाहिना हाथ माने जाने वाले अयमन अल-जवाहिरी के पास है, जबकि दूसरे धड़े का नेतृत्व अहमद हुसैन अगिजा के हाथों में। वैसे ईआइजे हो या अल-गमात अल-इस्लामिया—दोनों के आध्यात्मिक नेता शेख उमर अब्दुल रहमान हैं। अमेरिका द्वारा शेख उमर अब्दुल रहमान को जेल में डाल देने से अमेरिका के खिलाफ दोनों संगठनों की नाराजगी काफी बढ़ गई और माना जाता है कि उन्होंने इसका अमेरिका से बदला लेने की ठानी हुई है। यह मात्र संयोग नहीं है कि 11 सितंबर की आतंकवादी कार्रवाइयों में आत्मघाती दस्ते के नेता के रूप में जिस मोहम्मद अट्टा का नाम लिया जा रहा है, वह मिस्र का है।

80 के दशक के इस धार्मिक आतंकवाद की कुछ खास प्रवृत्तियों पर निगाह डाली जाए, तो दो-तीन नई बातें दिखाई पड़ती हैं। पहली बात तो यह है कि अफगान 'जिहाद' के साथ ही यह एक स्थानीय परिघटना के बजाय अन्तरराज्यीय या अन्तरराष्ट्रीय परिघटना बनने की ओर बढ़ चली। दूसरे, धर्म केन्द्र में आ गया। राजनीतिक उद्देश्यों के लिए भी धार्मिक गोलबंदी की ओर झुकाव बढ़ा। सफल ईरानी क्रांति और अफगान जिहाद में जीत ने धार्मिक कट्टरपंथियों की ताकत में जबरदस्त इजाफा किया और उनका यह विश्वास मजबूत हुआ कि वे ताकत और हिंसा के बल पर अपने लक्ष्य हासिल कर सकते हैं। तीसरे, आतंकतादी कार्रवाइयों में चुनिंदा लक्ष्यों को निशाना बनाने के बजाय नागरिक ठिकानों पर भी हमले शुरू हो गए। अनेक आतंकवादी हमलों में निर्दोष नागरिक मारे गए। चौथे, छोटे हथियारों-विस्फोटकों का प्रसार बढ़ने से इन समूहों की प्रहार और मारक क्षमता में इजाफा हुआ। पाँचवें, अफगान 'जिहाद' ने हजारों कट्टर लड़ाकुओं की एक ऐसी जमात खड़ी कर दी जो लड़ने के अलावा और कुछ नहीं जानते थे। लड़ाई उनका पेशा बन गयी। अफगान जिहाद के खत्म होने के बाद उनके सामने समस्या आ गई कि वे कहाँ जाएँ?

आतंकवाद का भूमंडलीकरण (1992-2001)

1989 में अफगानिस्तान से सोवियत सेनाओं की वापसी और उसके बाद सोवियत शासन के ध्वंस के साथ ही अमेरिकी मिशन पूरा हो गया। शीत युद्ध का अंत हो

गया। साम्राज्यवाद और पूँजीवाद ने अपनी इस जीत पर खूब खुशियाँ मनाईं और एलान कर दिया कि विचारधारा का अंत हो गया। पूँजीवादी विचारकों ने इतिहास के अंत की घोषणा कर दी और मान लिया कि अब पूँजीवाद और साम्राज्यवाद के लिए कोई चुनौती नहीं रह गई है। भूमंडलीकरण की आड़ में साम्राज्यवादी पूँजी का तेजी से विस्तार हुआ। अब अमेरिका दुनिया की अकेली महाशक्ति बन चुका था। 'एकध्रुवीय' विश्व में उसने दुनिया के दारोगा की तरह व्यवहार करना शुरू कर दिया था। 1990-91 में खाड़ी युद्ध के दौरान इराक के खिलाफ वह अपनी शक्ति का प्रदर्शन कर चुका था। खाड़ी युद्ध ने अरब और मुस्लिम एकता के मिथक को अंतिम रूप से चकनाचूर कर दिया। इसके बरक्स अमेरिका के नेतृत्व में विकसित पश्चिमी देश पूरी तरह एकजुट हो चुके थे। शीत युद्ध की समाप्ति के बावजूद नाटो जैसे सैनिक गठबंधन को मजबूत किया जा रहा था और उसका विस्तार हो रहा था।

लेकिन दूसरी ओर, सोवियत संघ के ध्वंस के बाद अमेरिका ने उन क्षेत्रों और देशों की कोई सुध नहीं ली जो शीत युद्ध के दौरान महाशक्तियों के संघर्ष का अखाड़ा बन जाने के कारण राजनीतिक-आर्थिक और सामाजिक रूप से तबाह और अस्थिर हो चुके थे। इनमें अफगानिस्तान का उदाहरण उल्लेखनीय है, जहाँ एक दशक से ज्यादा समय तक चले आंतरिक संघर्ष और शासन के अभाव के कारण पैदा हुई राजनीतिक-आर्थिक अस्थिरता को जानबूझकर लंबे समय तक नजरअंदाज किया गया। अमेरिका के इस तरह मुँह मोड़ लेने से कई देश मुश्किल में पड़ गए। पाकिस्तान की पूर्व प्रधानमन्त्री बेनजीर भुट्टो ने कुछ साल पहले इस ओर इशारा करते हुए शिकायत की थी कि यह अमेरिका ही था जिसने अफगानिस्तान में आतंकवाद को प्रायोजित किया जो कराची में हथियार, ड्रग्स और उग्रवाद को ले आया। बेनजीर ने आगे कहा, 'यह पश्चिमी देश थे जो यहाँ आए और धार्मिक जिहादियों को खड़ा किया, जिनका काम था अफगानिस्तान में जाकर जिहाद लड़ना। जैसे ही युद्ध खत्म हो गया, पश्चिम देश अपना बोरिया-बिस्तर बाँधकर चले गए और पाकिस्तान, मिस्र और अल्जीरिया जैसे देशों के मत्थे उन जेहादियों से स्वयं निपटने का जिम्मा छोड़ गए जो हमेशा नए युद्ध चाहते हैं ताकि लड़ते रह सकें।'[16]

असल में, शीत युद्ध की समाप्ति के बाद अमेरिका ने सिर्फ उन्हीं मामलों में सीधा हस्तक्षेप किया है जहाँ उसके रणनीतिक अथवा व्यापारिक और आर्थिक हित दाँव पर लगे हुए थे। हेनरी किसिंजर के अनुसार, यह अमेरिका है जो अब गुट निरपेक्ष हो गया है।[17] आश्चर्य नहीं कि अमेरिका के पिछले राष्ट्रपति चुनावों के दौरान रिपब्लिकनों ने क्लिंटन प्रशासन की इस मुद्दे पर जमकर खिंचाई की कि वह अमेरिकी सैनिकों को उन मामलों में भी उलझा रहा है जहाँ अमेरिका के कोई खास हित दाँव पर नहीं लगे हुए हैं। बुश ने साफ एलान किया था कि अमेरिका का काम 'राष्ट्र निर्माण' करना नहीं है।

अमेरिका के इस तरह पीछे हट जाने के कारण ही अफगानिस्तान उन लोगों के हाथों में चला गया जो 'धर्म और बंदूक' की ताकत के बल पर दुनिया पर राज करना चाहते हैं। इन लोगों को 'धर्म और बंदूक' की ताकत के इस्तेमाल के लिए अमेरिका ने ही प्रशिक्षित किया था। यह भस्मासुर को आशीर्वाद देने जैसा मामला था। मुश्किल तब पैदा हुई जब 90 के दशक के मध्य से भस्मासुर ने अपने जन्मदाताओं और प्रायोजकों को भी निशाना बनाना शुरू किया। अमेरिका को जल्दी ही एहसास हो गया कि इस भस्मासुर पर काबू पाना बहुत कठिन है। अमेरिकी कांग्रेस के एक पूर्व जाँचकर्ता जैकब्लम ने कनाडा ब्राडकास्टिंग कॉरपोरेशन से बातचीत में इस कठिनाई का बयान किया—'एक बार आप जैसे ही लोगों को किसी तरह की बगावत या विद्रोह (इन्सर्जेंसी) की तकनीक का प्रशिक्षण दे देते हैं, आप दुबारा उन्हें अप्रशिक्षित नहीं कर सकते हैं। इसके बाद आप अपने को एक ऐसी समस्या के सामने खड़ा पाते हैं जिसे हम अमेरिका में निपटाने की समस्या कहते हैं।'[18] इसमें कोई शक नहीं कि यह अफगान जिहाद का संक्रामक प्रभाव है जो पश्चिम एशिया से लेकर मध्य एशियाई गणराज्यों, दक्षिण एशिया, चीन और पूर्वी एशिया में 'इस्लामी आतंकवाद' के रूप में दिखाई पड़ रहा है।

उधर, शीत युद्ध की समाप्ति के बाद अमेरिकी सत्ता प्रतिष्ठान को सोवियत संघ की जगह एक नए शत्रु की जरूरत थी, ताकि उससे लड़ने के नाम पर न सिर्फ जन समुदाय को अपने पीछे गोलबंद रखा जाए, बल्कि अमेरिका के सर्वाधिक ताकतवर सैनिक-औद्योगिक काम्प्लेक्स के हितों को भी आगे बढ़ाया जा सके। माना जाता है कि अमेरिका शत्रु के बिना नहीं जी सकता। इसलिए अमेरिका ने अपने नए शत्रु के बतौर 'वैश्विक पहुँचवाले आतंकवाद' को खोज निकाला और हटिंगटन ने 'सभ्यताओं के संघर्ष' की सैद्धांतिकी के जरिए उसका सिद्धांतीकरण भी कर दिया।

लेकिन इस नए शत्रु से निपटना कई कारणों से अमेरिका को भारी पड़ रहा है। पहली बात तो यह है कि यह एक अदृश्य शत्रु है। इसका कोई एक चेहरा नहीं है। यह कोई देश नहीं है। यह हर जगह फैला और बिखरा हुआ है। इसे कस्टम पर और विमान में घुसने से रोक पाना बहुत कठिन है। उसके खिलाफ कार्रवाई कर पाना बहुत कठिन है। अट्टा और उसके साथियों के हमले के जवाब में अमेरिका आखिर कितने देशों पर बम गिरा सकता है? दूसरे, वह एक गुस्सा है, कुंठा और हताशा है, जो फिलस्तीन, इराक, चेचन्या, कश्मीर और बोस्निया की अनसुलझी समस्याओं, उनमें ताकतवर पश्चिमी मुल्कों की भूमिका और मुसलमानों के साथ अन्याय और जुल्म की सच्ची-झूठी कहानियों से पैदा हुई है। इस कुंठा, हताशा और गुस्से के कारण विवेक और तर्क समाप्त हो गए हैं। बदला लेने और सबक सिखाने के अंधे जुनून में उसे इस बात की कोई परवाह नहीं है कि उसकी किसी कार्रवाई में कितने निर्दोष नागरिक मारे जाएँगे। तीसरे, वह आत्मघात पर उतारू है। उसे अपनी

जान की कोई परवाह नहीं है। उनके किसी नेता ने कहा कि अमेरिका अगर जीने की लड़ाई लड़ रहा है तो हम मरने के लिए। ऐसे लोगों को रोक पाना किसी के लिए भी कठिन है। आदमी से घातक कोई बम नहीं हो सकता। वह मरने पर उतारू हो जाए तो क्या कुछ हो सकता है, इसका अनुमान 11 सितंबर की घटनाओं से लगाया जा सकता है?

चौथे, भूमंडलीकरण का उसने भी यथासंभव भरपूर लाभ उठाया है। आधुनिक संचार माध्यमों, तीव्र परिवहन सुविधाओं, हथियारों के खुले बाजार और आवाजाही की उदार व्यवस्था ने उन्हें एक वैश्विक नेटवर्क बनाने में बहुत मदद की है। इन वजहों से अन्य परिघटनाओं की तरह आतंकवाद की परिघटना का भी भूमंडलीकरण हो गया है। मुश्किल यह है कि अमेरिका भूमंडलीकरण की प्रक्रिया को प्रोत्साहित करने वालों का अगुआ है और वह न तो इस प्रक्रिया को रोक सकता है और न ही रोकना चाहता है। ऐसे में वह आतंकवादी गुटों, समूहों और उनके कार्यकर्ताओं को भूमंडलीकरण का लाभ उठाने से भी नहीं रोक सकता।

मानव बम की खोज

आत्मघाती हमले, मानव बम विस्फोट, फिदाईन कार्रवाइयाँ और सुस्याइड बाम्बिग—ये सारे शब्द इन दिनों अखबारों की सुर्खियों में रहते हैं। यह सही है 1970-71 के आस-पास फिलीस्तीन के फिदाईन गुरिल्लों ने मानव बम बनकर अपने दुश्मन को उड़ाने का तरीका ढूँढ़ा था, लेकिन अब यह तरीका मुस्लिम आतंकवादियों का भी एक महत्त्वपूर्ण औजार बन गया है। अभी हाल तक माना जाता था कि आत्मघाती हमलों का चैंपियन कुख्यात तमिल उग्रवादी संगठन 'लिट्टे' है, लेकिन अब सारे विशेषज्ञ मानते हैं कि 'अल-कायदा' ने उसे पीछे छोड़ दिया है। इस वक्त आतंकवादियों का यह अकेला नेटवर्क है जो जमीन, आसमान और समुद्र—तीनों जगहों पर आत्मघाती कार्रवाइयों को अंजाम दे सकता है। जानकारों का मानना है कि इस नेटवर्क के पास इस समय 5 हजार से ज्यादा मानव बम हैं। यह संख्या सारी दुनिया को लंबे समय तक परेशान करते रहने के लिए पर्याप्त है।

रोहन गुणारत्ना श्रीलंका के हैं और उन्हें सुस्याइड बाम्बिंग के अध्ययन के मामले में अंतरराष्ट्रीय ख्याति प्राप्त है। अमेरिका और इंग्लैंड के रक्षा अध्ययन संस्थानों के लिए वह लिखते-पढ़ते रहते हैं। रोहन ने 1980 से लेकर 2000 के बीच दुनिया भर में हुए आत्मघाती हमलों के बारे में कुछ तथ्य दिए हैं। इनमें पहला तथ्य तो यह है कि इन बीस वर्षों में पूरे विश्व में करीब 275 आत्मघाती हमले की कार्रवाइयाँ हुईं। इन आत्मघाती कार्रवाइयों को अंजाम देने वालों में सबसे ऊपर लिट्टे है, जिसने तबाही मचाने के लिए 168 बार मानव-बम के हमले किए। ये हमले ज्यादातर श्रीलंका और भारत में हुए हैं। इसी एक हमले में भारत के प्रधानमंत्री राजीव गांधी की हत्या

हो गई। श्रीलंका के दर्जन भर से ज्यादा बड़े नेता लिट्टे के आत्मघाती दस्ते का शिकार हुए हैं। दूसरे नंबर पर हिजबुल्ला और सीरिया के मुस्लिम जिहादी संगठन हैं। इन्होंने इस दौरान मानव बम के 52 हमले किए हैं। अधिकांशतः ये हमले लेबनान, कुवैत और अर्जेंटीना में हुए। फिलस्तीन के खूँखार आतंकवादी गुट 'हमास' ने इजरायल में 22 आत्मघाती हमले किए। इन हमलों का मकसद इजरायलियों के बीच दहशत पैदा करना था। जब सिख उग्रवाद चरम पर था तब उसके खाड़कू निर्दोषों की हत्या करते थे, लेकिन उन्होंने मानव बम का इस्तेमाल लगभग न के बराबर किया था। सिर्फ 'बब्बर खालसा' ने एक बार आत्मघाती हमला किया था। फिलस्तीनी इस्लामी जिहाद ने आठ बार और अल्जीरिया, सीरिया तथा पाकिस्तान के जेहादियों ने भी दो-दो आत्मघाती हमले किए हैं।

'अल-कायदा' के उद्भव के बाद कई मुस्लिम जिहादी सुस्याइड बॉम्बिंग की तकनीकी अपनाने लगे हैं। पेशावर और तालिबान के प्रशिक्षण शिविरों में इसकी बाकायदा ट्रेनिंग दी जाती है। अपनी जिन्दगी को खत्म कर दूसरे की जान लेने का उनमें जज्बा पैदा किया जाता है। इसी जज्बे का नतीजा है कि अब कश्मीर में सक्रिय आतंकवादी भी इस तकनीक का इस्तेमाल करने लगे हैं। लश्कर-ए-तैयबा और जैश-ए-मोहम्मद के जिहादियों ने पिछले दो-तीन वर्षों में मानव-बम की करीब दर्जन भर कार्रवाइयाँ अंजाम दी हैं। 1989-90 में जब कश्मीर में आतंकवाद चरम पर था तब भी मानव बम के प्रयोग की घटनाएँ नहीं हुई थीं। लेकिन अब इनमें लगातार वृद्धि हो रही है।

मानव बम के साथ-साथ विमान अपहरण और उस अपहृत विमान को हमले के अस्त्र के रूप में बदल देने का कारनामा भी अब आतंकवादी संगठन करने लगे हैं। अपनी माँग मनवाने के लिए विमान अपहरण करने का तरीका फिलस्तीनी और मध्य-पूर्व के आतंकवादियों ने ढूँढ़ा था। लेकिन अपहृत विमान को हमले का अस्त्र बना लेने का पहला उदाहरण 24 दिसंबर 1994 को सामने आया, जब अल्जीरिया के खूँखार आतंकवादी संगठन 'आर्म्ड इस्लामिक ग्रुप' का सरगना अब्दुल अब्दुल्ला याहिया ने एक फ्रांसीसी विमान का अपहरण कर उसे पेरिस स्थित 'इफेल टावर' से टकरा देने का इरादा जाहिर किया था। इजरायली खुफिया एजेंसी की एक रिपोर्ट के मुताबिक फिलीस्तीन लिबरेशन फ्रंट ने यूरोप से करीब 100 हल्के विमान और ग्लाइडर खरीदे हैं। ये विमान दो सवार और करीब 180 किलोग्राम विस्फोटक सामग्री ले जाने की क्षमता रखते हैं। ऐसे विमानों का इस्तेमाल आतंकवादी संगठनों के जिहादी मानव-बम कर सकते हैं और उन्हें किसी लक्ष्य से टकरा सकते हैं। वर्ल्ड ट्रेड सेंटर और पेंटागन पर 11 सितंबर को हुए हमले से यह साबित हो चुका है कि अब आतंकवादी संगठनों के पास ऐसे मानव-बम भी हैं जिन्हें विमान उड़ाने का बाकायदा प्रशिक्षण दिया जा चुका है। आज मध्य-पूर्व और एशिया के करीब 12 आतंकवादी संगठनों के पास मानव-बम से हमला करने की क्षमता है। इनमें 'अल-कायदा' एक ऐसा

नेटवर्क है, जिसके पास रेडिएशन अस्त्र (परमाणु अस्त्र का छोटा रूप) होने की आशंका व्यक्त की जा रही है।

आतंकवाद की परमाणु क्षमता

अभी तक आतंकवादी संगठनों ने कहीं परमाणु अस्त्र का प्रयोग नहीं किया है लेकिन रक्षा विशेषज्ञ यह आशंका व्यक्त कर रहे हैं कि 'अल-कायदा' नेटवर्क ने यह क्षमता हासिल कर ली है। रासायनिक और जैविक हथियारों का तो वे इस्तेमाल भी कर चुके हैं। इसकी पुष्टि 13 नवंबर को तब हुई जब काबुल पर नार्दर्न एलायंस का कब्जा हुआ और अल-कायदा के एक दफ्तर से कुछ ऐसे कागज़ात बरामद हुए जिनमें परमाणु बम विस्फोट के सारे रासायनिक समीकरण लिखे हुए थे। दरअसल, उनके पास परमाणु अस्त्र होने की अटकलों की मुख्य वजह पाकिस्तान है जिसे परमाणु क्षमता प्राप्त है। यों तो पाकिस्तानी सेना का इस्लामीकरण उसके जन्म काल से ही हुआ है लेकिन इधर पाँच-सात वर्षों से उसका तालिबानीकरण भी हुआ है। ओसामा बिन लादेन के उदय के बाद पाकिस्तान के कम से कम चार परमाणु वैज्ञानिकों ने लादेन के समर्थन में वक्तव्य दिया है। ऐसी खबरें भी प्रकाशित हुईं कि ये चारों वैज्ञानिक इस्तीफा देकर अपनी सेवाएँ लादेन को समर्पित करने के लिए तैयार हैं। इनमें से एक परमाणु वैज्ञानिक सुल्तान बशीरुद्दीन मोहम्मद ने 1998 में 'प्री रिटायरमेंट' ले लिया और लादेन के विचारों से प्रेरित होकर 'उम्मा-तामीर-ए-नव' नाम का संगठन बनाया। इस संगठन का मुख्य मकसद इस्लामी देशों को परमाणु अस्त्र संपन्न करना है, ताकि वे दुनिया से मुकाबला करने में सक्षम हो सकें। सुल्तान बशीरुद्दीन मुहम्मद ने 1963 से लेकर 1998 तक पाकिस्तान के 'परमाणु ऊर्जा आयोग' को अपनी सेवाएँ प्रदान की थीं। वह पाकिस्तान की एक परमाणविक योजना 'कहूता परियोजना' के निदेशक भी रहे हैं। उनके द्वारा बनाया गया संगठन 'उम्मा-तामीर-ए-नव' का लादेन से गहरा रिश्ता बना था। इसी संगठन ने पिछले वर्ष यानी 2000 में 'उम्मा बैंक' की भी स्थापना की थी। इस बैंक को लादेन के अलावा कई इस्लामी देशों से भी धनराशि प्राप्त होती है और यह बैंक उस धनराशि का परमाणु क्षमता विकसित करने में इस्तेमाल करता है। रक्षा विशेषज्ञों का अनुमान है कि लादेन के 'अल-कायदा' नेटवर्क के पास परमाणु हथियार नहीं तो कम से कम ऐसे रेडिएशन हथियार जरूर हैं जिनके प्रयोग से दस किमी. के दायरे में तबाही मच सकती है। सुल्तान बशीरुद्दीन मोहम्मद की गिनती पाकिस्तान के शीर्ष परमाणु वैज्ञानिकों में होती है। उन्हें पाक हुकूमत ने 1998 में 'सितार-ए-इम्तियाज' पुरस्कार से भी नवाजा था। बशीरुद्दीन को यह पुरस्कार उनकी उत्कृष्ट सेवाओं के लिए दिया गया था। जब से पाकिस्तान ने तालिबान के विरुद्ध अमेरिकी हमलों का समर्थन करना शुरू किया, तब से इन वैज्ञानिकों पर उसकी नजर गड़ी रही कि कहीं इनके सहयोग से तालिबान परमाणु हथियारों

का प्रयोग न कर दें। शायद इसीलिए सुल्तान बशीरुद्दीन को उनके दो साथियों समेत 24 अक्टूबर 2001 की रात को गिरफ्तार कर लिया गया। तब से वह पाक फौज के कब्जे में हैं, जिन पर सीआइए और अमरीकी प्रशासन की कड़ी नजर है।

संदर्भ

1. फरीद जकारिया : द रूट्स ऑफ रेज वाशिंगटन : *न्यूजवीक* (साप्ताहिक), 12 अक्तूबर '01
2. वही
3. वही
4. एजाज अहमद : रेस्पोंडिंग विथ टेरर, *फ्रंटलाइन,* 12 अक्तूबर 2001, पृष्ठ 24
5. जॉन मूर : द इवोल्यूशन ऑफ इस्लामिक टेररिज्म : एन ओवरव्यू, डब्ल्यू. डब्ल्यू. डब्ल्यू. पी. बी. एस. ओ. आर. जी/डब्ल्यू. जी. बी. पृष्ठ 1
6. फरीद जकारिया, पू. उ.,
7. जॉन मूर, पू. उ., पृष्ठ 1
8. नोम चॉम्स्की : पिरेट्स एंड एम्परर्स : इंटरनेशनल टेररिज्म इन द रीयल वर्ल्ड, न्यू यॉर्क : क्लेयरमांट रिसर्च एंड पब्लिकेशंस, 1986, पृष्ठ 3
9. 1967 में जॉर्ज हबाश द्वारा स्थापित एक मार्क्सवादी समूह पापुलर फ्रंट फॉर द लिबरेशन ऑफ पैलेस्टाइन पीएलओ के संस्थापक सदस्यों में एक, लेकिन 1993 के बाद वैचारिक मतभेदों के कारण पीएलओ से अलग। इजरायल से समझौता वार्ता का विरोधी और सितंबर 2000 से शुरू हुए दूसरे इंतिफादा में सक्रिय।
10. 1968 में पीएफएलपी से अलग होकर अहमद जिब्रील के नेतृत्व में गठित पीएफएलपी-जनरल कमांड पीएलओ का घोर विरोधी है। राजनीतिक कार्रवाइयों के बजाय सैनिक हमलों पर जोर।
11. 1974 में पीएलओ से साबरी अल-बन्ना के नेतृत्व में अलग होकर बना अबू निदाल संगठन (एएनओ) किसी समय सबसे खतरनाक आतंकवादी संगठन माना जाता था। उस पर 20 से ज्यादा देशों में आतंकवादी हमले करने का आरोप है, जिनमें 900 से ज्यादा लोग मारे गए या घायल हुए। 80 के दशक के उत्तरार्ध में उसने कई चर्चित कार्रवाइयाँ कीं। अब कमजोर पड़ गया है।
12. फरीद जकारिया, पू. उ.
13. जॉन के. कूली : अनहॉली वार्स : अफगानिस्तान, अमेरिका एंड इंटरनेशनल टेररिज्म, : प्लूटो प्रेस, लंदन, 1998, पृष्ठ 140.
14. विजय करन : वार बाइ स्टिल्थ : टेररिज्म इन इंडिया, नयी दिल्ली : वाइकिंग, 1997, पृष्ठ 24-25
15. जॉन मूर, पू. उ., पृष्ठ 3
16. विजय करन, पू. उ., पृष्ठ 30
17. वही, पृष्ठ 34
18. वही, पृष्ठ 26

3

मुस्लिम आतंकवादी संगठन

आतंकवाद के नाना प्रकार हैं। अलग-अलग किस्म के आतंकवादियों का अलग-अलग दर्शन है। यहाँ जिन 25 आतंकवादी संगठनों की परिचयात्मक कहानी लिखी गई है वे सब के सब उस श्रेणी में आते हैं जिन्हें इस्लामी आतंकवादी कहा जा रहा है। इनका मूल दर्शन इस्लाम और उसकी पवित्र पुस्तक 'कुरान' से निकला है, ऐसा दावा किया जाता है। इस किताब के एक-एक लफ़्ज का वे अपनी सुविधा के मुताबिक इस्तेमाल करते हैं। वे अपनी आतंकवादी हरकतों को 'जिहाद' यानी 'पवित्र युद्ध' की संज्ञा देते हैं और इस युद्ध में शिरकत करने वाला हर योद्धा उनके लिए 'मुजाहिद' या इस्लाम का योद्धा है। यह सही है कि इस्लाम की शिक्षा और पैगम्बर मुहम्मद के संदेशों को आम मुसलमानों तक पहुँचाने का काम सदियों से होता रहा है। यह शिक्षा तबलीगी जमात तक ही सीमित नहीं रही, आतंकवादी गतिविधियों को अंजाम देने लगी। खासतौर पर बीसवीं शताब्दी के आखिरी दस वर्षों में इसमें जबर्दस्त उभार आया। 1979 में आयतुल्लाह खुमैनी के नेतृत्व में ईरान की क्रांति के बाद पूरी दुनिया में इस्लाम की लहर चली थी, लेकिन वह भी इस्लामी शिक्षा और दर्शन तक ही सीमित रही। कहीं-कहीं शिया-सुन्नी टकराव जरूर हुए, पर सामान्यतः खुमैनी की छवि एक इस्लामी स्कॉलर के रूप में रही। कुरान की उनकी व्याख्या समूचे इस्लामी विश्व के लिए कभी न मिटने वाली लकीर की तरह थी। लेकिन 1990 में इराक पर अमेरिकी हमले, करीब दर्जन भर अरब देशों में अमेरिकी फौजों की उपस्थिति, फिलस्तीन की आजादी का संघर्ष और इजरायल की बर्बर हरकतें और अंततः कश्मीर का सवाल—इन सारी चीजों ने मिलकर इस्लामी आतंकवादियों को जिहाद का एक नया अवसर मुहैया करा दिया। अफगानिस्तान से रूसी फौजों की वापसी को इन आतंकवादियों ने अपनी विजय माना और आम

अवाम के बीच यह साबित करने में सफल हुए कि जब जिहाद के जरिए वह विश्व की एक महाशक्ति को परास्त कर सकते हैं तो फिर अपनी मुक्ति की लड़ाई क्यों नहीं लड़ सकते!

यह सही है कि इन आतंकवादी संगठनों का आधार अपने-अपने मुल्क के क्षेत्र विशेष में है, लेकिन ओसामा बिन लादेन के अभ्युदय के बाद ये सारे संगठन एक विश्वव्यापी नेटवर्क के अभिन्न अंग बन चुके हैं। इस नेटवर्क का नाम 'अल-कायदा' है। सोच के स्तर पर ऐसे नेटवर्क का अस्तित्व 1980 के आखिर में ही आ गया था, लेकिन कहा जाता है कि इसकी वास्तविक तस्वीर 1997-98 के दौरान उभरी। 1997 के आखिर में ही 'अल-कायदा' का गठन हुआ। 'अल-कायदा' का नेटवर्क यूरोप, अमेरिका, एशिया और अफ्रीका जैसे चार महाद्वीपों के लगभग साठ देशों में फैला हुआ है। पिछले दस वर्षों से इसका केंद्र अफगानिस्तान और उससे सटा पाकिस्तान का वह इलाका है जहाँ आतंकवादियों को सैन्य प्रशिक्षण दिया जाता है। 'अल-कायदा' का शाब्दिक अर्थ 'बुनियाद' है। वास्तव में यह संगठन ही इस्लामी आतंकवाद की नींव है। वैसे तो दुनिया भर में इससे जुड़े संगठनों की कुल संख्या दो सौ से ज्यादा है, लेकिन ये 25 संगठन ही सबसे शक्तिशाली हैं और बड़ी से बड़ी आतंकवादी कार्रवाइयों को यही अंजाम देते हैं। इनके पास पिछले छह-सात वर्षों से अफगानिस्तान नाम का वह भला देश रहा जिसकी तकदीर उस तालिबान हुकूमत के हाथ कैद हो गई थी जो सभ्यता और लोकतंत्र से कम, मध्ययुगीन बर्बरता से ज्यादा वास्ता रखती है। परमाणु शक्ति संपन्न वह पाकिस्तान इनका शरणस्थल बन गया जिसकी विदेश नीति का अभिन्न अंग है आतंकवाद। अधिकांश इस्लामी देशों की सरकारें या तो इन्हें संसाधन मुहैया कराने लगीं या चुप होकर तमाशा देखने को मजबूर रहीं। जो सरकारें विरोधी रहीं, उनके विरोध का स्वर आतंक के कारण दबा रहा और उन्हें अपनी सत्ता पलट जाने का भय सताता रहा। आइए शुरू करते हैं इस्लाम के नाम पर सक्रिय इन खूँखार आतंकवादी संगठनों की बुनियाद 'अल कायदा' से।

अल कायदा : इस नेटवर्क की स्थापना अरबपति लादेन ने की। जो 11 सितम्बर के बाद इस्लामी आतंकवादियों का महानायक बन इसमें ज्यादातर सुन्नी इस्लामी आतंकवादी हैं। इसका मुख्य मकसद एक अलग तरह की इस्लामी दुनिया बनाना है। इस दुनिया का उसका अपना नक्शा भी है। इसका तात्कालिक लक्ष्य पाकिस्तान, कश्मीर, अफगानिस्तान, तुर्कमेनिस्तान, कजाकिस्तान, ताजिकिस्तान, उजबेकिस्तान आदि को मिलाकर एक इस्लामी देश बनाना है। ईरान, इराक, सऊदी अरब, तुर्की, बहरीन, कतर, ओमान, संयुक्त अरब अमीरात और अन्य कई अरब देशों को यह अपनी इस्लामी दुनिया का अंग मानता है, लेकिन यह उसका दूरगामी लक्ष्य है। यह नेटवर्क इस सपने को साकार करने में पश्चिम को अपना सबसे बड़ा दुश्मन मानता

है। 1998 में ही इसने अमेरिका और यहूदियों के विरुद्ध जिहाद का ऐलान किया था। फिलस्तीन की आजादी और अरब देशों से अमेरिकी फौजों की वापसी इसका शुरुआती एजेंडा था। अब कश्मीर की आजादी भी उसके एजेंडे में शामिल है। अगस्त 1998 में इस नेटवर्क से जुड़े आतंकवादियों ने नैरोबी (केन्या) और दारेस्लाम (तंजानिया) स्थित अमेरिकी दूतावासों पर जबरदस्त हमले किए थे जिसमें 225 से ज्यादा लोग मारे गए थे और 5000 से अधिक लोग घायल हो गए थे। 1992-93 में लादेन के ही इशारे पर सोमालिया में एक अमेरिकी सैन्य हेलिकाप्टर को मार गिराया गया था। 1994 में जब पोप जॉन पॉल द्वितीय मनीला आए थे तब उनकी हत्या का एक प्रयास इसी नेटवर्क से जुड़े आतंकवादियों ने किया था। अब तक इस नेटवर्क के लोगों ने 25 से ज्यादा आतंकवादी कार्रवाइयाँ की हैं, जिनमें हजारों लोग मारे गए हैं। 11 सितंबर 2001 को पेंटागन और वर्ल्ड ट्रेड सेंटर पर हुआ हमला भी इसी नेटवर्क की करतूत है। यह दुनिया का अकेला आतंकवादी नेटवर्क है जो जमीन, आसमान और समुद्र तीनों जगह आत्मघाती आतंकवादी कार्रवाइयाँ कर सकता है। इससे संबद्ध आतंकवादियों की संख्या हजारों में है। अनुमान है कि इसके पास 5 हजार से ज्यादा मानव बम हैं। यह इस्लामी आतंकवादियों का छाता संगठन है। दुनिया भर से इसे सालाना करोड़ों डॉलर प्राप्त होते हैं। कह सकते हैं कि इस्लामी आतंकवादी संगठनों का दिल और दिमाग है 'अल-कायदा'।

इस्लामिक मूवमेंट ऑफ उजबेकिस्तान : सोवियत संघ के विखंडन के बाद उससे अलग हुए कई देशों और समूचे मध्य एशिया में इस्लाम की एक लहर-सी चल पड़ी। इस्लाम के नाम पर सक्रिय आतंकवादी गुटों ने इन देशों को इस्लामी राष्ट्र बनाने का अभियान-सा छेड़ दिया। इसी अभियान के तहत पैदा हुआ यह संगठन। इस संगठन का मुख्य मकसद उजबेकिस्तान के अपेक्षाकृत धर्मनिरपेक्ष राष्ट्रपति इस्लोम करीमोव को बेदखल कर उजबेकिस्तान को एक इस्लामी राज्य बनाना है। यह संगठन पश्चिम और इजरायल का कट्टर विरोधी है। फरवरी 1999 में ताशकंद में हुए एक के बाद एक पाँच कार बमों के हमले का आरोपी है [illegible]। 1999 और 2000 के बीच इसने कई विदेशियों को बंधक बनाया [illegible] अमेरिकी पर्वतारोही, चार जापानी भूगर्भशास्त्री और आठ किरगिस्तानी सैनिक थे। इस संगठन में उग्रवादियों की संख्या हजारों में है। इसके मुख्य अड्डे अफगानिस्तान और ताजिकिस्तान में हैं, लेकिन इसकी गतिविधियों का दायरा उज्बेकिस्तान और किरगिस्तान तक फैला हुआ है। तुर्की, यूरोप और मध्य-पूर्व के कई देशों में इसका दफ्तर चलता है। इसे सीरिया, इराक और ईरान की सरकारों से खासी मदद मिलती रही है। यह संगठन लादेन के नेटवर्क से सीधे तौर पर जुड़ा हुआ है।

फिलीस्तीन इस्लामिक जिहाद : गाजा पट्टी में 1970 में उग्रवादी फिलीस्तीनियों के बीच से यह गुट उत्पन्न हुआ। इसका नारा इस्लामीक फिलस्तीनी मुल्क का निर्माण

करना है। इसके नेता मानते रहे हैं कि यह काम जिहाद के जरिए इजरायल को खत्म करके ही पूरा हो सकता है। चूँकि अमेरिका इजरायल का जबर्दस्त समर्थक है, इसलिए यह गुट अमेरिका को भी बराबर का शत्रु मानता है। यह सही है कि इस संगठन ने पहले अमेरिका के विरुद्ध आक्रामक बयान नहीं दिए। लेकिन पिछले कुछ वर्षों से फिलस्तीनियों के खिलाफ इजरायली हमले के पक्ष में अमेरिकी रुख होने के चलते यह संगठन अमेरिका का कट्टर विरोधी हो गया। जुलाई 2000 में इसने खुलकर धमकी दी कि यदि अमेरिका ने अपना दूतावास तेल अवीव से हटाकर यरुशलम में नहीं खोला तो उसके हितों को नुकसान पहुँचाया जाएगा। इस गुट ने अरब की सरकारों का भी विरोध किया, क्योंकि इस गुट की नजर में ये सरकारें अमेरिका की पिछलग्गू हैं। सन् 2000 के आखिर में इस गुट ने इजरायल के विभिन्न ठिकानों पर तीन हमले किए। इजरायल, जार्डन और लेबनान में इस गुट के दफ्तर हैं।

फिलीस्तीन मुक्ति फ्रंट : फिलीस्तीन के एक अन्य उग्रवादी गुट से 1970 में अलग होकर यह फ्रंट अस्तित्व में आया। आगे चलकर इसके तीन गुट बन गए। एक गुट पी एल ओ का समर्थक रहा, जबकि दूसरा सीरिया और तीसरा लीबिया का समर्थक बन गया। पी एल ओ समर्थक गुट का नेता मुहम्मद अब्बास (अबू अब्बास) है। बताते हैं, इसने इजरायल के खिलाफ ग्लाइडर के सहारे हमला किया था। अब्बास गुट ने 1985 में क्रूज मिसाइलों से लदे जहाज अचीले लॉरो पर हमला और अमेरिकी नागरिक लियोन किंगोफर का कत्ल करने की जिम्मेदारी ली थी। इटली में अब्बास की गिरफ्तारी का वारंट जारी किया गया। इस गुट का मुख्यालय पहले ट्यूनीशिया में था, किन्तु अब इराक में है। इसे लीबिया और इराक से भी समर्थन मिला।

मुजाहिदीने-खलीक : इसका गठन 1960 में ईरानी व्यापारियों के स्कूली साहेबजादों ने किया था। ईरान में शाह के जमाने में पश्चिम के प्रभाव के खिलाफ इस संगठन ने मुहिम छेड़ी थी। उस वक्त लोकतांत्रिक मूल्यों और इस्लाम के मिश्रण से उपजने वाली विचारधार[illegible] इस संगठन ने इस्लाम के विरुद्ध बताया। धीरे-धीरे इस संगठन ने ईरान में [illegible] और सर्वाधिक सक्रिय हथियारबंद विद्रोही ग्रुप के रूप में अपना वर्चस्व स्थापित कर लिया। इस ग्रुप का इतिहास पश्चिम-विरोधी करतूतों से भरा पड़ा है। 1970 के दौरान इसने ईरान में उग्रवादी हमले कर कई अमेरिकी सैन्य और सिविल कर्मचारियों की हत्या कर दी थी। ये लोग ईरान की रक्षा परियोजनाओं पर कार्यरत थे। ईरान की क्रांति के पहले के शाह शासन को यह संगठन पश्चिम का पिछलग्गू मानता रहा। बाद में भी यह ईरानी हुकूमत को इस्लाम के विरुद्ध मानता रहा। यह ग्रुप तेहरान में अमेरिकी दूतावास पर कब्जा करने की मुहिम का भी समर्थक रहा है। अप्रैल, 1992 में इसने विदेशों में 13 ईरानी दूतावासों पर हमले किये थे। ऐसा करके उसने दिखा दिया था कि समुद्रपारीय देशों में उसका

कितना सशक्त नेटवर्क है। फरवरी, 2000 में 'ऑपरेशन ग्रेट बाहमन' के दौरान इसने ईरान विरोधी कार्रवाई चलाई। ग्रुप का दावा था कि इसने देश भर में दर्जनों हमले करवाए। उस साल इस गुट ने दावे किए कि उसने ईरान के सैन्य क्षेत्रों और सरकारी भवनों पर मोर्टार से हमले किए और 'मारो और भागो' की रणनीति पर काम किया। इसने तेहरान में सैन्य और सरकारी इमारतों पर छह मोर्टार हमले करने का भी दावा किया था। इस ग्रुप के कई हज़ार सदस्य हैं, जिन्हें विदेशों से व्यापक मदद मिलती है। इसके ज्यादातर सदस्य राष्ट्रीय मुक्ति सेना के तहत संगठित हैं। 1980 में ईरानी सुरक्षा बलों के कार्रवाई के कारण इस ग्रुप के नेता देश छोड़कर फ्रांस भाग गए। इनमें से ज्यादातर इराक में बस गए। 1990 में ईरान में हुई हिंसक घटनाओं की भी इस ग्रुप ने जिम्मेदारी ली थी।

हमास (इस्लामी प्रतिरोधक आंदोलन) : यह फिलस्तीनी आतंकवादियों का सबसे बड़ा संगठन है। इसके समर्थकों की संख्या एक लाख है। इसके पास हजारों की संख्या में सशस्त्र जिहादी हैं और सैकड़ों आत्मघाती बम। इसका गठन 1987 में किया गया। इसका मुख्य मकसद इजरायल की जगह स्वतंत्र इस्लामी फिलस्तीन देश का निर्माण करना है। इजरायल को खत्म करने के लिए किसी भी तरह की हिंसा को यह जायज मानता है। इसके कुछ सदस्य अपनी कार्रवाइयाँ खुलकर मस्जिदों और सामाजिक संस्थाओं से संचालित करते हैं। यहीं से सदस्य भर्ती किए जाते और चंदे भी वसूले जाते हैं। इसका कार्य-क्षेत्र पश्चिमी तट और गाजा पट्टी हैं। यह संगठन राजनीतिक गतिविधियों में भी शामिल होता है। हमास के कई कार्यकर्ता 'इज्ज अल-दिन अल-कासम ब्रिगेड' के तहत इजरायल के खिलाफ व्यापक आत्मघाती हमलों में भी शामिल होते रहे हैं। 1990 के शुरू में इसने संदिग्ध फिलीस्तीनी सहयोगियों और प्रतिद्वंद्वी फतह गुट पर भी कई हमले किए थे। सन 2000 के आखिरी महीनों में विभिन्न इजरायली ठिकानों पर हमला करने का काम इसी संगठन नें किया था। गाजा पट्टी और वेस्ट बैंक में इसका जबरदस्त जनाधार है। वेस्ट बैंक चेम्बर ऑफ कॉमर्स के चुनाव में इसने अपने प्रत्याशी भी खड़े किए थे। कई अरब देशों में इसके दफ्तर हैं और वहाँ से इसे आर्थिक मदद भी मिलती है। ईरान, सऊदी अरब और जार्डन में इसके काफी समर्थक हैं।

हरकत उल-मुजाहिदीन : पूर्व में इसका नाम 'हरकत-उल-अंसार' था। इस उग्रवादी संगठन का मुख्य ठौर पाकिस्तान में है और यह कश्मीर में अपनी हिंसक वारदातें अंजाम देता है। इसके एक सरगना फजलुर रहमान खलीली का बिन लादेन से संबंध है। इसने 1998 में अमेरिका और पश्चिमी देशों के हितों पर हमले करने पर बिन लादेन के साथ समझौता किया था। खलीली इस समय हरकत-उल-मुजाहिदीन का महासचिव है और तालिबान शासन में पूर्वी अफगास्तिान में उग्रवादियों के लिए प्रशिक्षण शिविर चलाता था। जुलाई, 1995 में इस संगठन ने 'अल-फरान' के साथ

मिलकर कश्मीर गए पाँच विदेशी पर्यटकों का अपहरण कर लिया था। 24 दिसंबर, 1999 का इंडियन एयरलाइंस के विमान का अपहरण करने में भी इसी संगठन का हाथ था। अपहृत विमान को कंधार ले जाया गया और वहाँ से मौलाना अजहर मसूद समेद चार उग्रवादियों को छोड़ने की शर्त रखी गई। अजहर मसूद 1994 से ही भारतीय जेल में था। उसे भारत सरकार ने छोड़ दिया। मसूद अजहर 'हरकत-उल-अंसार' का खास रहा है। अपहरणकर्ताओं को उम्मीद थी कि अजहर मसूद फिर उनके साथ हो जाएगा, लेकिन ऐसा हुआ नहीं। उसने जैश-ए-मोहम्मद नाम का एक नया संगठन बनाया, जो कहीं ज्यादा कट्टर है।

हिजबुल्ला : इस गुट के कई नाम हैं—इस्लामिक जिहाद; रिवोल्यूशनरी जस्टिस ऑर्गेनाइजेशन; आर्गेनाइजेशन ऑफ द ऑप्रेस्ड ऑन अर्थ और इस्लामिक जिहाद फॉर द लिबरेशन ऑफ फिलस्तीन आदि। यह संगठन लेबनान में शिया समुदाय के प्रतिनिधित्व का दावा करता है। इसका मकसद ईरान की तर्ज पर लेबनान को इस्लामी गणतंत्र का दर्जा दिलाना है। यह खाड़ी में गैर-इस्लामी शक्तियों की उपस्थिति का घोर विरोधी है तथा इसका पश्चिम और इजरायल विरोधी नजरिया भी जग जाहिर है। यह संगठन ईरान से दिशा-निर्देश प्राप्त करता है, लेकिन कभी-कभार तेहरान की अनुमति के बगैर भी यह हिंसक गतिविधियाँ चलाता है। अक्टूबर 1983 में बेरूत में अमेरिकी दूतावास और अमेरिकी नौसेना बैरक पर इसने ट्रक में गोला-बारूद भर कर हमला किया था। सितंबर 1984 में बेरूत में अमेरिकी दूतावास के एनेक्सी पर किए गए हमलों में भी यह शामिल था। 1992 में अर्जेंटीना में इजरायल के दूतावास और 1994 में ब्यूनस आयर्स में उसके सांस्कृतिक केंद्र पर भी इसी ने हमला किया था। 2000 के आखिर में इसने इजरायल के तीन सैनिकों को अगवा कर लिया था। इस संगठन को शिया समुदाय के हजारों लोगों का समर्थन प्राप्त है। इसके पास करीब 7-8 सौ सशस्त्र सैनिक हैं। बेक्का घाटी में इसका मुख्य अड्डा है। दक्षिणी बेरूत और दक्षिणी लेबनान इसके गढ़ माने जाते हैं। 11 सितम्बर के पहले तक यूरोप, अफ्रीका, दक्षिणी एवं उत्तरी अमेरिका के अलावा एशिया के कुछ इस्लामी देशों में भी इसके दफ्तर रहे हैं। ईरान और सीरिया से इसे हर तरह की अच्छी-खासी मदद मिलती रही है।

जमात उल-फिक्रा : इस गुट का मानना है कि हिंसा के जरिए ही इस्लाम को पवित्र किया जा सकता है। पाकिस्तान का एक मुल्ला शेख मुबारक अली गिलानी ने 1980 में इस गुट को खड़ा किया। गिलानी इस वक्त पाक में रह रहा है, लेकिन इसके ज्यादातर सदस्य उत्तरी अमेरिका और केरेबियन देशों में सक्रिय हैं। इसके सदस्यों ने अमेरिका के ग्रामीण क्षेत्र में जमीनें खरीदकर अपनी विचारधारा को जीवित रखने का प्रयास किया है और खुद को पश्चिमी चकाचौंध से पृथक कर रखा है।

इस्लामिक हथियारबंद ग्रुप (जीआईए) : इस इस्लामिक ग्रुप का मकसद

धर्मनिरपेक्ष अल्जीरिया सरकार का तख्तापलट कर उसे इस्लामी मुल्क बनाना है। इसने इस्लामिक साल्वेशन फ्रंट बनाया था, जिसने अल्जीरिया में हुए दिसंबर 1991 के चुनावों में हिस्सा लिया था और उसकी करारी हार हुई थी। इस हार के बाद इस संगठन ने जमकर हिंसक गतिविधियाँ शुरू कर दीं। यह अल्जीरिया का सबसे बड़ा कट्टर इस्लामी समूह है। यह संगठन नागरिकों, पत्रकारों, सरकारी कर्मचारियों और विदेशियों पर हमले करता है। 1992 से 1998 के बीच इसने कई सामूहिक नरसंहारों, यहाँ तक कि समूचे गाँवों को नेस्तनाबूद करने का अभियान छेड़े रखा। 1993 में इसने अल्जीरिया में 100 से ज्यादा विदेशियों की हत्या की थी। इनमें ज्यादातर लोग यूरोपीय देशों से थे। दिसंबर 1994 में इसने फ्रांस के एक विमान का अपहरण कर लिया था। 1995 में फ्रांस में एक के बाद एक कई बम विस्फोटों में शामिल होने का इस पर आरोप लगा। फ्रांस की एक अदालत में इस पर मुकदमा चला और 1999 में अदालत ने इसके सदस्यों को सजाएँ दीं। इसका कार्य क्षेत्र मुख्य तौर पर अल्जीरिया ही है। इस संगठन के पास एक हजार से ज्यादा हथियारबंद लोग हैं। इसे पश्चिमी यूरोप में रह रहे अपने समर्थकों के अलावा ईरान से भी मदद मिलती थी।

अल-जिहाद : इसके अन्य नाम हैं—इजिप्शियन इस्लामिक जिहाद; इस्लामिक जिहाद और जिहाद ग्रुप। यह 1970 से सक्रिय है। इसका बिन लादेन के अल-कायदा से नजदीकी रिश्ते हैं। इसके कई सक्रिय कमांडरों की लेबनान और यमन में गिरफ्तारी से संगठन को जबरदस्त धक्का लगा। इसका मकसद मिस्र की अपेक्षाकृत उदारवादी सरकार को उखाड़ फेंकना और वहाँ इस्लामी राज्य कायम करना है। यह संगठन मिस्र में इजरायली और अमेरिकी ठिकानों पर हमले करता है। यह अन्य देशों में भी तोड़फोड़ करवाता है। इस संगठन के जिहादियों को मिस्र की सरकार के मंत्रियों पर और मिस्र में मौजूद अमेरिका के ठिकानों पर कार बमों से हमलों के लिए खास तौर पर प्रशिक्षण दिया गया है। 1981 में राष्ट्रपति अनवर सादात, 1993 में आंतरिक सुरक्षा मंत्री हसन अल-अलफी और नवंबर 1993 में प्रधानमंत्री आतेफ सेदकी का कत्ल इसी संगठन की करतूतें हैं। 1995 में इस्लामाबाद में मिस्र के दूतावास और 1998 में अल्बानिया में अमेरिकी दूतावास में सुनियोजित बम विस्फोटों में भी इसी संगठन का नाम उछला था। यह संगठन यमन, अफगानिस्तान, पाकिस्तान, सूडान, लेबनान और ब्रिटेन से अपनी गतिविधियाँ चलाता रहा है। मिस्र सरकार का दावा है कि ईरान और बिन लादेन से इस संगठन को भरपूर मदद मिलती है।

अबू निदाल संगठन (एएनओ) : इस संगठन के अन्य नाम हैं—फतह रिवोल्यूशनरी काउंसिल; अरब रिवोल्यूशनरी ब्रिगेड; ब्लैक सितंबर और रिवोल्यूशनरी ऑर्गनाइजेशन ऑफ सोशलिस्ट मुस्लिम्स। इस अंतरराष्ट्रीय उग्रवादी संगठन का नेता सब्री अल-बन्ना है। यह 1974 में फिलीस्तीन लिबरेशन आर्गेनाइजेशन (पीएलओ) से अलग हुआ। इसकी राजनीतिक, सैनिक और वित्तीय शाखाएँ भी हैं। इसने अब तक 20 देशों

में उग्रवादी हरकतों को अंजाम देकर 900 से ज्यादा लोगों की हत्या की है। इसके निशाने पर अमेरिका, ब्रिटेन, फ्रांस, इजरायल, उदारवादी फिलस्तीनी, पी एल ओ और अरब देश हैं। अपेक्षाकृत उदारवादी माने जाने वाले यासर अराफात के पी एल ओ को भी यह संगठन अपना एक बड़ा दुश्मन मानता है। इसने दिसंबर 1985 में रोम और वियना हवाई अड्डों पर बड़ा हमला बोला था। इस्ताम्बूल में एक बौद्ध मन्दिर नेवे शालूम पर इसी संगठन ने 1985 में हमला किया था। सितंबर 1986 में कराची में पेन एम हवाई जहाज-73 का अपहरण, 1988 में ग्रीक में एक जहाज पर हमला, पी एल ओ के उप सुरक्षा प्रमुख अबू इयाद की हत्या, 1991 में पी एल ओ के सुरक्षा प्रमुख अबू हुल की ट्यूनिस में हत्या, 1994 में लेबनान में जार्डन के राजनयिक की हत्या और अनेक पी एल ओ प्रतिनिधियों के कत्ल से इसके दामन दागदार हैं। फिलीस्तीनी अवाम में अपनी पकड़ मजबूत करने और पी एल ओ को अलग-थलग करने के लिए इस संगठन के जिहादी पी एल ओ के नेताओं की हत्या करते रहे हैं। इस संगठन ने 1998 में इराक में भी अपना कैंप कायम कर लिया था। लीबिया और मिस्र में 1999 में इसके ठिकानों को बंद करवा दिया गया। यह मध्य एशिया, यूरोप और एशिया को अपना निशाना बनाने की क्षमता रखता है। इसका मुख्य अड्डा लेबनान में है। फिलस्तीनी शरणार्थी कैंपों में भी इसका जबर्दस्त जनाधार है। पहले लीबिया और सीरिया से इसे भारी मदद मिलती थी, लेकिन अब इसका मुख्य मददगार इराक है।

अबू सैयाफ ग्रुप (एएसजी) : दक्षिणी फिलीपींस में सक्रिय यह छोटा, किंतु सबसे ताकतवर इस्लामी अलगाववादी गुट है। इसके कुछ सदस्यों ने मध्य-पूर्व में पढ़ाई किए और वहीं सक्रिय हो गए। इसके अफगानिस्तान के मुजाहिदीन से भी संबंध रहे हैं। यह संगठन पूर्व में मोरो नेशनल लिबरेशरन फ्रंट से संबद्ध था, लेकिन1991 में उससे अलग हो गया। इसका नेता अब्दुरजिक अबूबकर जंजालानी था, जो 1998 में फिलीपींस की पुलिस के हाथों मारा गया। अब इसका नेता जंजालानी का छोटा भाई खदाफी जंजालानी है। यह गुट दक्षिणी फिलीपींस के पश्चिमी मिंडानाओ और सुलू द्वीप समूह क्षेत्र के मुस्लिम-बहुल इलाके में सक्रिय है। इसने सन 1995 में एपिल कस्बे में व्यापक तोड़फोड़ की और सन 2000 में 30 विदेशियों का अपहरण कर लिया, जिनमें एक अमेरिकी नागरिक भी था। बम विस्फोट, अपहरण, हत्याएँ और फिरौती इसकी आय के जरिए हैं। इसने मलयेशिया में भी अपने अड्डे कायम कर रखे हैं। इसके 2000 से ज्यादा सदस्य हैं, जिनमें 100 हथियारबंद दस्ते में शामिल हैं। मध्य-पूर्व और अफगानिस्तान एवं पाकिस्तान के मुजाहिदीन से इन्हें खूब मदद मिलती रही।

अल-गामा अल-इस्लामिया : इसे संक्षेप में इस्लामिक ग्रुप भी कहते हैं। यह मिस्र का सबसे बड़ा उग्रवादी संगठन है। इसका गठन 1970 में हुआ था। इस संगठन का विश्वव्यापी नेटवर्क है। मार्च 1999 में इसने युद्धविराम की घोषणा कर दी। इसका

आध्यात्मिक नेता शेख उमर अब्द अल-रहमान है जो जून 2000 में युद्ध विराम के पक्ष में समर्थन हासिल करने अमेरिका भी गया था। 1998 के बाद इस संगठन ने मिस्र के भीतर हमले नहीं किए। शेख उमर रहमान की समस्या यह है कि अल-गामा के अंदर एक कट्टर इस्लामी नेता रिफाई ताहा मूसा का उद्भव हो गया। मूसा ने 1998 में बिन लादेन के साथ सहयोग-पत्र पर दस्तखत किए और अमेरिका के खिलाफ हमलों का फतवा जारी किया। लेकिन संगठन खुलकर लादेन से रिश्ते का खंडन करता रहता है। इस समय संगठन का नेता मुस्तफा हम्जा है जिसने युद्धविराम को तोड़कर हिंसक कार्रवाइयाँ शुरू कर दी हैं। इस संगठन का मुख्य मकसद मिस्र की वर्तमान सरकार को उखाड़कर देश में कट्टर इस्लामी सरकार कायम करना है लेकिन ताहा मूसा अमेरिका को अपना मुख्य दुश्मन मानता है। अमान अल-जवाहिरी के इशारे पर ही वह लादेन का भक्त बना। इन तीनों को कई बार एक मंच से ही बोलते देखा गया है। संगठन ने 1993 और मार्च 1999 के बीच मिस्र में पर्यटकों पर कई हमले किए। 1997 में लक्सर में एक हमला कर इसी संगठन ने 58 पर्यटकों की हत्या कर दी थी। इस संगठन ने 1995 में अदीस अबाबा में मिस्र के राष्ट्रपति होस्नी मुबारक की हत्या के प्रयास का दावा भी किया था। इस संगठन के कई हजार सदस्य हैं। लाखों की संख्या में इसके समर्थक हैं। इसका मुख्य अड्डा दक्षिणी मिस्र में है। सूडान, अफगानिस्तान, यमन और ब्रिटेन में भी इसका अच्छा-खासा नेटवर्क रहा है। लादेन के अलावा अन्य इस्लामी देशों के गैरसरकारी संगठनों से इसे हर तरह की मदद मिलती है।

अल-फतह : इसका एक अन्य नाम अल-असीफा भी है। 1968 में फतह यासर अराफात के पी एल ओ में शामिल हुआ। 1969 में इसने नेतृत्वकारी भूमिका निभाई। जार्डन ने इसके कमांडरों को उस वक्त निष्कासित कर दिया जब इसने जार्डन की सेना के साथ टकराव मोल ले लिया। 1982 में लेबनान पर इजरायली हमलों के दौरान यह गुट पश्चिम एशिया के विभिन्न देशों में छिटक गया। इसके दो नेताओं—अबू जिहाद और अबू इयाद-की हाल के वर्षों में हत्या कर दी गई। इसने दूसरे उग्रवादी संगठनों को प्रशिक्षण दिया। संगठन ने पश्चिम यूरोप और मध्यपूर्व में कई हिंसक वारदातों को अंजाम दिया। 1993 में यासर अराफात ने इजरायल के साथ एक संधि पर हस्ताक्षर किए। इसके बाद उसने हिंसा को त्याग दिया।

अल्जीरियाई उग्रवादी गुट : अल्जीरिया में कई आतंकवादी गुट हैं, जो इस्लामी सिद्धांतों के परचम तले मौजूदा धर्मनिरपेक्ष सरकार को हटाने की हिंसक मुहिम छेड़े हुए हैं। अल्जीरिया में राष्ट्रपति बेंजडिड को 1992 में पदच्युत करने के बाद वहाँ उग्रवाद ने सिर उठाना शुरू किया। वहाँ सक्रिय छोटे-छोटे गुटों के नाम हैं—आर्म्ड इस्लामिक ग्रुप, द मूवमेंट फार एन इस्लामिक स्टेट, द आर्मी ऑफ द प्रोफेट मुहम्मद, द यूनाइटेड कंपनी ऑफ जिहाद और आर्म्ड इस्लामिक मूवमेंट । ये गुट पुलिस सुरक्षा

बलों और सरकारी अधिकारियों पर हमले करते हैं। इनमें हत्या और बम विस्फोट शामिल हैं। 1993 से इन गुटों ने नागरिकों पर भी हमले तेज कर दिए। 1993 में इन्होंने 7 पत्रकारों को मौत के घाट उतार दिया। इसी साल सात विदेशी नागरिकों की हत्या की गई, जिनमें दो फ्रांसीसी भी शामिल हैं। इन्होंने फ्रांसीसी वाणिज्य दूतावास के कई अफसरों की भी हत्या की है। 1992 से लेकर अब तक अल्जीरिया में हुई आतंकवादी हिंसा में कम से कम 1,500 लोगों की मृत्यु हुई है।

सिपाह-ए-मुहम्मद : यह शिया उग्रवादी गुट है और पाकिस्तान के पंजाब प्रांत में अलगाववादी गतिविधियों में शामिल है। इसके अस्तित्व में आने की निश्चित तिथि की कोई जानकारी नहीं है, लेकिन माना जाता है कि 1993 में मौलाना मुरीद अब्बास याजदानी ने इसे खड़ा किया था। यह गुट सुन्नी उग्रवादी समूह सिपाहे सहाबा और लश्कर-ए-जांगवी का मुकाबला करने के लिए सक्रिय हुआ था।

लश्कर-ए-जब्बार : कश्मीर में सक्रिय इस्लामी आतंकवादी संगठनों की शह पर 1990 के बाद 'दख्तरान-ए-मिल्लत' नाम का संगठन बना था। महिलाओं को उग्रवाद की शिक्षा देना और कट्टर इस्लामी बनाना इस संगठन का मुख्य मकसद था। आतंकवादी कार्रवाइयों को अंजाम देने में महिलाओं की भागीदारी बढ़ाने के लिए प्रशिक्षित करना भी इस संगठन का एक उद्देश्य था। लगातार कोशिशों के बावजूद कश्मीर में इस संगठन को कोई खास सफलता नहीं मिली। कहा जाता है कि इसी नाकामी के बाद 'लश्कर-ए-जब्बार' नाम से एक दूसरा संगठन बनाया गया। इस संगठन के बारे में पहली बार अगस्त 2001 में दो घटनाओं के होने के बाद जम्मू-कश्मीर के स्थानीय मीडिया ने जानकारी दी। पहली वारदात 7 अगस्त को श्रीनगर के खानयार में दो स्कूली अध्यापिकाओं पर तेजाब फेंकने की घटना के बाद सामने आई और दूसरी करतूत का पता तब चला, जब इन्होंने महिलाओं के लिए अलग वेशभूषा अपनाने की धमकी दी और हर मुस्लिम महिला के लिए बुरखा पहनना अनिवार्य बताया। इस संगठन ने 8 सितंबर को बयान जारी कर गैर-मुसलमान महिलाओं से भी 'बिंदी और दुपट्टा' अपनाने को कहा। कश्मीर के दूसरे उग्रवादी संगठनों ने इस तरह के प्रतिबंधों की निन्दा की है।

मुत्तहिदा कौमी महाज (एम क्यू एम) : 1980 और 90 के दशक में पाकिस्तान को आंतरिक खतरा इसी संगठन ने पैदा किया। यह पाक के मोहाजिर समुदाय के बीच से पनपा। अल्ताफ हुसेन इसके संस्थापक हैं। पहले इसका नाम 'मोहाजिर कौमी मूवमेंट' था। 1992 में इससे अलग हुए हकीकी गुट ने अपनी अलग पहचान बना ली। दोनों गुट पाक में शहरी आतंकवाद के जन्मदाता हैं। ये राजनीतिक प्रक्रिया में भी हिस्सा लेते हैं। अल्ताफ गुट विशुद्ध रूप से राजनीतिक कार्यक्रमों में शरीक होने लगा है, लेकिन इसने जुलाई 2001 में स्थानीय निकाय के चुनावों का बहिष्कार किया।

हरकत-उल-जिहाद-अल-इस्लामी : 1992 में बिन लादेन के सहयोग से बांग्लादेश

में यह संगठन अस्तित्व में आया। इसका नेता शौकत उस्मान उर्फ शेख फरीद है। इसके सदस्यों की संख्या लगभग 15,000 है। इस संगठन का मकसद बांग्लादेश में इस्लामी शासन कायम करना है, जिसे वे प्रगतिशील सोच वाले बुद्धिजीवियों को खत्म करके हिंसक रास्ते पर चलकर हासिल करने का इरादा रखते हैं। इसने बांग्लादेश के मशहूर कवि शमसुर रहमान की 18 जनवरी, 1999 को हत्या का प्रयास किया था। इस संगठन ने उस दौरान 28 अन्य प्रगतिशील विचारकों को भी खत्म करने की योजना बनाई थी, जिनमें कबीर चौधरी, तसलीमा नसरीन और मौलाना अब्दुल अवाल शामिल हैं। चटगाँव में इसके छह प्रशिक्षण कैंप हैं। इसके सैकड़ों सदस्यों को अफगानिस्तान में प्रशिक्षण मिला है। इसके अधिकांश सदस्यों का चयन मदरसों से होता है और ये खुद को 'बांग्लादेशी तालिबान' कहते हैं। इन उग्रवादियों ने जून 1996 में अवामी लीग सरकार को अस्थिर करने के लिए उग्रवादी गतिविधियाँ तेज कर दी थीं। इसके आई एस आई के अलावा उल्फा उग्रवादियों से भी रिश्ते हैं।

मुत्तहिदा जिहाद काउंसिल : इसका एक और नाम है—यूनाइटेड जिहाद काउंसिल। यह पाकिस्तान में नवंबर 1990 में बना था। यह संगठन सभी उग्रवादी गुटों को एक प्लेटफॉर्म पर लाने का मंच है। इसका मकसद जम्मू-कश्मीर में हिंसा फैलाकर अस्थिरता पैदा करना है। इसका मुख्यालय पाक अधिकृत कश्मीर स्थित मुजफ्फराबाद में है। अपने अस्तित्व में आने के साथ ही इस संगठन ने जम्मू-कश्मीर में सक्रिय सभी उग्रवादी संगठनों के लिए इस मंच में पंजीकरण कराना जरूरी कर दिया था। शुरू में इसका अध्यक्ष आजम इंकलाबी था। बाद में तनवीर उल इस्लाम को इस संगठन का अध्यक्ष बना दिया गया। दिसंबर 1995 में पाकिस्तान में इस संगठन के विभिन्न घटकों की बैठक में हिजबुल मुजाहिदीन के सरगना सैयद सलाहुद्दीन को इसका प्रमुख नियुक्त किया गया। जब हिजबुल मुजाहिदीन ने कश्मीर में संघर्ष विराम की घोषणा की, तो सैयद सलाहुद्दीन को इसके प्रमुख के पद से हटा दिया गया। बाद में सलाहुद्दीन को पुनः प्रमुख बना दिया गया। इस संगठन ने रमजान पर भारत सरकार के संघर्ष-विराम के प्रस्ताव को नामंजूर करते हुए घोषणा की थी कि वह भारतीय सैनिकों पर हमले करेगा।

अल-बद्र : अगस्त 1988 में पाकिस्तान की कट्टर पार्टी जमाते-इस्लामी ने जे के एल एफ से मुकाबला करने के मकसद से अल-बद्र और जम्मू-कश्मीर स्टूडेंट लिबरेशन फ्रंट को मिलाकर अल-बद्र नाम का नया संगठन खड़ा किया और इसके सदस्यों को कश्मीर में हिंसा फैलाने में लगा दिया। इसे आइ एस आइ का पूरा समर्थन मिलता रहा है। मास्टर एहसान डार इसका सुप्रीमो है। 1994 में जब आई एस आई ने विदेशी उग्रवादियों की मदद लेनी शुरू की, तभी यह संगठन बिखरा और हाशिए पर आ गया, लेकिन इसके सदस्य हिंसात्मक गतिविधियों में संलग्न रहे। इस वक्त इस गुट का मुखिया बख्त जमीन है। सन 2000 के दौरान कश्मीर में कई आतंकवादी

हमलों में इस गुट का हाथ रहा है।

लश्कर-ए-तैयबा : यह संगठन इस वक्त कश्मीर का सबसे खतरनाक उग्रवादी संगठन है। यह पाकिस्तान के वहाबी संप्रदाय के इस्लामी कट्टरवादी 'मरकज-उद-दावा-वल-इरशाद' की उग्रवादी शाखा है। मरकज़ का अध्यक्ष प्रो. अफीज़ मुहम्मद सईद है। यह संगठन भारतीय सुरक्षा बलों पर चुन-चुन कर हमले करता है। इसने घाटी में गैर-मुसलमानों को भी अपना भरपूर शिकार बनाया है। कारगिल में मुँह की खाने के बाद उसने अपनी हिंसक गतिविधियों को अचानक बढ़ा दिया। 'फिदाईन' इसका आत्मघाती दल है। इसके सदस्य भारतीय फौजियों जैसी पोशाकें पहनते हैं। इसका पहला हमला 13 जुलाई 1999 को बारमूला जिले के बांदीपुर क्षेत्र में बी एस एफ के रिहायशी क्षेत्र में हुआ। 27 दिसंबर 1999 को इसने स्पेशल ऑपरेशन्स ग्रुप के मुख्यालय पर ही हमला बोल दिया था। इसमें 9 जवान शहीद हो गए थे। इस अभियान में 'फिदाईन' के भी दो उग्रवादी मारे गए थे। जब 30 दिसंबर 1999 को लश्कर तैयबा का जम्मू-कश्मीर क्षेत्र का सरगना अबू मुवैया मारा गया तो उसके बाद 'फिदाईन' के हमले और बढ़ गए। 1 जनवरी 2000 को सूरनकोट में इसने भारतीय सेना के शिविर पर हमला किया; 12 जनवरी को अनंतनाग में बी एस एफ कैंप को निशाना बनाया और श्रीनगर में 21 मार्च को बी एस एफ कैंप को धावा बोला। 26 मार्च 2001 को श्रीनगर में वजीरपुर, 16 दिसंबर 2000 को राजौरी जिले के मेंढर में और 5 नवंबर 2000 को ऊधमपुर जिले के महोर में भी इस उग्रवादी संगठन ने जबरदस्त खून-खराबा किया। जब बिल क्लिंटन भारत दौरे पर थे, तब इसी संगठन ने कश्मीर में छत्तीसिंहपुरा में सिखों की हत्या कर दी थी। जब-जब कश्मीर में शांति की प्रक्रिया शुरू की जाती है, लश्कर तैयबा खूनखराबा करके माहौल को बिगाड़ने में जुट जाता है।

हिज्ब-उल-मुजाहिदीन : यह कश्मीर घाटी का कैडर आधारित देसी-विदेशी उग्रवादियों का सबसे बड़ा जमावड़ा है। यह संगठन 1989 में वजूद में आया। इसके करीब 800 उग्रवादी काम कर रहे हैं। यह रह-रहकर कश्मीर में हिंसक वारदातें करता है। इसका कश्मीर में प्रभाव हर जगह एक जैसा नहीं है। खुफिया विभाग की राय में यह संगठन घाटी में कुल उग्रवादी हमलों में से 10 से 20 प्रतिशत हमलों के लिए ही जिम्मेदार है। इसका सरगना सैयद सलाउद्दीन उर्फ पीर साहब है। यह पाकिस्तान में रहता है। इस संगठन ने पिछले साल सरकार के संघर्ष विराम पर सहमति व्यक्त की थी, किंतु अगस्त 2000 में इसने संघर्ष विराम खत्म करने की घोषणा कर दी। 18 फरवरी 2000 को त्राल पर हमला करके इसने 11 पुलिस के जवानों को शहीद कर दिया था। 24 जुलाई 2001 को इसके डिप्टी कमांडर अब्दुल हमीर तांत्री को पुलवामा के पाहू में सुरक्षा बलों ने मार गिराया था। इसके शीर्ष उग्रवादी मुस्तफा खान और दो अन्य उग्रवादियों को भी सुरक्षा बलों ने 30 जुलाई 2001 को बडगाम

में एक मस्जिद पर हमला करके मार डाला था। कहते हैं, आइ एस आइ ने 'जैश-ए-मोहम्मद' को हिज्ब की जगह एक बड़े और प्रभावशाली विकल्प के रूप में खड़ा किया है।

जैश-ए-मुहम्मद : यह संगठन फरवरी 2000 में वजूद में आया। इसका सुप्रीमो मौलाना मसूद अजहर है। इसे जनवरी 1999 के पहले हफ्ते में भारतीय जेल से कंधार में खड़े अपहृत इंडियन एयरलाइंस विमान के यात्रियों को मुक्त करने के एवज में छोड़ा गया था। 19 अप्रैल 2000 को श्रीनगर में बादामी बाग में आत्मघाती हमले की इसने जिम्मेदारी ली। अजहर कराची का रहने वाला है और इसे आइ एस आई ने पाला-पोसा है। 23 अप्रैल 2000 को जैश के एक आत्मघाती उग्रवादी ने श्रीनगर में सेना के स्थानीय मुख्यालय के मुख्य द्वार पर खुद को बमों से उड़ा दिया था। 28 जून 2000 को जम्मू-कश्मीर सचिवालय भवन पर हमलों में भी इसी संगठन का हाथ रहा है। 11 सितम्बर के बाद 1 अक्तूबर 2001 को जम्मू-कश्मीर विधान सभा पर आत्मघाती हमला करने का काम इसी संगठन ने किया था। ऐसा कहा जाता है कि जैश-ए-मोहम्मद और हरकत-उल-मुजाहिदीन—दोनों आपस में मिलकर एक संगठन के तहत काम करते हैं।

दीनदार अंजुमन : दक्षिण भारत स्थित कर्नाटक के गुलबर्गा जिले के बेलामपेट में 1924 में इसकी स्थापना की गई थी। इसके संस्थापक हजरत मौलाना दीनदार थे। इसका मुख्य मकसद युवाओं को इस्लामी शिक्षा देना था। करीब सात दशक तक यह संगठन खामोश और प्रचार से दूर रहा। लेकिन 1995 के बाद इसके कर्ताधर्ता आतंकवादी गतिविधियों की ओर चल पड़े। मई और जुलाई 2000 के दौरान आंध्र प्रदेश, गोवा और कर्नाटक के कई धार्मिक स्थलों पर किए गए बम विस्फोटों में इसका हाथ माना जाता है। ऐसी खबरें छपीं कि इन विस्फोटों में मौलाना दीनदार के बेटे सैयद जिया-उल-हसन का दिमाग था। बँटवारे के समय हसन पाकिस्तान चला गया था और पेशावर में रहता है। उसने पाकिस्तान में जमात-ए-हिजबुल मुजाहिदीन नामक उग्रवादी संगठन की नींव रखी। दीनदार अंजुमन का मुख्यालय हैदराबाद में है। इसकी अपनी अलग धार्मिक विचारधारा है, जिसके मुताबिक वह भारत को इस्लामी मुल्क बनाने के सपने सँजोए हुए है। 'अवानुल नास' नामक पुस्तक से इस संगठन को प्रेरणा मिलती है। इसके मुताबिक भारत के मुसलमानों को पाकिस्तान के हितों के लिए काम करना चाहिए। जुलाई 2000 में दीनदार अंजुमन के विजयवाड़ा कार्यालय से चर्च विरोधी गतिविधियों में शामिल होने से संबद्ध दस्तावेज मिले हैं। दक्षिण भारत में एक के बाद एक बम विस्फोटों के बाद आंध्र प्रदेश, कर्नाटक, गोवा और महाराष्ट्र से दीनदार अंजुमन के करीब 40 लोगों को गिरफ्तार किया गया, जिनमें 7 पाकिस्तानी भी शामिल हैं। भारत सरकार ने 27 अप्रैल 2000 को इस संगठन की गतिविधियों पर पाबंदी लगा दी।

4

लादेन : मिथक और वास्तविकता

ओसामा बिन लादेन यानी दुनिया के सबसे ताकतवर देश अमेरिका का दुश्मन नंबर एक। अमेरिका की संघीय जाँच एजेंसी, एफ बी आई द्वारा उसके नाम पर जारी 'मोस्ट वांटेड' पोस्टर में उसके कई नाम हैं। ओसामा बिन मुहम्मद बिन लादेन उर्फ प्रिंस उर्फ अमीर उर्फ अबू अब्दुल्ला उर्फ मुजाहिद शेख उर्फ हाजी उर्फ डाइरेक्टर। इस पोस्टर में उसकी लंबाई 6 फुट 5 इंच बताई गई है। इसमें उसके शरीर के रंग और गठन के बारे में भी जानकारी दी गई है। लेकिन किसी व्यक्ति के जीवन की कहानी चाहे वह अच्छी हो या बुरी, सिर्फ उसके नाम और लंबाई-चौड़ाई के बारे में दिए गए आँकड़ों से पूरी नहीं होती। ख़ासकर लादेन जैसे शख्स की कहानी, जिसके बारे में उपलब्ध जानकारियों में से हकीकत और फसाने को अलग कर पाना असंभव नहीं तो मुश्किल जरूर है। अपने लोगों के लिए वह मसीहा की मानिंद है, जो मुसलमानों को पश्चिम की गुलामी से मुक्ति दिलाने की जंग लड़ रहा है। लेकिन अपने रकीबों के लिए वह मौत का सौदागर है, जो बेगुनाहों का कत्लेआम देखकर खुश होता है। उसकी एक आवाज पर हजारों लोग जिहाद में कूद पड़ते हैं। उसका चेहरा देखकर ऐसा लगता है मानो सारे जहाँ का दर्द उसमें समाया हो, लेकिन जब वह बोलता है, तो जहर उगलता है। बाहर से रहमदिल, लेकिन अंदर से पत्थरदिल। अपना मुकाम हासिल करने के लिए कुछ भी कर गुजरने को तैयार। उसकी मंजिल है, सभी मुस्लिम देशों का निजाम-ए-मुस्तफा बनना। लेकिन क्या यह शख्स वाकई वही चाहता है, जो वह कहता है? या, वह अपने अंदर की किसी कुण्ठा को दूर करने की झोंक में यह सब कर रहा है। इतना तो निश्चित है कि कोई भी इंसान अगर कैडिलक जैसी महँगी गाड़ी और उसके साथ जुड़े ऐशो-आराम से अपनी इस्लामी फौज का संचालन कर रहा था, तो को छोड़कर दुनिया

के सबसे पिछड़े तथा गरीब देश अफगानिस्तान की सबसे लंबी गुफा तैयार है, इसका मतलब यही है कि वह साधारण इंसान नहीं है। बहरहाल, इन सवालों का जवाब ढूँढ़ने से पहले उसकी अब तक की जिंदगी के पन्नों को पढ़ना जरूरी है।

ओसामा का जन्म 1957 में सऊदी अरब के रियाद में हुआ। वह अपने पिता मुहम्मद अवद बिन लादेन की 52 संतानों में 17वें नंबर पर था। उसकी माँ हमीदा अल-अतास सीरियाई मूल की थी और अपने पति की कई पत्नियों में से एक थी। वैसे यह भी कहा जाता है कि ओसामा के बचपन में ही उसकी माँ हमीदा की मृत्यु हो गई थी और उसका पालन-पोषण उसके पिता की पहली और सबसे पसंदीदा पत्नी अल-खलीफा ने किया। लेकिन यह मात्र जनश्रुति है। ओसामा के जीवन पर सऊदी अल-खलीफा की नहीं, बल्कि सीरियाई हमीदा की छाप बहुत साफ दिखाई देती है। हमीदा सऊदी नहीं होने के नाते कभी उस परिवार में इज्जत नहीं पा सकी। इसका ओसामा के जीवन पर गहरा असर पड़ा।

चूँकि मुहम्मद अवद बिन लादेन एक साथ चार से अधिक बीवियाँ नहीं रख सकता था, इसलिए नई पत्नी लाने पर पुरानी बीवियों को तलाक देता गया। बहरहाल, दक्षिण यमन के हदरामउत प्रांत का यह मामूली राजगीर 1957 तक सऊदी अरब का सबसे अमीर बिल्डर बन चुका था। इसलिए उसकी विभिन्न बीवियों से जनमे 52 भाई-बहनों को ऐशो-आराम की जिंदगी मयस्सर थी। आगे चलकर हम यह देखेंगे कि मुँह में सोने का चम्मच लेकर पैदा हुए ओसामा के अंदर इसी ऐशो-आराम ने एक ख़ास तरह के अहंकार को जन्म दिया, जो उसकी शख्सियत को विकृत करने का कारण बना। लेकिन इससे पहले उसके पिता मुहम्मद अवद की कहानी, क्योंकि उसके पिता ने भी उसके जीवन को यह रूप देने में अहम भूमिका निभाई।

वर्ष 1925। मुहम्मद अवद बिन लादेन यमन में गरीबी से तंग आकर हजारों मील दूर सऊदी अरब के लिए निकल पड़ा। जेब में फूटी कौड़ी नहीं थी, लेकिन दिल में बड़े-बड़े अरमान थे। जब वह जेद्दा पहुँचा, उस समय तक सऊदी अरब अस्तित्व में नहीं आया था। लेकिन 1932 में सऊदी सल्तनत का जन्म हुआ और यहीं से मुहम्मद की किस्मत ने पलटा खाया। और, जेद्दा बंदरगाह पर मामूली कुली का काम करने वाला मुहम्मद महज 25 साल में यानी 1957 में ओसामा के जन्म के समय तक सऊदी अरब की सबसे बड़ी कंस्ट्रक्शन कंपनी का मालिक बन चुका था। इतनी सारी दौलत उसने कैसे जमा की, इसका जवाब इस बात निर्भर है कि झोंपड़ी से राजमहल तक की उसकी इस यात्रा की कहानी कौन सुना रहा है।

ओसामा की मानें, जैसा कि उसने 1998 में अल-जजीरा चैनल को एक इंटरव्यू में बताया था, तो उसके पिता की धर्मपराणयता के कारण उस पर धन-दौलत की बरसात हुई। ओसामा के अनुसार, उसके पिता ने मुनाफे की चिंता किए बिना सऊदी अरब की पवित्र मस्जिदों का जीर्णोद्धार करवाया और अल्लाह ने खुश होकर उन्हें

बड़े-बड़े ठेके अता किए। लेकिन इस कहानी पर यकीन नहीं किया जा सकता। दरअसल, उसके पिता कभी भी धर्मभीरु सुन्नी मुसलमान की तरह नहीं रहे। उसके अंदर सौदा पटाने का गजब का हुनर था। आप कह सकते हैं कि वह एक कामयाब बिजनेसमैन था। उसे पढ़ना नहीं आता था, लेकिन नोट गिनने में वह माहिर था। कहा जाता है कि सऊदी अरब के पहले सुल्तान अब्दुल-अजीज इब्न सऊद के शाही महल में काम करते समय मुहम्मद उनके काफी नजदीक आ गया। उसके बाद शाही फरमान से निकलने वाले लगभग सारे ठेके उसे मिलते गए। उसे पहला बड़ा ठेका जेद्दा से शाही सैरगाह तईफ तक पक्की सड़क बनवाने का मिला। उसके बाद तो हर बड़े पुल, सड़क और बिल्डिंग का ठेका उसे मिलता गया।

मुहम्मद ने सिर्फ सुल्तान अब्दुल सऊद के साथ दोस्ती नहीं की, बल्कि अपने प्रभाव का इस्तेमाल कर शाही परिवार के अन्य सदस्यों को भी अपना मित्र बना लिया। खासकर प्रिंस फैजल से उसकी खूब छनती थी। कहा जाता है कि 1960 की शुरुआत में सुल्तान सऊद और प्रिंस फैजल के बीच उत्तराधिकार को लेकर छिड़े संघर्ष को शांत करने में मुहम्मद ने अहम भूमिका निभाई। उसने सुल्तान सऊद को इस बात के लिए मना लिया कि वे प्रिंस फैजल की खातिर गद्दी छोड़ दें। और, ठीक ऐसा ही हुआ। जाहिर है, फैजल के शासन काल में मुहम्मद की तूती बोलती थी। दरअसल, फैजल जब गद्दी पर बैठा, तो शाही खजाना खाली हो चुका था। लेकिन मुहम्मद ने इस गाढ़े वक्त में खुले हाथों से सुल्तान की मदद की। कहा जाता है कि शुरुआती वर्षों में सऊदी अरब की प्रशासनिक मशीनरी का पूरा खर्च मुहम्मद ने उठाया था। उसके एहसानों के बोझ तले दबे सुल्तान फैजल ने सारे शाही ठेके उसे देने का फरमान जारी कर दिया। यही नहीं, कुछ समय के लिए वह सार्वजनिक निर्माण मंत्री के पद पर भी रहा। उसने फैजल के शासन काल में अल-अक्सा मस्जिद का जीर्णोद्धार करवाया। बाद में उसकी कंस्ट्रक्शन कंपनी ने सऊदी अरब की दो अन्य पवित्र मस्जिदों, मक्का और मदीना, का भी जीर्णोद्धार करवाया। बहरहाल, बेशुमार दौलत का मालिक हो जाने के बाद भी मुहम्मद अवद बिन लादेन अपने अतीत को नहीं भूला। इसका सुबूत है कुलियों वाला चमड़े का थैला, जिसे उसने अपने आलीशान ड्राइंग रूम में सजा कर रखा था। उसने अपने बच्चों को भी अपने पैरों पर खड़ा होने की शिक्षा दी।

लेकिन इतने विशाल परिवार का मुखिया और इतना व्यस्त शख्स भला अपने सभी बच्चों को एक बराबर कैसे रख सकता था ! लिहाजा, उसने अपने बड़े बेटों पर ही अपना सारा ध्यान लगा दिया। छोटे बेटों व बेटियों के लिए तो वह एक शक्तिशाली गैरहाजिर बाप बना रहा, जो कभी-कभार उनकी जिंदगी में आ जाता था। मुहम्मद की अलग-अलग पत्नियों के बच्चों ने बड़े परिवार के अंदर छोटे-छोटे कुनबे बना लिए थे। ओसामा, जो अपनी माँ की एकमात्र संतान था, इन सबसे

अलग था। कभी-कभी उसके पिता अपने कुछ बेटों के साथ किसी सैरगाह को निकल पड़ते थे, जहाँ वे तंबुओं में रहते थे। यह सब इसलिए, ताकि उसके बच्चे अपने अतीत से जुड़े रहें। 1968 में एक हेलीकॉप्टर दुर्घटना में मुहम्मद बिन लादेन की मृत्यु हो गई। लेकिन तब तक वह अपने बच्चों के लिए दौलत का एक विशाल साम्राज्य खड़ा कर चुका था। आज की तारीख में बिन लादेन समूह की संपत्ति पाँच अरब डॉलर (लगभग 250 अरब रुपये) आँकी जा रही है। इस कंपनी में लगभग 50,000 लोग काम करते हैं। यह समूह पार्क से लेकर सैनिक अड्डे तक बनाता है। मुहम्मद की मृत्यु के बाद उत्तराधिकार में ओसामा को 8 करोड़ डॉलर की संपत्ति मिली थी, जिसे बढ़ाकर वह 25 करोड़ डॉलर तक पहुँचा चुका है। बहरहाल, पिता के बाद उसका बड़ा बेटा सालेम, बिन लादेन साम्राज्य का वारिस बना। इस बात का कोई संकेत उपलब्ध नहीं है कि मुहम्मद अपने 17वें बेटे ओसामा को किस हद तक जानता था या ओसामा अपने पिता को कितना जानता-समझता था।

ओसामा की शिक्षा-दीक्षा

ओसामा की प्रारंभिक शिक्षा सख्त मजहबी माहौल में हुई। वह जिस स्कूल में पढ़ता था, उसका संचालन इस्लाम की अति-शुद्धतावादी वहाबी शाखा के हाथ में था। वहाबी शाखा की स्थापना 18वीं सदी के इस्लामी विद्वान मुहम्मद अब्दुल वहाब ने की थी। लेकिन मजहबी स्कूल में पढ़ने के अलावा बचपन में उसका धर्म से कोई लेना-देना नहीं था। सऊदी अरब का जेद्दा शहर उस समय देश का सबसे आधुनिक शहर था। आप उसे महानगर कह सकते हैं। ऐसे माहौल में ओसामा बचपन से ही पश्चिमी संस्कृति के बहुत करीब था। स्कूल में वह इस्तरी की हुई पैंट और कमीज पहनकर जाता था। उसके पारिवारिक अलबम की तस्वीरें इस बात की गवाही देती हैं कि वह अपने भाई-बहनों के साथ स्वीडन और इंग्लैंड में छुट्टियाँ बिताया करता था। उस समय के फैशन के अनुसार ओसामा को ऊँची कॉलर वाली कमीज और बेल-बॉटम पहने देखकर कोई यकीन नहीं करेगा कि यही छैल-छबीला किशोर आगे चलकर दुनिया का सबसे दुर्दांत आतंकवादी सरगना बन जाएगा।

बेशुमार दौलत और पश्चिमी संस्कृति के साये में पला ओसामा सऊदी अरब के दूसरे धनकुबेरों की बिगड़ैल संतानों की तरह आगे बढ़ता रहा। स्कूली शिक्षा पूरी करने से पहले ही उसके अंदर इतना अहंकार समा गया था कि वह अपने मुँह से निकली हर बात को पलक झपकते पूरा होते देखने का आदी हो गया। किशोरावस्था में उसने कुछ ऐसे कारनामे दिखाए, जिनसे यह संकेत मिलता है कि मनचाही चीज न मिलने की स्थिति में ओसामा किसी भी हद तक जा सकता है। जब वह तेरह साल का था तो लेबनान की राजधानी बेरूत के एक नाइट-क्लब में जबरदस्त हंगामा मचाया था। वहाँ के नाइट क्लबों में उसकी ख्याति पीकर धुत हो जाने वाले शराबी

की थी, जो खूबसूरत बार गर्लों और डांसरों के पीछे दीवाना था और उनके लिए किसी से भी दो-दो हाथ करने के लिए आमादा रहता था। लेकिन याद रहे, ओसामा के जीवन में हिंसा का बस यही एक छोटा-सा प्रसंग है। अपने बाद के जीवन में उसने हजारों बेगुनाहों के खून बहाए, लेकिन कभी अपने आस्तीन पर खून के छींटे नहीं पड़ने दिए।

उच्च शिक्षा और विवाह

उन्नीस वर्ष की उम्र में वह जेद्दा के किंग अब्दुल अजीज यूनिवर्सिटी में दाखिल हुआ। इससे पहले 17 वर्ष की उम्र में अपने एक सीरियाई रिश्तेदार के साथ उसकी पहली शादी हो चुकी थी। उसकी शादी इसलिए कम उम्र में करवा दी गई, ताकि वह 'बिगड़' न जाए। इसके अलावा उसने और तीन शादियाँ कीं, लेकिन उसकी पत्नियों के बारे में कुछ खास मालूम नहीं है। कहा जाता है कि उसकी एक बीवी, ओम-हमजा, शरीअत की लेक्चरर है। उसकी एक और बीवी का नाम सबीहा बताया जाता है। एक को वह तलाक दे चुका है। उसके कई बच्चे हैं, लेकिन बड़ा बेटा मुहम्मद बिन लादेन और एक दूसरा बेटा, हमजा, उसके साथ रहते हैं। 1979 में उसने इस यूनिवर्सिटी से सिविल इंजीनियरिंग में डिग्री हासिल की। कहा जाता है कि यहाँ उसने अर्थशास्त्र, वाणिज्य और इस्लामी धर्मग्रंथों का भी अध्ययन किया।

कट्टरपंथ का बीजारोपण

हालाँकि बचपन और लड़कपन में ओसामा ने अपने पिता के साथ कई मजहबी जिम्मेदारियों को पूरा किया। मसलन, उसके पिता हर साल पूरी दुनिया से हज करने सऊदी अरब आनेवाले यात्रियों की खातिरदारी करते थे। ओसामा इसमें उनका हाथ बँटाता था। उन्हीं मौकों पर उसकी मुलाकात कई नामचीन इस्लामी विद्वानों के साथ हुई। इसके बावजूद सही अर्थों में उसका बचपन पश्चिमी संस्कृति से प्रभावित था। लेकिन किंग अब्दुल अजीज यूनिवर्सिटी में उसकी मुलाकात एक ऐसे शख्स से हुई, जिसने उसे इस्लामी राजनीति का चस्का लगा दिया। वह शख्स था फिलस्तीनी प्रोफेसर अब्दुल्ला आजम। पूरी दुनिया में इस्लाम का परचम फहराने का मुकाम हासिल करने के लिए उसने 'मुस्लिम ब्रदरहुड' नाम का एक संगठन बनाया था। इस्लामी अध्ययन के विद्वान आजम के भाषणों में इस्लामी कट्टरपंथ और हिंसा की ही बातें होती थीं। आजम ने उसके अंदर इस्लामी इतिहास की उस व्याख्या को ठूँस-ठूँसकर भर दिया जिसके अनुसार ईसाइयों ने मुसलमानों का हमेशा शोषण किया है। उसे बताया गया कि पहले विश्वयुद्ध के बाद कैसे पश्चिमी देशों ने मिलकर अंतिम अरब साम्राज्य को तहस-नहस कर दिया। उसके कान में यह भी भरा गया कि कैसे द्वितीय विश्व युद्ध के बाद फिलस्तीनियों को दर-ब-दर करके इजराइल का गठन हुआ। वह आजम

के जरिए इक्कीसवीं सदी के महान इस्लामी शासक सलादीन के कारनामों से भी परिचित हुआ, जिसने ईसाइयों और यहूदियों को यरुशलम से खदेड़ कर उस पर अपना कब्जा जमाया था। किंग अब्दुल अजीज यूनिवर्सिटी में इस्लामी अध्ययन के दूसरे विद्वान मुहम्मद कुतुब ने भी ओसामा के इस्लामी कट्टरपंथ के बीज बोने में महत्त्वपूर्ण भूमिका निभाई।

अफगानिस्तान से साक्षात्कार

वर्ष 1979 पूरी मुस्लिम दुनिया के लिए उतार-चढ़ाव भरा साबित हुआ। इस साल फरवरी में ईरान के शाह का तख्ता पलट दिया गया। इसके महीने भर बाद मिस्र के राष्ट्रपति अनवर सादात ने इस्राइल के साथ शांति-संधि पर हस्ताक्षर किए। इससे मुस्लिम दुनिया में जबरदस्त नाराजगी पैदा हुई। उसी वर्ष नवंबर में लगभग डेढ़ हजार इस्लामी कट्टरपंथियों ने मक्का की बड़ी मस्जिद पर कब्जा कर लिया, जिन्हें बाहर निकालने के लिए सऊदी शासक को फ्रांसीसी पैराट्रूपरों की मदद लेनी पड़ी। यानी, विदेशियों या यों कहें कि काफिरों के कदम पवित्र मस्जिद को नापाक कर चुके थे। युवा ओसामा पर इन घटनाओं की गहरी छाप पड़ी। लेकिन जिस घटना ने उसे सिर से पाँव तक बदलकर रख दिया, वह था 1979 के दिसंबर में अफगानिस्तान पर सोवियत रूस का हमला। क्रिसमस के एक दिन बाद हुए इस हमले ने उसके अंदर बैठे कट्टरपंथ के दैत्य को नींद से जगा दिया।

सऊदी अरब में, जहाँ न्याय के लिए जिहाद करना गर्व की बात माना जाता है, ओसामा को अपनी फौज खड़ी करने में कोई परेशानी नहीं हुई। यहाँ तक कि सऊदी शासन ने उसकी इस काम में भरपूर मदद भी की। बहरहाल, अफगानिस्तान पर सोवियत हमले के दो हफ्ते के अंदर यानी जनवरी 1980 में ओसामा सऊदी अरब से रवाना हुआ। वह सबसे पहले पाकिस्तान गया, जहाँ वह जमात-ए-इस्लामी का मेहमान बना। यहाँ उसकी मुलाकात रब्बानी और सय्याफ जैसे कट्टर इस्लामी नेताओं से हुई। उन लोगों ने उसे कराची से पेशावर तक की यात्रा करवाई। उद्देश्य था पाकिस्तान भाग कर आए अफगान शरणार्थियों की बदहाली दिखाना। लेकिन ओसामा ने यह यात्रा गुपचुप ढंग से की थी और इस दौरे में वह एक महीना पाकिस्तान में रहा। पाकिस्तान से लौटकर वह जेद्दा पहुँचा। वहाँ उसने अपने भाइयों, रिश्तेदारों और दोस्तों से जिहाद के लिए धन और सामग्री जुटाना शुरू किया। अपने पिता के संपर्क सूत्रों का सहारा लेकर वह सऊदी सरकार से भी चंदे के रूप में लाखों डॉलर जुटाने में कामयाब रहा। यह सारा धन और सामग्री लेकर फिर पाकिस्तान के लिए चल पड़ा।

इस यात्रा में उसकी कंपनी में काम करने वाले कुछ अफगानी व पाकिस्तानी नौजवान भी थे। लेकिन इस बार भी वह वहाँ एक महीने से ज्यादा नहीं ठहरा।

1982 तक यह क्रम जारी रहा। वह धन जुटाने सऊदी अरब जाता रहा और लौटकर पाकिस्तान आता रहा। लेकिन इसी साल उसने अफगानिस्तान के अंदर जाने का फैसला किया। बावजूद इसके, 1984 तक उसने रूसियों के खिलाफ लड़ रहे मुजाहिदीन को धन और हथियार मुहैया करवाने के अलावा कभी सीधी लड़ाई में भाग नहीं लिया। कुछ टिप्पणीकारों का तो मानना है कि ओसामा ने कभी हथियार नहीं उठाए और अफगानिस्तान में अंत तक उसकी भूमिका धन और हथियार जुटाने तक ही सीमित रही। 1984 में उसने पाकिस्तान के पेशावर शहर में अपना एक स्थायी बसेरा बनाया, जिसका नाम रखा गया बैतुल अंसार। यह एक गेस्ट हाउस की शक्ल में था और आगे चलकर अफगानिस्तान में ओसामा के इरादों का गवाह बना। यह गेस्ट हाउस मुस्लिम देशों से अफगानिस्तान आ रहे जिहादियों का पहला पड़ाव होता था। उस समय तक ओसामा के पास जिहादियों को प्रशिक्षित करने का कोई ढाँचा नहीं था। वह मुजाहिदीन को अफगानी कमांडरों के पास भेज देता था। बहरहाल, एक तरफ ओसामा ने पेशावर में गेस्टहाउस बनाया तो उसके गुरु अब्दुल्ला आजम ने जिहाद सर्विस ब्यूरो का गठन किया। यह ब्यूरो जिहाद के लिए मुसलमान युवकों को आकर्षित करने के लिए परचे छापने और उन्हें वितरित करने का काम करता था। 1984 तक ओसामा अफगानिस्तान में इतनी कंस्ट्रक्शन सामग्री और इंजीनियर पहुँचा चुका था कि जिहादियों के लिए रूसियों के खिलाफ संघर्ष में कोई खास दिक्कत नहीं आ रही थी।

लेकिन ओसामा के अंदर तो आग जल रही थी। वह इतने से संतुष्ट नहीं हुआ और 1986 में उसने अफगानिस्तान में खुद के ट्रेनिंग कैंप स्थापित करने का फैसला किया। दो साल के अंदर उसने ऐसे छह से ज्यादा कैंप खड़े कर लिए। उसने जिहादियों को ट्रेनिंग देने के लिए सऊदी अरब, सीरिया और मिस्र की सेना के रिटायर्ड अफसरों की नियुक्ति की। इसी दौर में उसे एमन-अल-जवाहिरी जैसा साथी मिला जो मिस्र में डॉक्टरी के साथ-साथ इस्लामिक जिहाद नामक संगठन चलाता था। इसी संगठन ने 1981 में मिस्र के राष्ट्रपति अनवर सादात की हत्या की। ओसामा चाहता था कि उसकी कमान में एक सेना हो, जो उसके एक इशारे पर कूच करने को तैयार रहे। ट्रेनिंग कैंपों के साथ-साथ उसने अब्दुल्ला आजम के साथ मिलकर मकतब-अल-खिदमत का गठन किया, जिसका काम था दुनिया भर से जिहादियों की भर्ती करना और ट्रेनिंग देना। कहना न होगा कि ओसामा अपने मकसद में कामयाब रहा और उसके ट्रेनिंग कैंपों में भर्ती होने वालों की कतार लग गई। कहा जाता है कि रूसी सेना के खिलाफ अपनी फौज लेकर वह पाँच बड़ी लड़ाइयों में शामिल हुआ, लेकिन इन दावों के समर्थन में कोई पुख्ता सुबूत सामने नहीं आया है।

1988 में ओसामा को यह एहसास हुआ कि अफगानिस्तान की लड़ाई में मारे जा रहे जिहादियों के परिवार वालों को वह कोई संतोषजनक जवाब नहीं दे पा रहा

है। यह निश्चित रूप से उसकी योजना में सबसे बड़ी बाधा के रूप में सामने आया। लिहाजा, उसने गेस्ट हाउस और ट्रेनिंग कैंपों में आने-जाने वालों का रिकॉर्ड रखने की व्यवस्था बनाई। यही व्यवस्था आगे चलकर अल-कायदा के रूप में विकसित हुई।

अमेरिका से नाराजगी

1980 के दशक के अंत में लगातार तीन ऐसी घटनाएँ हुईं, जिनके फलस्वरूप सोवियत रूस के खिलाफ खड़ा ओसामा अंतर्राष्ट्रीय आतंकवाद का प्रतिनिधि चेहरा बन गया। 1989 में सोवियत संघ ने अफगानिस्तान से अपनी सेना को वापस बुला लिया। इस तरह अब ओसामा के सामने लड़ने के लिए कोई दुश्मन नहीं रहा। इसके बाद पेशावर में एक कार बम विस्फोट में उसके गुरु अब्दुल्ला आजम की हत्या कर दी गई। इसी के आसपास उसके सबसे बड़े भाई सालेम, जो पिता मुहम्मद अवद बिन लादेन की मृत्यु के बाद लादेन कंस्ट्रक्शन कंपनी का कामकाज देख रहा था, की हवाई दुर्घटना में मृत्यु हो गई। सालेम के न रहने से ओसामा का अपने परिवार से रहा-सहा रिश्ता भी खत्म हो गया। इसके साथ ही, पारिवारिक दबाव में उसके सही रास्ते पर आने की संभावनाएँ भी खत्म हो गईं।

इन्हीं हालात में 1989 के अंत में वह वापस सऊदी अरब पहुँचा। लेकिन यहाँ सब कुछ बदला हुआ था। उसके घूमने-फिरने पर पाबंदी लगा दी गई। वह सऊदी अरब से बाहर नहीं जा सकता था। दरअसल, सऊदी सरकार को उसकी दक्षिण यमन में नया जिहाद शुरू करने की योजना की भनक लग गई थी। इसलिए उस पर कड़ी नजर रखी जाने लगी। इसके अलावा, उसने अफगानिस्तान से लौटने के बाद सऊदी अरब में वहाँ के अनुभवों पर गरमागरम लेक्चर देने का सिलसिला शुरू कर दिया था। उन भाषणों में देशवासियों को उकसाया जाता था कि उन पर इराकी राष्ट्रपति सद्दाम हुसैन हमला करने वाला है। लिहाजा, वे एक और जिहाद के लिए कमर कस लें। लेकिन तब तक सद्दाम के साथ सऊदी शासकों के रिश्ते अच्छे थे। इसलिए सरकार को ओसामा की यह हरकत भी नागवार लगी।

बहरहाल, सऊदी सरकार की तमाम पाबंदियों के बावजूद ओसामा ने उसका विरोध नहीं किया। अलबत्ता, उसने कुवैत पर इराकी हमले के हफ्ते भर पहले सुल्तान को गोपनीय पत्र भी भेजा, जिसमें हमले की आशंका जताई गई थी। लेकिन वह जनता में जहर उगलता रहा। वह उन्हें यकीन दिलाने की कोशिश करता रहा कि सऊदी सरकार भ्रष्ट हो चुकी है। दरअसल, अफगानिस्तान से सोवियत सेना की वापसी ने ओसामा के अहंकार को हवा देने का काम किया। उसे लगने लगा था कि इतनी बड़ी महाशक्ति को अगर मामूली सैन्य साधनों की मदद से पीछे हटने पर मजबूर किया जा सकता है, तो इसका अर्थ यह हुआ कि 'ताकतवर देश' नाम की कोई

चीज नहीं होती है। इसे मनोविज्ञान की शब्दावली में 'अहंकारोन्माद' कहते हैं। इस अवस्था में आदमी खुद को अपराजेय समझने लगता है। इस मानसिक दशा में वह क्या करेगा, यह उसे खुद भी नहीं मालूम होता।

इसी समय इराक ने कुवैत पर आक्रमण कर दिया और ओसामा को जैसे अपने अहंकार को पूरा करने का बहाना मिल गया। अगस्त 1990 में हुए इस हमले के तत्काल बाद उसने सुल्तान को दूसरा पत्र लिखा, जिसमें सऊदी अरब पर इराक के संभावित हमले से बचाव की विस्तृत रणनीति का ब्यौरा दिया गया था। सामरिक रणनीति पर सुझाव देने के साथ-साथ ओसामा ने अरब मुजाहिदीन को सऊदी सल्तनत की रक्षा में उतारने का भी प्रस्ताव भेजा था। लेकिन सऊदी सरकार ने उसके प्रस्तावों पर विचार करने की बात कहकर एक तरह से उन्हें ठंडे बस्ते में डाल दिया। लेकिन इससे अनजान ओसामा युद्ध की तैयारियों में जुटा रहा। इसी दौरान वह खबर आई, जिसने उसकी जिंदगी को पूरी तरह से बदल दिया। यह खबर थी सऊदी अरब की धरती पर पहली बार अमेरिकी सैनिकों के उतरने की। इससे उसने खुद को अपमानित महसूस किया। अन्य मुसलमानों की तरह ओसामा भी अपनी धरती पर ईसाई और यहूदी सैनिकों की उपस्थिति को पचा नहीं पा रहा था। उन सैनिकों में महिलाएँ भी थीं, जो रॉक संगीत की धुन पर पुरुष सैनिकों के साथ नाचती थीं। पवित्र मस्जिद की धरती पर यह सब नजारा देखकर वह आपे से बाहर हो गया। इस घटना ने ओसामा के उग्र राष्ट्रवाद का फन भी कुचल दिया। और, अमेरिका के साथ-साथ सऊदी शाही परिवार भी उसके निशाने पर आ गया। उसने अब अपनी योजना में इस्लामी विद्वानों और मुस्लिम उग्रपंथियों की मदद लेना शुरू कर दिया। उसने एक विद्वान से यह फतवा भी जारी करवा लिया कि युद्ध की तैयारी करना धार्मिक कर्तव्य है। इस फतवे की पुकार सुनकर लगभग 4000 युवक सामने आए, जिन्हें प्रशिक्षण के लिए अफगानिस्तान भेज दिया गया।

जाहिर है, सऊदी सरकार को ओसामा की यह हरकतें बिल्कुल पसंद नहीं थीं। लेकिन वह धर्म की आड़ में यह सब कुछ कर रहा था, इसलिए शासन उस पर सीधे हाथ डालने की हिम्मत नहीं जुटा पा रहा था। लिहाजा, उस पर दबाव डालने के लिए शासन द्वारा बिन लादेन समूह के व्यवसाय को तहस-नहस करने की धमकी दी गई। उसके परिवार को दो-टूक बता दिया गया कि शाही सरपरस्ती अगर उन्हें धनकुबेर बना सकती है, तो उसका साया हटने से वे सड़क पर भी आ सकते हैं। ओसामा का कहना है कि उसके परिवार को धमकाने के साथ-साथ उसे जान से मारने की भी कोशिश की गई। कहना न होगा कि ओसामा इन परिस्थितियों में कुछ नहीं कर पा रहा था। उसे लगभग नजरबंदी की हालत में अपने घर में रहना पड़ रहा था। लिहाजा, उसने 1991 में सूडान जाने का फैसला किया।

सूडान प्रवास

जिहाद की जो रणनीति ओसामा बिन लादेन ने बनायी थी, उसमें कहीं भी सूडान का जिक्र नहीं था, लेकिन वहाँ मौलवी हसल-अल-तुराबी की इस्लामी सरकार थी। तुराबी अफगानिस्तान में ओसामा के साथ जिहाद में भाग ले चुका था। उसने सत्ता में आते ही अपने देश की सीमाओं को मुसलमानों के लिए खोल दिया। कहना न होगा कि उस समय ओसामा के लिए इससे ज्यादा सुरक्षित दूसरी जगह नहीं थी। लेकिन सूडान में न तो खुद उसने जिहादियों जैसा कोई काम किया और न ही वहाँ की सरकार ने उससे ऐसा कुछ करने का अनुरोध किया। दरअसल, सूडान सरकार की नजर में ओसामा एक ऐसा सम्मानित मेहमान था, जो ऐसे समय में उसकी मदद करने आया था जब सारी दुनिया ने उससे आँखें फेर ली थीं। सूडान में रहते हुए ओसामा ने अपने पैसे के बल पर लंबा-चौड़ा कंस्ट्रक्शन व्यवसाय खड़ा कर लिया। सूडान में आज जितनी बड़ी सड़कें और पुल हैं, वे सब ओसामा के बनवाए हुए हैं। उसने कंस्ट्रक्शन के साथ-साथ कृषि क्षेत्र में भी निवेश किया। अपना पैसा लगाने के अलावा उसने कई सऊदी व्यवसायियों को भी वहाँ निवेश करने के लिए राजी किया। लेकिन कहा जाता है कि इन सब गतिविधियों के बीच उसने अफगानिस्तान में जिहाद लड़ चुके अपने पुराने साथियों से मिलना-जुलना जारी रखा। अमेरिकी जाँच एजेंसियों की मानें, तो उसने उत्तरी सूडान में ट्रेनिंग कैंप भी स्थापित किए।

उसके सूडान प्रवास के दौरान सोमालिया और दक्षिण यमन में अमेरिका विरोधी घटनाएँ हुईं। 29 दिसंबर 1992 को यमन के अदन शहर के एक होटल में बम विस्फोट हुआ, जिसमें सोमालिया से लौट रहे अमेरिकी सैनिक ठहरे थे। इस घटना में दो ऑस्ट्रियाई पर्यटक मारे गए। 1993 में सोमालिया की राजधानी मोगाडिशू में आतंकियों ने 18 अमेरिकी सैनिकों का कत्लेआम कर दिया। हालाँकि इन दोनों घटनाओं में उसका या उसके नेटवर्क अल-कायदा का सीधे हाथ नहीं था। लेकिन उन घटनाओं को अंजाम देने वाले लोगों ने अफगानिस्तान में ट्रेनिंग की थी और उनके भीतर अमेरिका के लिए जहर भरा हुआ था। हो सकता है कि ओसामा ने उन लोगों की मदद की हो। लेकिन, एक बात तय है कि सूडानी सरकार को इन कारनामों की पूर्व जानकारी नहीं थी।

1991 में सऊदी अरब छोड़ने को मजबूर किए जाने के बावजूद वहाँ की सरकार ने सार्वजनिक रूप से उसे अपना दुश्मन घोषित नहीं किया था। यहाँ तक कि सऊदी नागरिक उससे मिलने के लिए सूडान आते रहे। लेकिन शासन से जुड़े लोगों को पता था कि ओसामा को सऊदी अरब का दुश्मन घोषित किया जा चुका है। 1992 से 1994 के बीच सऊदी अरब में उसकी संपत्ति भी जब्त कर ली गई थी, लेकिन इसे सार्वजनिक नहीं किया गया था। इसी बीच 1993 में अमेरिका के वर्ल्ड ट्रेड सेंटर के पास बम विस्फोट की घटना हो गयी, जिसमें शक की उँगली ओसामा की ओर

थी। यह ओसामा का उस देश के खिलाफ पहला प्रति-आक्रमण था, जिसे वह अपने और अपने लोगों की बदहाली के लिए जिम्मेदार मानता था। अमेरिका ने दबाव बनाया और अंततः 1994 में सऊदी अरब ने उसकी नागरिकता खत्म करने की सार्वजनिक घोषणा कर दी। इस तरह परिवारविहीन और राज्यविहीन ओसामा खुलकर सऊदी अरब के विरोध में भी खड़ा हो गया। लंबी चुप्पी के बाद उसने सऊदी सरकार के इस निर्णय की आलोचना करते हुए एक विज्ञप्ति जारी की। इसमें कहा गया कि ओसामा को अपनी पहचान के लिए सऊदी संदर्भ की दरकार नहीं है और अल सऊद को किसी को अरब प्रायद्वीप में बुलाने या उसे निष्कासित करने का अधिकार नहीं है।

सऊदी अरब के खिलाफ अपनी अदावत जाहिर करने के बाद उसने इस्लामी विद्वानों और कार्यकर्ताओं को जुटाकर 'सलाह एवं सुधार समिति' का गठन किया। ओसामा ने इसे खालिस राजनीतिक समूह के रूप में खड़ा किया था। हालाँकि समिति की ओर से कुल 17 विज्ञप्तियाँ जारी की गईं, लेकिन किसी में भी सऊदी सरकार के खिलाफ लोगों को हिंसा के लिए उकसाए जाने का प्रमाण नहीं मिलता। अलबत्ता, उन विज्ञप्तियों में सऊदी शासन की ओलाचना जरूर की गई थी। इस बीच, 1995 में सऊदी अरब के रियाद नामक शहर में ट्रक बम-विस्फोट की घटना हुई। इसमें पाँच अमेरिकी व दो भारतीय मारे गए। हालाँकि ओसामा ने कभी इस घटना की जिम्मेदारी नहीं ली लेकिन सऊदी सरकार ने इस संबंध में गिरफ्तार चार अरब-अफगानियों के इकबालिया बयान को आधार बनाकर इस घटना में उसका नाम जोड़ दिया। अपनी खुफिया जाँच के आधार पर अमेरिकी एजेंसियों को भी पक्का यकीन था कि इस घटना के पीछे ओसामा का ही हाथ है। कहना न होगा कि इस घटना के बाद अमेरिका ने ओसामा और उसके साथियों को सूडान से निष्कासित करने के लिए वहाँ की सरकार पर अंतरराष्ट्रीय दबाव बनाना शुरू किया। ओसामा को भी महसूस हुआ कि उसके कारण सूडान सरकार को बेवजह परेशानियाँ झेलनी पड़ रही हैं। सो, उसने अपने साथियों और पत्नी-बच्चों के साथ एक बार फिर अफगानिस्तान में डेरा जमाने का फैसला किया। यह भी कहा जाता है कि ओसामा खुद सूडान छोड़कर नहीं गया, बल्कि वहाँ की सरकार ने उसे ऐसा करने पर मजबूर कर दिया।

फिर अफगानिस्तान में

सूडान से अपने लाव-लश्कर के साथ ओसामा 1996 में पूर्वी अफगानिस्तान के जलालाबाद शहर पहुँचा। वहाँ विभिन्न अफगानी गुटों में सत्ता संघर्ष चल रहा था। अस्थिरता के इस माहौल में भी ओसामा को कोई असुविधा नहीं हुई, क्योंकि सभी गुटों के साथ उसके रिश्ते अच्छे थे। वह जलालाबाद के जिस इलाके में रह रहा था, वह यूनीस खालिस के कब्जे में था। यहाँ आने के बाद उसने पूरी तरह से जिहाद

की अपनी योजना को अंजाम देना शुरू किया। धीरे-धीरे उसने अल-कायदा को दुनिया भर में फैले इस्लामी आतंकी संगठनों के 'फोर्ड फाउंडेशन' के रूप में विकसित करना शुरू किया। अब वह दूसरे देशों से जिहादी आयात करने के बजाय उनका निर्यात करने लगा। वह दुनिया भर के जिहादियों को अफगानिस्तान स्थित अपने कैंपों में विध्वसंक गतिविधियों की ट्रेनिंग देने के बाद उन्हें वापस मिस्र, अल्जीरिया, फिलस्तीन, कश्मीर, फिलीपींस, इरीट्रिया, लीबिया और जॉर्डन भेज देता था। अमेरिकी विदेश विभाग के अनुसार उसने ताजिकिस्तान, बोस्निया, चेचन्या, सोमालिया, सूडान और यमन में अपने प्रशिक्षक भी भेजे, जो उन देशों में ही आतंकियों को ट्रेनिंग देने के बाद वापस अफगानिस्तान लौट जाते थे।

इस बीच जून 1996 में सऊदी अरब के खोबर में अमेरिकी सैनिक ठिकाने पर ट्रक बम का हमला हुआ। इस कांड में 19 अमेरिकी सैनिक मारे गए। हालाँकि इस तरह के दूसरे हमलों की तरह इसकी भी जिम्मेदारी किसी व्यक्ति या संगठन ने नहीं ली, लेकिन सऊदी गृह मंत्रालय के अनुसार इस घटना के पीछे भी ओसामा का ही दिमाग था। उसने भी अपने बाद के साक्षात्कारों में ऐसे संकेत दिए, जिनसे पता चलता है कि खोबर बमकांड को उसके जेहादियों ने ही अंजाम दिया था।

अमेरिका और सऊदी अरब के विरोध में खुलकर खड़ा होने के बावजूद ओसामा ने अब तक इन दोनों देशों के खिलाफ खुले युद्ध का एलान नहीं किया था। लेकिन अफगानिस्तान पहुँचने के कुछ महीने बाद ओसामा अपने असली रूप में आ गया। अमेरिका के खिलाफ जिहाद की घोषणा करते हुए उसने अरब प्रायद्वीप से अमेरिकियों को खदेड़ बाहर करने को अपना पहला लक्ष्य निर्धारित किया। बारह पेज के उसके इस पहले घोषणापत्र के जारी होते ही सऊदी शासन ने एक बार फिर ओसामा को पकड़ने की योजना बनाई। इस बार अफगानिस्तान में उसके सरपरस्त यूनीस खालिस को ओसामा सौंपने के एवज में सऊदी शासन ने भारी-भरकम प्रस्ताव दिया। लेकिन खालिस ने उसे खारिज कर दिया।

तालिबान के साथ

तालिबान ने 1996 के अंत में जलालाबाद पर कब्जा कर लिया। इस तरह ओसामा उनके नियंत्रण क्षेत्र में आ गया। ओसामा को उम्मीद थी कि तालिबानी उसे संरक्षण दे देंगे। लेकिन वह पूरी तरह आश्वस्त नहीं था। इसलिए जब तालिबान सुप्रीमो मुल्ला उमर का संदेश लेकर उनका एक प्रतिनिधिमंडल उससे मिलने आया, तो उसके आश्चर्य का ठिकाना नहीं रहा। तालिबान के नुमाइंदों ने उसे भरपूर भरोसा दिलाया कि यहाँ वह अब पहले से भी ज्यादा महफूज है। उससे कहा गया कि जिहाद के लिए ऐशो-आराम की जिंदगी त्याग कर अपना सर्वस्व न्यौछावर करने वाले ऐसे शख्स को संरक्षण देकर तालिबान खुद को गौरवान्वित महसूस कर रहा है।

लेकिन अमेरिका के खिलाफ युद्ध का एलान करने वाला और उसके हितों पर हुए कम-से-कम चार बड़े हमलों (रियाद, सोमालिया, यमन, खोबर) का मुख्य आरोपी ओसामा भला चैन से कैसे रह पाता! 1997 की शुरुआत में पाकिस्तानी खुफिया एजेंसी, आइएसआइ की मदद से सऊदी अरब ने एक बार फिर उसका अपहरण करवाने की कोशिश की। जाहिर है, इसका सूत्रधार अमेरिका था। लेकिन अमेरिका का इंटेलीजेंस अफगानों की मेहमान-नवाजी से गच्चा खा गया। और, अमेरिका को अपनी योजना रद्द करनी पड़ी। इसके बाद ओसामा ने जलालाबाद छोड़ कर कंधार में अड्डा जमाने का फैसला किया।

जलालाबाद छोड़ने से पहले ओसामा ने अपने कट्टर समर्थक अरब-अफगानों को तालिबान के साथ मिलकर अब्दुल रशीद दोस्तम और अहमद शाह मसूद की फौजों से काबुल की हिफाजत करने का आदेश दिया। उसकी आशंका सच निकली। काबुल पर दोस्तम और मसूद ने धावा बोल दिया। उस समय वहाँ तालिबान लड़ाके बुरी तरह बँटे हुए थे। लेकिन ओसामा के प्रशिक्षित अरब गुरिल्लाओं ने अंततः उन्हें पीछे धकेलने में कामयाबी हासिल की। इससे मुल्ला उमर के मन में ओसामा के लिए इज्जत थोड़ी और बढ़ गई। इसी समय दोनों पहली बार मिले। उमर ने काबुल की रक्षा करने के लिए ओसामा के प्रति आभार जताया और ओसामा ने उसे भरोसा दिलाया कि अपनी तरफ से वह कुछ ऐसा नहीं करेगा, जिससे मुल्ला उमर को कोई परेशानी हो।

अपने वायदे के अनुसार ओसामा ने कंधार में रहते हुए मुल्ला उमर के लिए कोई समस्या पैदा नहीं की, लेकिन जेहादियों को ट्रेनिंग देने का 'पवित्र' काम वह करता रहा। इसमें उमर को भी कोई दिक्कत नहीं थी, जब तक उन जेहादियों का इस्तेमाल अमेरिकी ठिकानों पर हमले के लिए न किया जाए। लेकिन अमेरिका को इससे क्या मतलब! उसने एक बार फिर ओसामा के लिए जाल बिछाया। इस बार उसके कंधार स्थित घर को कमांडो स्टाइल में कब्जा कर ओसामा को धर दबोचने की योजना बनी। पाकिस्तान के एक रेगिस्तानी इलाके में इसका अभ्यास किया गया। लेकिन इस दफा भी पाकिस्तान के ही सूत्रों ने ऑपरेशन ओसामा की खबर लीक कर दी। बात ओसामा तक पहुँची और अमेरिका को अपनी योजना अंजाम देने से पहले ही ठंडे बस्ते में डालना पड़ गया।

खुद पर मँडरा रहे संकटों ने ओसामा को अपनी सुरक्षा का अभेद्य कवच खड़ा करने के लिए सोचने पर विवश किया। वह बहुत ज्यादा समय तक अमेरिका के खिलाफ बिना खुराफात किए रह नहीं सकता था। इसके लिए उसका पूर्णतः सुरक्षित रहना जरूरी था। और, यह काम तालिबान पर हावी होकर ही किया जा सकता है, उसके नियंत्रण में रहकर नहीं। ओसामा ने देखा कि तालिबान की ताकत का स्रोत अफगानिस्तान के उलेमा हैं। धीरे-धीरे उसने उनके साथ मेलजोल बढ़ाना शुरू

किया और उनके साथ इस्लाम से जुड़े सवालों पर विचार-विमर्श करने लगा। इस प्रक्रिया में वह उलेमाओं को यह समझाने में कामयाब हो गया कि पवित्र मस्जिदों की धरती अरब प्रायद्वीप से अमेरिकियों के पैर उखाड़े बिना इस्लाम का कोई भविष्य नहीं है। और, एक समय ऐसा आया जब वह अफगानिस्तान के 40 उलेमाओं से यह फतवा जारी करवाने में सफल हो गया कि अरब प्रायद्वीप से अमेरिकियों को भगाने के लिए किसी भी तरीके का इस्तेमाल जायज है। कहना न होगा कि इससे ओसामा का मन बढ़ गया। अब वह तालिबान को असुविधाजनक स्थिति में रखते हुए अपनी हिफाजत कर सकता था।

धीरे-धीरे अफगानिस्तान में सोवियत रूस के खिलाफ जिहाद कर चुके ओसामा के पुराने कमांडर और साथी उसके इर्द-गिर्द जमा होने लगे। अब वह कश्मीर से लेकर कजाकिस्तान तक जिहादियों का एकछत्र नेता बन चुका था। इससे उसके दृष्टिकोण में एक और बड़ा बदलाव आया। उसने पहली बार अरब प्रायद्वीप के रक्षक के बजाय खुद को पूरे इस्लाम के मसीहा के रूप में पेश किया। इसके बाद उसकी पूरी कोशिश अपनी इस छवि को पुख्ता करने की रही है। अपने इस नये अवतार को ज्यादा-से-ज्यादा बड़ा रूप देने के लिए उसने फरवरी 1998 में कई अन्य जिहादी संगठनों को साथ मिलाकर एक 'इंटरनेशनल फ्रंट' बनाया जिसका घोषित उद्देश्य था अमेरिकियों और यहूदियों को मारना। लेकिन अरबी के दो समाचार पत्रों के अलावा कहीं और उसकी इस घोषणा को कवरेज नहीं मिला। दरअसल, ओसामा अब तक खुद मीडिया से बच रहा था। लेकिन अब उसे इसकी जरूरत महसूस हो रही थी। और, उसने मीडिया के लिए अपने घर के दरवाजे खोल दिए। अप्रैल 1998 में ए बी सी टीवी ने उसका साक्षात्कार किया। इसके दो हफ्ते बाद उसने खोस्त में प्रेस कान्फ्रेंस किया और जल्द ही अमेरिकी ठिकानों पर हमले करने की घोषणा कर डाली।

इसमें कोई दो राय नहीं कि मुल्ला उमर को ओसामा की ये हरकतें अच्छी नहीं लग रही थीं। खासकर मीडिया में उसके बड़बोलेपन से उसे बहुत असुविधा हो रही थी। लेकिन उलेमाओं के ओसामा के पीछे खड़े होने से उसके हाथ बँधे हुए थे। ऐसे में ओसामा ने यह कहकर उसकी परेशानी और बढ़ा दी कि उलेमा बोर्ड जो भी फैसला करेगा, उसे मंजूर होगा। यह उसकी कुटिल चाल थी। यूनिवर्सिटी में राजनीतिक पाठ पढ़ चुका ओसामा इतना तो समझ ही गया होगा कि उलेमाओं को इस्लाम के नाम पर किसी के भी खिलाफ हाँका जा सकता है, यहाँ तक कि मुल्ला उमर के खिलाफ भी।

इसलिए केन्या और तंजानिया में अमेरिकी दूतावासों पर जुलाई 1998 में हुए हमलों की आशंका पहले से थी। यह जरूर हैरत की बात है कि अरब और अमेरिका को छोड़कर उसने अफ्रीका स्थित अमेरिकी हितों को बतौर निशाना क्यों चुना। इन दोनों हमलों में सवा दौ सौ से ज्यादा लोग मारे गए और पाँच हजार लोग घायल

हुए। लेकिन इस घटना के बाद भी अमेरिकी प्रशासन को अपने खुफिया तंत्र पर इतना भरोसा था कि ओसामा अमेरिका की सीमा के भीतर लोग कोई बड़ा हमला नहीं कर सकता।

केन्या और तंजानिया में अमेरिकी प्रतिष्ठानों पर हुए हमलों का बदला लेने के लिए 20 अगस्त 1998 को अफगानिस्तान के ट्रेनिंग कैंपों और सूडान के खार्तूम स्थित अल-शिफा दवा फैक्ट्री पर क्रूज मिसाइलों से हमला किया गया। लेकिन ओसामा का बाल भी बाँका नहीं हुआ। इससे पहले अमेरिकी राष्ट्रपति बिल क्लिंटन को उनके रक्षा सलाहकार यह समझा चुके थे कि ओसामा येन-केन-प्रकारेण परमाणु बम और रासायनिक व जैव हथियार जुटा रहा है ताकि अमेरिका पर फैसलाकुन हमला किया जा सके।

इसके बाद अमेरिका ने ओसामा और उसके 11 साथियों के खिलाफ 16 जनवरी 1999 को मुकदमा दायर किया और उसे अंतरराष्ट्रीय आतंकवादी सरगना घोषित किया। उनके खिलाफ अब तक अमेरिकी प्रतिष्ठानों पर हुए सभी हमलों के मामलों में आरोप दाखिल किए गए। लेकिन ओसामा अमेरिका के हाथ नहीं आया। 1998 में केन्या और तंजानिया की आतंकवादी घटनाओं के बाद अमेरिका ने तालिबान से ओसामा को सौंपने के लिए सौदेबाजी भी की। लेकिन कोई फायदा नहीं हुआ। गौर से देखा जाए तो यह अमेरिकी खुफिया तंत्र और उसकी सामरिक ताकत की खिल्ली उड़ाने जैसा है। खैर, यह अलग बहस का विषय है। अमेरिका की नाकामयाबी से ओसामा का मन और बढ़ गया। इसका नतीजा 11 सितंबर के रूप में सामने आया। हालाँकि अब भी यकीन के साथ यह नहीं कहा जा सकता कि उस घटना को अंजाम देने का निर्देश ओसामा ने दिया था, लेकिन इतना तय है कि यह कार्रवाई उसके सिखाए-पढ़ाए पट्ठों ने ही की। इस घटना के बाद भी ओसामा जितनी बार 'अल-जजीरा' टीवी पर दिखा है, उसने खुद को इस घटना के प्रेरक के रूप में स्थापित करने की कोशिश की है। और, मुस्लिम उम्मा इसे अच्छा मानता है। अमेरिका की दादागीरी के खिलाफ लड़ने के नाम पर वह मुसलमानों का समर्थन हासिल करने में कामयाब हुआ है। लेकिन इस आधार पर इस भ्रम में नहीं रहना चाहिए कि वह कोई मसीहा या क्रांतिकारी है।

असली ओसामा

तो फिर असली ओसामा क्या है? कई-कई चेहरों के पीछे छिपा उसका चेहरा क्या कोई पढ़ पाया है? क्या वह खुद भी खुद से बेखबर है? दरअसल, ओसामा जैसे लोगों के साथ यही दिक्कत है। एक तरफ वह इस्लाम के रक्षक के रूप में सामने खड़ा है। अमेरिकी जाँच एजेंसियों द्वारा पकड़े गए उसके एक साथी के अनुसार, वह बहुत महान इंकलाबी है। उसे खाने-पीने और सोने का खयाल तक नहीं रहता

है। वह अपने कपड़े और पैसे दान करने में जरा भी नहीं हिचकता है। दूसरी तरफ पश्चिम का नजरिया है जिसके अनुसार वह दुर्दांत आतंकवादी सरगना है। लेकिन इन दोनों छवियों से अलग एक और ओसामा है। वह यमन से भागकर सऊदी अरब में शरण लेने वाले मामूली राजगीर मुहम्मद अवद बिन लादेन का बेटा है। उसका पिता सऊदी अरब की सबसे बड़ी कंस्ट्रक्शन कंपनी का मालिक था, लेकिन कभी भी उसे सऊदी नहीं माना गया। शरणार्थी की अपनी एक अलग मानसिकता होती है। हालाँकि मुहम्मद अवद के सत्तरहवें बेटे ओसामा को कभी पैसे की असुरक्षा नहीं हुई, लेकिन दूसरी तरहों के असुरक्षा बोध से वह कभी मुक्त नहीं हो पाया। सबसे पहले तो अपने पिता से विरासत में मिले असुरक्षा बोध। इनमें शरणार्थी की हैसियत और तमाम दौलत के बावजूद सऊदी न माना जाना। लेकिन जिस असुरक्षा ने ओसामा के अंदर पूरी दुनिया से, यहाँ तक कि खुद से भी, घृणा करना सिखाया, वह है उसके ऊपर शुरू से पिता के साये का अभाव। इंसान जब खुद से बेइंतहा घृणा करने लगता है, तभी वह हिंसक होता है और इस प्रवृत्ति के साथ किसी इंसान के पास अकूत धन-संपदा भी हो, तो उसके ओसामा बनने की संभावना पैदा हो जाती है। इंसान के अंदर हिंसा के जन्म पर दो पुस्तकों के लेखक और मशहूर ब्रितानी मनोविश्लेषक एडम ज्यूक्स का कहना है कि सभी तरह की हिंसा अन्याय के प्रतिकार से पैदा होती है। उनके अनुसार, ओसामा के मूलभूत असंतोष के बीज उसके बचपन में छिपे हुए हैं। उसके पिता बहुत ताकतवर इंसान थे, लेकिन उसकी जिंदगी से हमेशा अनुपस्थित रहे। उसकी माँ बहुत अच्छी थी, लेकिन परिवार में उसकी हैसियत रखैल की थी। ज्यूक्स के अनुसार, अपनी माँ के प्रति हुए अन्याय ने ही ओसामा के अंदर लड़ने की प्रवृत्ति पैदा की।

दरअसल, पितृ-पुरुष की गैरहाजिरी के कारण जो खाली जगह पैदा होती है, आदमी उसे फंतासियों से भरता है। महज ग्यारह साल की उम्र में उसके पिता की मृत्यु एक सदमे की तरह आई। इसके बाद ओसामा को अपने जीवन में दूसरे पितृ-पुरुष के लिए ग्यारह साल इंतजार करना पड़ा। लेकिन इस बार पिता-समान जो इंसान उसके सामने आया, उसने उसकी आने वाली जिंदगी में सबसे अहम भूमिका निभाई। उसी ने उसकी फंतासियों को पुख्ता जमीन मुहैया कराई। वह शख्स था, किंग अब्दुल्ला अजीज यूनिवर्सिटी का प्रोफेसर अब्दुल्ला आजम। आजम ने ही उसके अंदर उग्र इस्लाम के बीज बोये। इस तरह ओसामा के जीवन में पिता की कमी भी पूरी हो गई और उसके अंसतोष को एक मकसद भी मिल गया। यही नहीं, बचपन से ही अपनी उपेक्षा के कारण उसके अंदर जो ग्रंथि पैदा हो गई थी, उसका भी इलाज हो गया। उसे लगा कि इस्लाम का चैम्पियन बनकर वह सारी दुनिया का ध्यान अपनी ओर खींच लेगा। और, ऐसा हुआ भी।

लेकिन किसी भी आदमी को गढ़ने में ऐतिहासिक घटनाएँ भी अपना रोल

अदा करती हैं। जिन घटनाओं ने उसके अंदर अन्याय से लड़ने के जज्बे को व्यापक आधार दिया, उनमें ईरान में शाह का तख्तापलट, मिस्र के राष्ट्रपति अनवर सादात की हत्या, मक्का व मदीना में काफिरों का प्रवेश, खाड़ी युद्ध में अमेरिकी सेना का सऊदी अरब में प्रवेश और अफगानिस्तान पर सोवियत सेना का आक्रमण प्रमुख हैं। इसके बावजूद उसे किसी बड़े उद्देश्य के लिए लड़ने वाला योद्धा समझने की भूल नहीं करनी चाहिए। उसे ज्यादा-से-ज्यादा 'प्लेब्वॉय क्रांतिकारी' कहा जा सकता है। वह अन्याय से लड़ रहा है, लेकिन खुद के साथ हुए अन्याय से। अगर वह कोई बड़ा क्रांतिकारी होता, तो उसे जमीनी सच्चाइयों की समझ होती और अन्याय के खिलाफ खड़ी ताकतों को एकजुट करने और उनके शत्रुओं को विभाजित करने की कारगर रणनीति होती। इसके ठीक विपरीत उसने आतंकवाद फैलाकर अपने दुश्मनों को एक मंच पर ला खड़ा किया है। उसके दुश्मनों में कई ऐसे देश भी शामिल हैं, जो पश्चिम की दादागीरी से लड़ने में उसकी मदद कर सकते थे। लेकिन ओसामा का रास्ता तो व्यक्तिवादी उग्रवाद का था।

बहरहाल, ओसामा के बारे में सबकुछ कहने के बाद इसी नतीजे पर पहुँचा जा सकता है कि असली ओसामा खोजना मुश्किल है। ओसामा अगर पकड़ भी लिया गया तो वह खुद अपने बारे में कोई ऐसी जानकारी नहीं देगा, जो उसकी मौजूदा छवि को तोड़ने का काम करे। लिहाजा, इतिहास में ओसामा वास्तविकता और मिथक में लिपटा एक ऐसे चरित्र के रूप में दर्ज होगा, जिसने कुछ समय के लिए इतिहास की धारा बदल दी, लेकिन किसी महान लक्ष्य के लिए नहीं, बल्कि अपनी मनोग्रंथियों को संतुष्ट करने के लिए!

5

लादेन के सहयोगी

अमान अल-जवाहिरी : ओसामा बिन लादेन का नाम दुनिया जान गई है, लेकिन एक शख्स और है जिसको जाने बगैर मुस्लिम आतंकवाद के मौजूदा दौर की कहानी पूरी नहीं हो सकती। इस शख्स का नाम है अमान अल-जवाहिरी। यह शख्स कई नामों से जाना जाता है। अमेरिकी राष्ट्रपति जॉर्ज बुश ने जिन 22 'मोस्ट वांटेड' आतंकवादियों की सूची जारी की है, उसमें दूसरा नाम अमान का ही है। अमेरिकी खुफिया एजेंसी ने इसके बारह नाम गिनाए हैं। कोई इस शख्स को अबू मुहम्मद कहता है तो कोई अबू फातिमा। किसी के लिए यह मुहम्मद इब्राहिम है तो किसी के लिए अबू अब्दुल्ला। कोई इसे अबू अल-मुईज के नाम से जानता है तो कोई अब्दुल मुआज के नाम से। मुहम्मद नूर अल-दीन भी इसका एक नाम है। इसके अलावा 'अल-कायदा' नेटवर्क के बीच यह शख्स 'डाक्टर', 'टीचर', 'नूर' और 'उस्ताद' जैसे उपनामों से भी लोकप्रिय है लेकिन असली नाम है—अमान अल-जवाहिरी। मिस्र का रहने वाला यह व्यक्ति पेशे से डॉक्टर रहा है और राजधानी काहिरा के एक संपन्न परिवार में पला-बढ़ा है। अगर लादेन आज मुस्लिम आतंकवाद का नायक बन गया है और अल-कायदा ऐसे आतंकवादियों का प्रतीक, तो इसका श्रेय काफी हद तक अल-जवाहिरी को ही जाता है। ऐसा कहा जाता है कि जवाहिरी अल-कायदा का दिमाग है। उसकी पहचान मुस्लिम आतंकवाद के एक 'आइडियालॉग' सिद्धांतकार के रूप में बनी है। अल-कायदा द्वारा अमेरिका को इस्लाम का दुश्मन और उसके विरुद्ध जिहाद की घोषणा करने वाले 1998 के फतवे के पीछे उसी शख्स का दिमाग था। माना जाता है कि जब नैरोबी और दारेस्लाम स्थित अमेरिकी दूतावासों पर हमले के बाद अमेरिका ने लादेन को नष्ट करने के लिए कंधार पर रातोंरात सत्तर मिसाइलें दागी थीं तभी जवाहिरी की योजना के तहद लादेन ने अमेरिका के

विरुद्ध जिहाद शुरू करने वाला फतवा जारी किया था। जवाहिरी की सांगठनिक क्षमता बेजोड़ है। दो-तीन वर्षों में ही अल-कायदा नेटवर्क को करीब साठ मुल्कों तक फैला देने में मुख्य दिमाग जवाहिरी का ही रहा है। वह अच्छी तकरीर और इस्लाम की ऐसी जज्बाती व्याख्या कर सकता है जिससे सुनकर मदरसों से निकले कम उम्र के बच्चे सिर पर कफन बाँधने को तैयार हो जाते हैं। इस्लामी संस्थाओं और सरकारी-गैरसरकारी संस्थानों से अल-कायदा के लिए धन जुटाने में भी इस शख्स को महारत हासिल है। यों तो इस मामले में लादेन खुद सक्षम है और एक अरबपति होने के चलते इस्लामी देशों के रईसों से उसके रिश्ते हैं, लेकिन इन रिश्तों को वक्त की जरूरतों के मुताबिक उपयोग करने का काम जवाहिरी ही करता है। इस बात की पूरी संभावना है कि लादेन न होने की स्थिति में अल-कायदा की बागडोर जवाहिरी के हाथ में होगी।

लादेन की उम्र 45 होने को है, जबकि जवाहिरी 50 पार का चुका है। अल-जवाहिरी का जन्म 9 जून 1951 को काहिरा के एक प्रसिद्ध उच्चवर्गीय मुस्लिम परिवार में हुआ था। उसके दादा राबिया अल-जवाहिरी काहिरा के ही 'अल-अजहर संस्थान' के शाही इमाम थे। इस संस्थान से सटी मिस्र की सुप्रसिद्ध 'अल-अजहर' मस्जिद भी है, जिसे मिस्र के सुन्नी मुसलमान सर्वोच्च धार्मिक सत्ता मानते हैं। जवाहिरी के पिता उसी काहिरा विश्वविद्यालय के मेडिकल साइंस विभाग में फार्माकोलॉजी के प्रोफेसर थे, जहाँ से 1974 में जवाहिरी ने मेडिकल साइंस में स्नातक की डिग्री हासिल की थी और डॉक्टर बनने का ख्वाब देखा था। जवाहिरी के बड़े चाचा अब्दुल रहमान आजम अरब के 22 देशों को मिलाकर बने 'अरब लीग' के पहले महासचिव रहे हैं। जवाहिरी के दादा तो काफी पहले ही गुजर गए थे, लेकिन उसके पिता की मृत्यु 1995 में हुई। जवाहिरी के बारे में कहा जाता है कि मेडिकल की पढ़ाई पूरी करते समय उसने बाल रोगों की विशेषज्ञता हासिल की थी और 'चाइल्ड स्पेशलिस्ट' के तौर पर ही वह अपनी मेडिकल प्रैक्टिस करना चहाता था। बच्चों का डॉक्टर बनते-बनते वह उन्हें इस्लाम की शिक्षा देने लगा और मासूम-दिमागों के हाथों में हथियार थमाकर जिहाद छेड़ने के लिए प्रेरित करने लगा।

इस शख्स के भीतर इस्लाम के प्रति कट्टरता की हद तक आकर्षण का जज्बा 1966 में ही पैदा हो चुका था जब वह मात्र 15 वर्ष का था। उस वक्त उसने मुस्लिम 'ब्रदरहुड' के लिए स्थापित संगठन 'अल-इख्वान-अल-मुसलमून' की सदस्यता ली थी और जेल भी गया था। ब्रिटिश उपनिवेशवाद से लड़ने और उसे शिकस्त देने के लिए इस संगठन की स्थापना मिस्र के जाने-माने मौलवी हसन अल-बन्ना ने 1928 में की थी। मिस्र की आजादी के कुछ वर्षों बाद इस संगठन को सरकार ने प्रतिबंधित कर दिया था। लेकिन जवाहिरी को इस प्रतिबंधित संगठन का सदस्य बनना और जेल जाना मंजूर था। ऐसा कहा जाता है कि मिस्र के मुस्लिम आतंकवादी संगठनों के निर्माण और विस्तार में इस संगठन की विचारधारा का मुख्य योगदान रहा है।

अल-गामा-अल-इस्लामिया, अल-जिहाद और आर्म्ड इस्लामिक जिहाद जैसे मिस्र के दर्जनों कट्टर मुस्लिम आतंकवादी संगठनों का मार्गदर्शन इसी विचारधारा ने किया।

जवाहिरी और मिस्र के मुस्लिम आतंकवादियों के लिए 1970 के दशक के आखिरी वर्ष काफी महत्त्वपूर्ण साबित हुए। इस दौरान जवाहिरी ने कुछ किताबें भी लिखीं, जिनमें उसकी पुस्तक 'बिटर हारवेस्ट' काफी चर्चित हुई। इस पुस्तक में इस्लाम की 'ब्रदरहुड' की अवधारणा को नए सिरे से परिभाषित किया गया है और इस्लामी देशों की अपेक्षाकृत धर्मनिरपेक्ष-लोकतांत्रिक सरकारों को इस्लाम विरोधी बताते हुए उन्हें उखाड़ फेंकने का संकल्प व्यक्त किया गया है। जवाहिरी की इस पुस्तक से मदरसों में पढ़कर निकले नौजवानों को एक नया दर्शन मिला और वे विभिन्न आतंकवादी संगठनों की कार्रवाइयों में हिस्सा लेने लगे। इसी बीच 1979 में हुई आयतुल्लाह खुमैनी के नेतृत्व में ईरान की इस्लामी क्रांति का भी मिस्र पर जबर्दस्त प्रभाव पड़ा। यह सही है कि खुमैनी मूलतः शिया समुदाय के ही प्रतिनिधि थे और विश्व की कुल मुस्लिम आबादी में शियाओं का प्रतिशत दस से ज्यादा नहीं है, फिर भी सुन्नी मुसलमानों के भीतर इस क्रांति से एक नया जज्बा पैदा हुआ। और उसी जज्बे का इस्तेमाल कर मुस्लिम कट्टरवादी धारा को आगे बढ़ाने में अल-जवाहिरी सफल हुआ। उन्हीं दिनों मिस्र के सारे मुस्लिम आतंकवादी संगठन अस्तित्त्व में आए।

जवाहिरी इन संगठनों का 'आइडियालॉग' बनकर उभरा। जिहाद का फतवा भी उन्हीं दिनों जारी हुआ। आतंकवादियों ने अपेक्षाकृत उदार माने जाने वाले मिस्र के तत्कालीन राष्ट्रपति अनवर सादात को इस्लाम विरोधी बताते हुए उन्हें अपना दुश्मन करार दिया। अनवर सादात इजरायल-फिलीस्तीन शांति प्रक्रिया के समर्थक थे। यह बात आतंकवादियों को खराब लगी और 6 अक्टूबर 1981 को इन्हीं आतंकवादियों ने सादात की हत्या कर दी । सादात जब मिस्र की सेना के एक परेड की सलामी ले रहे थे, तभी एक ट्रक आया और उसमें से सेना की वर्दी पहने चार आतंकवादी उतरे और स्वचालित रायफलों से एक के बाद एक कई गोलियाँ उन पर दाग दीं। उनमें से एक हत्यारे ने घोषणा की कि 'मैं खालिद अल-इस्लाम्बौली हूँ।' यह शख्स मिस्र की सेना का एक लेफ्टिनेंट था। सादात की हत्या के बाद मिस्र में बड़े पैमाने पर आतंकवादियों की धरपकड़ शुरू हुई। उस दौरान करीब सौ से ज्यादा लोग गिरफ्तार किए गए, जिनमें अल-जवाहिरी भी था। जवाहिरी पर सादात की हत्या का आरोप तो नहीं सिद्ध हो सका, पर हथियार रखने के जुर्म में उसे अदालत ने तीन साल कैद की सजा सुनाई। तीन वर्ष तक जेल में रहने के बाद 1984 में जवाहिरी बाहर निकला। अब वह सैकड़ों-हजारों युवाओं का मसीहा बन चुका था।

इस बीच अफगानिस्तान में रूसी फौज का घुसना इन आतंकवादियों और जवाहिरी जैसे धार्मिक कट्टरवादियों के लिए वरदान साबित हुआ। इस्लाम के नाम पर जिहाद छेड़ने का उन्हें स्वर्णिम अवसर प्राप्त हो गया। विभिन्न देशों खासकर अमेरिकी

खुफिया एजेंसियों, ने जवाहिरी के बारे में जो तथ्य जारी किए हैं, उनसे पता चलता है कि यह शख्स 1984 से लेकर 1986 तक तो मिस्र में ही रहा, लेकिन उसके बाद वह सऊदी अरब गया और फिर वहाँ से वह पाकिस्तान के शहर पेशावर में दाखिल हो गया। पेशावर तब से ही मुस्लिम आतंकवादियों का अड्डा रहा है। वहाँ आतंकवादियों को सैन्य प्रशिक्षण देने वाले दर्जनों कैंप चलते थे। यही कैंप जवाहिरी का अड्डा बना और हथियार चलाने के साथ-साथ इस्लाम की शिक्षा देने वाला वह अपनी तरह का एक 'धर्मगुरु' बन गया। उसी दौरान जवाहिरी की मुलाकात ओसामा बिन लादेन से हुई जो तब सऊदी अरब के शाही परिवार का दूत बनकर अफगानिस्तान के मुजाहिदीन का हौसला अफजाई करने वहाँ पहुँचा था। ध्यान रहे कि यह सब कुछ उस अमेरिका के सक्रिय समर्थन से हो रहा था, जो अब इन्हें अपना मुख्य दुश्मन बता रहा है।

सी आई ए की शह पर पाकिस्तानी सेना एवं खुफिया एजेंसी आई एस आई की मदद और सोवियत संघ की असफल रणनीति का मिलाजुला असर यह हुआ कि 1989 दिसंबर में सोवियत फौज को अफगानिस्तान से भागना पड़ा । जवाहिरी जैसों को इसे अपनी जीत घोषित करने का अवसर मिला और साथ ही वे मुजाहिदीन को यह बताने में सफल हो गए कि जिहाद को जारी रखा गया, तो एक दिन पूरी दुनिया उनकी होगी और इस्लाम का झंडा हर जगह लहराएगा। अफगान युद्ध के बाद यही सपना जवाहिरी का अपना सपना बन गया। इराक पर अमेरिकी हमले और कई अरब देशों में अमेरिकी फौजी अड्डों के कारण 1990 का दशक धीरे-धीरे जवाहिरी के लिए अमेरिका के विरुद्ध जिहाद छेड़ने का अस्त्र बन गया। उसने लादेन के साथ मिलकर पूरी दुनिया में अपना जाल बिछाने का अभियान छेड़ दिया। खुफिया एजेंसियों के दस्तावेजों से पता चलता है कि जवाहिरी ने फर्जी पासपोर्ट पर पिछले सात-आठ वर्षों के दौरान यूरोप, अमेरिका, एशिया और अफ्रीका के कई देशों की यात्राएँ कीं। उसके पास अमीन ओथमान नाम से फ्रांस और स्विट्जरलैंड का पासपोर्ट था, जबकि 'सामी महमूद अल-हिफनवी' नाम से डच पासपोर्ट था। स्विट्जरलैंड और डेनमार्क में रह रहे अपने समर्थकों से पैसा और अन्य मदद प्राप्त करने के उद्देश्य से उसने इन देशों की कई यात्राएँ कीं। यही नहीं, इस बात के भी प्रमाण हैं कि वह धन जुटाने के लिए ही 1995 में कई दिनों तक अपना नाम बदलकर अमेरिका में रहा। इस दौरान उसने अपना नाम डॉ. अब्दुल मुआज रख लिया था। उसके पास अमेरिकी प्रशासन द्वारा जारी 'ग्रीन कार्ड' भी था।

यों तो अनवर सादात की हत्या के बाद से ही जवाहिरी मिस्र की सरकार का दुश्मन बन गया था, लेकिन 1995 में उसने एक ऐसी दर्दनाक घटना कर डाली जिसके चलते मिस्र की सरकार उसे बेसब्री से तलाश रही है। मिस्र के राष्ट्रपति होस्नी मुबारक को सबक सिखाने के लिए जवाहिरी की योजना के तहत उसके आत्मघाती दस्ते ने नवंबर 1995 में इस्लामाबाद स्थित मिस्र के दूतावास पर हमला कर दिया

जिसमें 17 निर्दोष लोग मारे गए थे। तभी से वह मिस्र की सरकार के लिए भी 'मोस्ट वांटेड' व्यक्ति बन गया। अगर वह मिस्र की सरकार के हाथ लग गया तो उस पर मुकदमा चलेगा और उसके इस जुर्म के लिए आजीवन कारावास या सजा-ए-मौत हो सकती है। मिस्र के दूतावास पर हुए इस हमले से पूर्व सितंबर 1995 में हुई क्रोएशिया की कार बॉम्बिंग में भी जवाहिरी के लोगों का हाथ था। उस वक्त 'अल-जिहाद' से जुड़ा तलत कासीम नाम का एक आतंकवादी गिरफ्तार भी हुआ था। नवंबर 1995 में ही जिनेवा स्थित मिस्र के एक राजनयिक की भी हत्या हुई थी। इस हत्या की जिम्मेदारी भी 'अल-जिहाद' ने स्वीकारी थी।

मिस्र की सरकार का दुश्मन बन चुका जवाहिरी के लिए अब उसका अपना मुल्क आश्रय स्थल नहीं हो सकता था। दुनिया भर के मुस्लिम आतंकवादी संगठनों से संपर्क साधने के क्रम में ही उसने 1995 के बाद अफगानिस्तान को अपना अड्डा बनाया। तालिबान और नॉर्दर्न एलाएंस के बीच चली घमासान लड़ाई के योजनाकारों में से एक जवाहिरी भी था। यों तो वह ओसामा बिन लादेन का निजी चिकित्सक बनकर अफगानिस्तान में गया, लेकिन दिमागी काबिलियत के चलते वह मुस्लिम आतंकवाद का सिद्धांतकार बन गया। उसने लादेन के साथ मिलकर युद्ध की रणनीति बनाई और अंततः तालिबान की जीत हुई और अफगानिस्तान के नब्बे फीसदी हिस्से पर तालिबान का कब्जा हुआ। 1996 से लेकर 1997 के आखिर तक लादेन और जवाहिरी चिंतन-मनन करते रहे और फरवरी 1998 में अल-कायदा का विधिवत गठन हुआ। पाकिस्तान, मिस्र, उज्बेकिस्तान, फिलीस्तीन और एक बांग्लादेशी मुस्लिम आतंकवादी संगठनों को मिलाकर इन दोनों ने 'अल-कायदा' नाम का शीर्ष संगठन खड़ा कर दिया।

लादेन की योजना के तहत जवाहिरी ने अमेरिका के विरुद्ध कार्रवाइयाँ शुरू कीं। अगस्त 1998 में केन्या और तंजानिया के नैरोबी तथा दारेस्सलाम स्थित अमेरिकी दूतावासों पर हमले किए, जिनमें करीब 225 लोगों की जानें गईं। इस घटना के बाद अमेरिका की आँख खुली और उसने लादेन और जवाहिरी दोनों को 'मोस्ट वांटेड' आतंकवादी घोषित किया । अपने ऊपर हुए हमले का बदला लेने के लिए उसी दौरान जब अमेरिका ने रातोंरात कंधार पर 70 क्रूज मिसाइलें दागीं, तब जवाहिरी लादेन के साथ ही अफगानिस्तान के किसी गुप्त ठिकाने पर था। अमेरिका की मिसाइलें उन ठिकानों तक नहीं पहुँच पाईं। कहा जाता है कि इस घटना के बाद ही अंतिम रूप से लादेन और जवाहिरी ने अमेरिका के विरुद्ध जिहाद छेड़ने के फतवे पर हस्ताक्षर किए। उस वक्त जवाहिरी ने पाकिस्तान के एक पत्रकार से टेलीफोन पर बातचीत की थी और कहा था कि अमेरिका के विरुद्ध जंग शुरू हो चुकी है। जवाहिरी ने चेतावनी देते हुए उस पत्रकार से कहा था कि जाओ और अमरीकियों से कह दो कि हम बमबारी से नहीं डरते। दस साल तक हमने रूस की बमबारी झेली है, बलिदान

दिया है और अमेरिका के विरुद्ध बलिदान देने को तैयार हैं। बहुतों का मानना है कि 11 सितंबर को हुआ पेंटागन और वर्ल्ड ट्रेड सेंटर पर हमला इसी फतवे का नतीजा था। इस हमले में मानव-बम बने जिस एक पायलट मुहम्मद अता का नाम उछला है, वह जवाहिरी का ही शिष्य था। उसकी पढ़ाई-लिखाई भी काहिरा विश्वविद्यालय और अजहर संस्थान से हुई थी। 11 सितंबर के हमले के बाद जब अमेरिका ने 7 अक्टूबर 2001 को अफगानिस्तान पर हमला किया, तो उसके दूसरे दिन सुप्रसिद्ध अरबी टीवी चैनल अल-जजीरा के कैमरे पर जिहाद की घोषणा कर रहे लादेन के साथ दूसरा शख्स जवाहिरी ही था। इन दोनों को पूरी दुनिया ने टीवी के परदे पर एक साथ देखा और तब पता चला कि वास्तव में लादेन का नंबर दो जवाहिरी ही है।

मौलाना मसूद अजहर : अमेरिकी राष्ट्रपति जॉर्ज बुश द्वारा जारी 22 कुख्यात आतंकवादियों की सूची में मौलाना मसूद अजहर का नाम भले ही न हो, लेकिन भारत के लिए यह शख्स 'मोस्ट वांटेड' आतंकवादियों की श्रेणी में सबसे ऊपर है। ऐसा माना जाता है कि नब्बे के दशक में कश्मीर में मुस्लिम आतंकवाद को परवान चढ़ाने का काम इसी व्यक्ति ने किया। फरवरी 1994 में वह भारत सरकार के हाथ लग भी गया था और करीब 6 वर्ष तक भारत की जेलों में कैद भी रहा, लेकिन अचानक एक हादसा हुआ और सरकार उसे छोड़ने को मजबूर हो गई। दिसंबर 1999 में इंडियन एयरलाइंस के एक विमान का अपहरण कर आतंकवादी उसे कंधार ले गए और आठ दिनों तक अपहरण का नाटक चलता रहा। आखिर में अपहरणकर्ताओं ने मसूद अजहर समेत चार आतंकवादियों की रिहाई की शर्त रखी और भारत सरकार को यह शर्त माननी पड़ी। अजहर मसूद रिहा हुआ और अब वह अपने मुल्क पाकिस्तान से कश्मीर में आतंकवाद का संचालन करता है। मसूद अजहर की भी गिनती लादेन के विश्वासपात्रों में होती है। जब वह भारत की जेलों में था तब गृह मंत्रालय के अफसरों ने उससे काफी पूछताछ की थी। उस पूछताछ को दर्ज भी किया गया था, जिसके कुछ पन्ने सितंबर 2000 के आखिरी हफ्ते में जारी किए गए। इन पन्नों के आधार पर सुप्रसिद्ध अंग्रेजी पत्रिका *फ्रंटलाइन* ने मसूद की कहानी प्रकाशित की। इस कहानी से मसूद की जिंदगी और आतंकवादियों के कार्य करने के तरीकों का भी पता चलता है।

यों तो अमेरिका ने मसूद के संगठन 'जैश-ए-मोहम्मद' को प्रतिबंधित किया है, लेकिन उसे 22 'मोस्ट वांटेड' आतंकवादियों की सूची में नहीं डाला है और यह शख्स आज भी उस पाकिस्तान नाम के देश से अपनी गतिविधियाँ जारी रखे हुए है जो देश अफगानिस्तान के विरुद्ध हमले में अमेरिका का सबसे करीबी दोस्त है। अफगानिस्तान पर अमेरिका द्वारा किये गये हमले के करीब दो महीने बाद ऐसी खबरें आईं कि बुश प्रशासन ने पूरी दुनिया के 60 खतरनाक आतंकवादियों की सूची तैयार की है जिसमें 65 नाम पाकिस्तानी आतंकवादियों के हैं। इनमें अजहर मसूद प्रमुख

है। भारत ने माँग की है कि मसूद अजहर को उसके हवाले किया जाए। आइए, देखें कि यह शख्स है कौन यह कैसे बना आतंकवादी और कैसे आया भारत?

मसूद अजहर का जन्म 10 जुलाई 1968 को पाकिस्तानी शहर बहावलपुर में हुआ था। इसके पिता वहीं के एक स्कूल के 'हेडमास्टर' थे। उसकी छह बहनें और पाँच भाई हैं। पिता देवबंदी पंथ से जुड़े कट्टर धार्मिक थे। उसकी पढ़ाई कराची की बिनोरी मस्जिद स्थित जामिया इस्लामिया में हुई थी। 1989 में उसने इस्लामी शिक्षा पूरी की। पढ़ाई के दौरान ही उसका संपर्क हरकत-उल-मुजाहिदीन के लोगों से हुआ। उस वक्त ये मुजाहिदीन अफगान युद्ध लड़ रहे थे। उसी दौरान अजहर की मुलाकात हरकत-उल-मुजाहिदीन के सुप्रीमों फजलुल रहमान खलीली से हुई। खलीली ने उसे अफगान युद्ध में शामिल होने का न्योता दिया। इसके लिए जरूरी था सैन्य प्रशिक्षण लेना। प्रशिक्षण लेने वह अफगानिस्तान के यावर कैंप में दाखिल हुआ। शारीरिक दुर्बलता और लिखने-पढ़ने में ज्यादा रुचि के कारण वह चालीस दिनों की अनिवार्य ट्रेनिंग पूरी न कर सका। तब उसे खलीली ने एक मासिक पत्रिका निकालने की जिम्मेदारी सौंपी। अगस्त 1989 से उसने सादा-ए-मुजाहिद (योद्धाओं की दस्तक) नाम की पत्रिका निकालना शुरू किया। धीरे-धीरे वह हरकत-उल-मुजाहिदीन की सांगठनिक और सैद्धांतिक जिम्मेदारियाँ सँभालने लगा। मुहाजिरों, शियाओं और गैरदेवबंदी जमातों को छोड़कर उसने बाकी मुस्लिम समाज के युवाओं की भर्ती शुरू की। जामिया में पढ़ रहे सैकड़ों सूडानी, अरबी, बांग्लादेशी और अन्य देशों के नौजवानों को वह अपनी ओर आकृष्ट करने में सफल हुआ। इसी बीच 1993 में पाक हुकूमत ने विदेशी ताकतों के दबाव में पाक में रह रहे 400 अरब मुजाहिदीन को गिरफ्तार कर देश से बाहर करने का फैसला किया। इनमें से अधिकांश सूडान और सोमालिया में जिहाद करने चले गए। इन सबसे मसूद अजहर की खतोकिताबत होती रही।

इसी दरम्यान अमेरिका और संयुक्त राष्ट्र के दबाव में पाकिस्तानी फौज की टुकड़ियाँ सोमालिया गईं और टकराव में कई मुजाहिदीन मारे गए। अजहर पाकिस्तान के पत्रकारों की एक टीम लेकर उन मुजाहिदीन से मिलने नैरोबी गया और पाक सेना के जुल्म के बारे में एक पुस्तिका प्रकाशित की। जनवरी 1993 में मसूद अजहर को इस्लामाबाद बुलाया गया और हरकत-उल-मुजाहिदीन की ओर से उसे कश्मीर की जिम्मेदारी सौंपी गई। योजनाबद्ध रणनीति के तहत अजहर मसूद पहले बांग्लादेश गया। उसके साथ अरब का कुख्यात सज्जाद अफगानी भी हवाई जहाज से ढाका गया। भारत-बांग्लादेश सीमा पर अपने नेटवर्क के जरिए अजहर सज्जाद अफगानी को भारतीय सीमा में प्रवेश कराकर अजहर मसूद वापस कराची लौट गया। इस बीच 'हरकत-उल-जिहाद इस्लामी' और 'हरकत-उल-मुजाहिदीन' का विलय कर एक नया संगठन 'हरकत-उल-अंसार' बना, जिसका सर्वोच्च कमांडर स्वयं अजहर था। उस दौरान कश्मीर में सक्रिय आतंकवादियों में एक खास तरह की निराशा फैल गई

थी, लिहाजा उनकी हौसला-अफ़जाई के लिए अजहर मसूद ने कश्मीर में रहकर आतंकवादी गतिविधियाँ संचालित करने का फैसला किया। पहले वह ढाका गया, फिर विमान से 29 जनवरी 1994 को दिल्ली हवाई अड्डे पर उतरा। उसने यह यात्रा फर्जी पुर्तगाली पासपोर्ट पर की थी। मसूद अजहर का कहना है कि जब वह दिल्ली के इन्दिरा गाँधी एयरपोर्ट पर उतरा और बाहर निकलते समय अधिकारियों ने उसके पुर्तगाली होने पर शंका व्यक्त की, तो उसके यह कहने पर कि वह जन्म से गुजराती है, अधिकारियों ने उसके पासपोर्ट पर मुहर लगा दी और मसूद हवाई अड्डे से बाहर निकलने में सफल हो गया। बाहर उसके साथी खड़े थे, जो उसे कश्मीर घाटी पहुँचाने को तैयार थे, लेकिन खुफिया एजेंसियों को इसकी भनक लग गई। जब वह नई दिल्ली से श्रीनगर की ट्रेन से यात्रा कर रहा था तभी गिरफ्तार कर लिया गया और जनवरी 2000 में तब छूटा जब आतंकवादियों ने इंडियन एयरलाइंस की आई सी-814 फ्लाइट का अपहरण कर लिया। ऊपर लिखी गई इस पूरी कहानी का एक-एक शब्द खुद मसूद अजहर का कहा हुआ है, इसलिए आप इसे प्रामाणिक मान सकते हैं। कहा जाता है कि अपहरणकर्त्ताओं ने इस शख्स को इस उम्मीद से छुड़ाया था कि वह 'हरकत-उल-अंसार' के नेटवर्क को बढ़ाने में मदद करेगा, लेकिन हुआ उलटा। मसूद ने पाकिस्तान पहुँचने के बाद अपना एक नया जिहादी संगठन बनाया, जिसका नाम है—'जैश-ए-मोहम्मद'। अब वह इसी संगठन का मुखिया है और यही संगठन कश्मीरी आतंकवादियों की उम्मीद बना हुआ है।

10 अक्टूबर 2001 को अमेरिकी राष्ट्रपति जॉर्ज बुश ने '22 मोस्ट वांटेड' आतंकवादियों की सूची जारी की। इस सूची में पहला नाम ओसामा बिन लादेन का है और दूसरा अल-जवाहिरी का। बाकी 20 नाम अरब, मिस्र और कुछ अन्य अफ्रीकी इस्लामी देशों के मुस्लिम आतंकवादियों के हैं। इन आतंकवादियों को पकड़वाने में सहयोग करने वाले को 50 लाख डॉलर इनाम देने की घोषणा अमेरिका ने की है।

मुहम्मद आतेफ : इस शख्स के कई नाम थे। अफगानिस्तान पर हुए अमेरिकी हमले में यह मारा जा चुका है। अबू हाफस, अल-मसरी अल-खबीर, तैसीर और अबू खादिजा के अलावा आतेफ सोबही अल-सीता के नाम से भी जाना जाता था। यह ठीक-ठीक नहीं पता है कि आतेफ की उम्र कितनी थी लेकिन अनुमान है कि वह 45 वर्ष का था। आतेफ और लादेन एक-दूसरे के समधी हैं। आतेफ की लड़की से लादेन के पुत्र मुहम्मद की जनवरी 2001 में ही शादी हुई थी। इस शादी का जलसा कंधार में हुआ था जिसके कुछ दृश्य अरबी टीवी चैनल अल-जजीरा पर दिखाए गए थे। मिस्र में जन्मा मुहम्मद आतेफ पतला-दुबला 6 फुट 5 इंच लंबा था। अलकायदा नेटवर्क से जुड़ने के पहले वह मिस्र की पुलिस में सिपाही था। ऐसा माना जाता है कि अलकायदा के सैन्य कार्रवाइयों की कमान इसी शख्स के हाथ में रही। पहले आतेफ का संपर्क जवाहिरी से हुआ था। फिर सूडान में इन दोनों की मुलाकात लादेन

स हुइ। सोमालिया की सोमाली प्रजाति के आतंकवादियों को प्रशिक्षित करने का काम आतेफ ने ही किया था। 1993 में जब संयुक्त राष्ट्र ने सोमालिया में हस्तक्षेप किया तो इन्हीं प्रशिक्षित आतंकवादियों ने अमेरिकी फौज से लड़ाई की थी और अक्टूबर 1993 में 18 अमेरिकी रेंजरों को मार गिराया था। अमेरिकी खुफिया एजेंसियों के पास इस बात के पक्के सबूत हैं कि उस दौरान आतेफ सोमालिया में था। 1996 में ही वह लादेन के साथ सूडान से अफगानिस्तान गया और तब से वहीं जम गया। अमेरिकी प्रशासन आतेफ को तंजानिया (दारेस्सलाम) और नैरोबी (केन्या) स्थित अमेरिकी दूतावास पर हुए 7 अगस्त 1998 के हमले का मुख्य आरोपी मानता था और तभी से उसकी तलाश जारी थी।

अली अतवा : 1960 मे लेबनान में जन्मा अली अतवा फिलीस्तीन का कुख्यात आतंकवादी संगठन हिजबुल्ला का एक प्रमुख नेता है। 14 जून 1985 को फिलीस्तीनी आतंकवादियों के आत्मघाती दस्ते ने एक कमर्शियल विमान का अपहरण किया था और उसे दुर्घटनाग्रस्त कर दिया था। इस हादसे में विमान के सभी चालक सदस्य मारे गए थे जिसमें एक अमेरिकी भी था। अली अतवा को अमेरिकी प्रशासन इस विमान अपहरण के लिए जिम्मेदार मानता है और इसीलिए वह उसकी 'मोस्ट वांटेड' सूची में है। यह शख्स अम्मार मंसूर बोस्लीम और हसन रोस्तम सलीम के नाम से भी जाना जाता है।

अब्दुल करीम हुसेन मोहम्मद नासीर : सऊदी अरब के अल-ईसा शहर का रहने वाला यह आतंकवादी अरबी के अलावा अच्छी फारसी भी बोल सकता है। इसकी उम्र का सही पता नहीं है लेकिन अनुमान है कि वह 35 वर्ष का होगा। वर्जिनिया के इस्टर्न डिस्ट्रिक्ट कोर्ट में इस शख्स पर मुकदमा चल रहा है। 25 जून 1996 को सऊदी अरब के दहरान स्थित खोबर सैन्य टॉवर पर हुए हमले का यह मुख्य आरोपी है। इस टॉवर में सैनिकों के रहने की व्यवस्था है। सऊदी अरब में उपस्थित कई अमेरिकी सैनिक इसी टॉवर में रहते हैं।

अब्दुल रहमान यासीन : आतंकवादियों के निशाने पर न्यूयार्क की वर्ल्ड ट्रेड सेंटर इमारत पहले से ही रही है। 26 फरवरी 1993 को आतंकवादियों ने इस इमारत पर बम का धमाका किया था जिसमें छह जानें गयी थीं, सैकड़ों लोग घायल हुए थे और करोड़ों की संपत्ति नष्ट हुई थी। अमेरिकी प्रशासन मानता है कि इस हमले का 'मास्टर ब्रेन' अब्दुल रहमान यासीन ही था। सईद यासीन, अबूद यासीन, एस. ताहा और एस. ताहीर जैसे कई नामों से भी यह जाना जाता है। अप्रैल 1960 में अमेरिका के ही ब्लूमिंगटन इंडियाना में जन्मे इस शख्स की अमेरिका को बेसब्री से तलाश है। इस पर भी 50 लाख डॉलर का इनाम है। यह अमेरिका का नागरिक भी है। खुफिया एजेंसियों ने इसके बारे में जो सूचनाएँ सार्वजनिक की हैं उनमें बताया गया है कि यासीन को अक्सर मिरगी के दौरे पड़ते हैं। नब्बे के दशक में ही इस

शख्स का लादेन के नेटवर्क से संबंध स्थापित हुआ था। काले बाल और भूरी आँखों वाले यासीन की लंबाई करीब छह फुट है।

इमाद फईज मुग्नियाह : लेबनान का रहने वाला यह शख्स कुख्यात फिलीस्तीनी आतंकवादी संगठन हिज्बुल्ला के सुरक्षा तंत्र का प्रमुख है। 1962 में जन्मा मुग्नियाह लेबनान से ही अपनी गतिविधियाँ संचालित करता है। यह अच्छी अरबी बोल सकता है। 14 जून 1985 को हुए एक कमर्शियल विमान का अपहरण और उसको दुर्घटनाग्रस्त कराने की योजना बनाने का आरोप मुग्नियाह पर भी है। भूरे बाल और काली दाढ़ी इस शख्स की खास पहचान है। इसका एक उपनाम हाजी भी है।

हसन इज-अल-दीन : यह आतंकवादी अहमद गरबाया, समीर साल्वान और सईद नाम से भी जाना जाता है। 1963 में जन्मा यह शख्स भी लेबनान का ही है और हिज्बुल्ला का सक्रिय कर्ताधर्ता है। अल-दीन पर भी वही आरोप हैं जो मुग्नियाह पर हैं।

अब्दुल्ला अहमद अब्दुल्ला : मिस्र का नागरिक अब्दुल्ला की उम्र लगभग 38 वर्ष है। वह अरबी भाषा बोलता है। अबू मुहम्मद अल-मसरी, सालेह और अबू मरियम आदि नामों से भी वह समय-समय पर फर्जी पासपोर्ट बनवाकर हवाई यात्राएँ करता रहा है। अमेरिकी खुफिया एजेंसी एफबीआई के पास इस बात के पक्के सबूत हैं कि 6 अगस्त 1998 को वह नैरोबी में था। 7 अगस्त को नैरोबी और दारेस्लाम स्थित अमेरिकी दूतावासों पर हमले हुए थे। अमेरिकी प्रशासन के मुताबिक इन हमलों का षड्यंत्र रचने में अब्दुल्ला भी शामिल था। उसी दौरान वह नैरोबी से कराची आया और फिर अफगानिस्तान चला गया। ऐसा कहा जाता है कि इस शख्स को अलकायदा नेटवर्क से जोड़ने में अल-जवाहिरी की प्रमुख भूमिका रही है। अब्दुल्ला के निचले होंठ के दाहिनी तरफ गहरा निशान है। आम तौर पर यह नकली मूँछों का इस्तेमाल करता है। इस पर भी 50 लाख डालर का इनाम है।

अनास अल-लीबी : 1964 में लीबिया के त्रिपोली में जन्मे इस शख्स के कई उपनाम हैं। इनमें अल-सबाई, अल-राघी और नाजी अब्दुल हामीद प्रमुख हैं। यह अरबी के अलावा अच्छी अंग्रेजी भी बोल और लिख सकता है। लीबियाई नागरिक अल-लीबी अभी हाल तक इंग्लैंड में रहता था। वहाँ की सरकार ने उसे राजनीतिक शरण दी थी। अमेरिकी प्रशासन को उम्मीद है कि वह 11 सितंबर को हुए हमले के समय अफगानिस्तान में ही था। उसके चेहरे के बायें हिस्से में एक गहरा निशान है। आम तौर पर उसे पूरी दाढ़ी रखना पसंद है। केन्या और तंजानिया में हुए अमेरिकी दूतावासों पर बाम्बिंग का एक आरोपी अल-लीबी भी है। इस पर भी अमेरिकी प्रशासन ने 50 लाख डालर का इनाम घोषित कर रखा है।

मोहसिन मुसा मुतवल्ली अतवा : 19 जून 1964 को जन्मा यह शख्स मिस्र का नागरिक है। इसके भी कई उपनाम हैं। कोई इसे अब्दुल रहमान के नाम से तो कोई अल-मुहाजिर और अल-नामीर के नाम से जानता है। यह मूल रूप से अरबी

भाषा बोलता है और अमेरिकी खुफिया एजेंसी मानती है कि यह लादेन के साथ अफगानिस्तान में ही रहा। अलकायदा से इस शख्स का जुड़ाव भी अल-जवाहिरी के जरिये हुआ था। केन्या और तंजानिया की बाम्बिंग में इसका भी हाथ था। इस पर भी 50 लाख डॉलर का इनाम है। अमेरिकी खुफिया एजेंसी एफबीआई ने इसकी दो तस्वीरें जारी की हैं। एक में वह बिना दाढ़ी मूँछ रखे कोट और टाई पहने हुए है, जबकि दूसरी तस्वीर में वह मूँछ रखे शर्ट पहने हुए है।

खालिद शेख मोहम्मद : इसकी जन्म-तिथि की एफबीआई के पास दो तारीखें हैं। 1 मार्च 1964 और 14 अप्रैल 1965 यानी हर हाल में यह शख्स 36 वर्ष की आयु पार कर चुका है। यह कुवैत में पैदा हुआ और वहीं का नागरिक है। एफबीआई ने इसकी भी दो तस्वीरें जारी की हैं। दाढ़ी, मूँछ के साथ एक तस्वीर में वह अरब के शेख जैसा लगता है जबकि दूसरी में कोट और टाई पहने पश्चिम के मुसलमानों की तरह। वह अक्सर चश्मा पहनता है। अन्य आतंकवादियों की तरह यह भी कई नामों से फर्जी पासपोर्ट बनवाता रहा है। अशरफ रफात, खालीद अब्दुल वदूद, सलीम अली और फहाद बिन अब्दुल्ला बिन खालिद इसके उपनाम हैं। आरोप है कि इसने फिलीपींस के मनीला शहर में एक षड्यंत्र रचा था जिसके तहत अमेरीका से दक्षिण एशियाई मुल्कों की ओर जाने वाले एक अमेरिकी कमर्शियल विमान को हवा में उड़ा देने की योजना थी। यह योजना जनवरी 1995 में बनी थी। इस शख्स के विरुद्ध न्यूयार्क के दक्षिणी जिला अदालत में जनवरी 1996 में एक मुकदमा भी दायर हुआ था और सजा भी मिली थी। इस पर भी 50 लाख डॉलर का इनाम है।

अहमद मोहम्मद हामिद अली : 1965 में मिस्र के किसी शहर में जन्मे इस शख्स के दर्जनों नाम हैं। जिनमें शुएब, अबू इस्लाम अल सरीर, हामिद अली, अबू फातिमा, अबू खादिजा और अहमद अल मसरी जैसे प्रमुख हैं। यह मूलतः खेती करता था लेकिन जवाहिरी के संपर्क में आने के बाद आतंकवादी बन गया। केन्या और तंजानिया में हुए आतंकवादी हमले के पाँच दिन पहले तक यह नैरोबी में ही था। 2 अगस्त 1998 को वह विमान से पाकिस्तानी शहर कराची पहुँचा और अफगानिस्तान में दाखिल हो गया। अरबी भाषी हामिद अली भी 7 अगस्त 1998 के बाम्बिंग का अभियुक्त है। इस पर भी 50 लाख डॉलर का इनाम है।

अली सईद बिन अली अल-हूरी : 10 या 11 जुलाई 1965 को सऊदी अरब के अल-दिबाबिया में जन्मे इस शख्स के चेहरे पर तिल का निशान है। लादेन का करीबी समझे जानेवाले अल-हूरी को भी अमेरिकी प्रशासन 25 जून 1996 को हुए खोबर सैन्य टॉवर का एक अभियुक्त मानता है। वर्जिनिया की इस्टर्न डिस्ट्रिक्ट अदालत ने इसे दोषी भी करार दिया है।

अहमद इब्राहीम अल-मुगसील : फ्रेंच कट दाढ़ी-मूँछ रखे और अरबी वेशभूषा में इस शख्स की शक्ल अल-हूरी से बहुत मिलती-जुलती है। लेकिन यह अरबी के

अलावा फारसी भी बोल सकता है। इसका जन्म 26 जून 1967 को सऊदी अरब के कतीफ-बाब अल शमाल नामक शहर में हुआ था। खोबर सैन्य टॉवर हमले में इसकी भी तलाश है। इस पर भी 50 लाख डॉलर का इनाम है।

शेख अहमद सलीम स्वेदान : एफबीआई को इस शख्स की सही उम्र नहीं पता है। एक तथ्य इसकी पैदाइश वर्ष 1969 बताता है तो दूसरा 1960 का अप्रैल महीना। केन्या के मोम्बासा शहर में जन्मे स्वेदान को शेख बहमादी, अहमद अली और अहमद 'लम्बू' के नाम से भी जाना जाता है। यह अरबी के अलावा केन्या की स्थानीय भाषा स्वाहिली और अंग्रेजी भी बोल-लिख सकता है। केन्या में यह ट्रक परिवहन का धंधा करता था। अमेरिकी प्रशासन को शक है कि केन्या और तंजानिया की बाम्बिंग में इसी ने ट्रक को बम बनाने का काम किया था। उस समय से ही यह अलकायदा के नेटवर्क से जुड़ा है। एफबीआई ने एक ही तरह दिखने वाले इसके दो चित्र जारी किए हैं। फर्क सिर्फ यह है कि एक में इसकी हल्की दाढ़ी और मूँछ हैं जबकि दूसरे चित्र में वह बिना दाढ़ी-मूँछ का है।

फजुल अब्दुल्ला मुहम्मद : इसके भी कई उपनाम हैं। फजुल हारून, अबू सईफ अल-सूडानी, अबू आईशा, अबू लुक्मान और फदील अब्दुल्ला नामों से भी इसकी पहचान है। 'मोस्ट वांटेड' की सूची में ऐसे छह आतंकवादी हैं जिनकी उम्र तीस वर्ष से कम है। इनमें एक यह शख्स भी है। 1972 या 1974 में किसी तारीख को कोमोरोस द्वीप के मरोनी नामक स्थान पर जन्मा यह आतंकवादी भी केन्या का नागरिक है। स्वेदान की तरह यह भी 'ब्लैक' है। यह स्वाहिली और कोमोरान भाषा के अलावा अच्छी अरबी, फ्रेंच और अंग्रेजी भी बोल सकता है। इसका कम्प्यूटर ज्ञान भी अच्छा है। बेसबॉल खिलाड़ियों की तरह टोपी पहनना इसकी खास पसंद है। अमेरिकी सरकार इसे भी केन्या और तंजानिया की बाम्बिंग का अभियुक्त मानती है। इस पर भी 50 लाख डॉलर का इनाम है।

अहमद खल्फान गिलानी : फजुल अब्दुल्ला की तरह इसकी पैदाइश भी सत्तर के दशक की है। 1974 में तंजानिया के जांजीबार में जन्मे गिलानी के भी कई उपनाम हैं, जिनमें फूपी, अबूबकर अहमद, अल तंजानी, अबू खाबर, शरीफ उमर आदि मुख्य हैं। इस पर भी 7 अगस्त 1998 के बाम्बिंग के षड्यंत्र में शामिल होने का आरोप है। यह तंजानिया का नागरिक और वहाँ दारेस्सलाम स्थित अमेरिकी दूतावास पर हमले के लिए अमेरिकी प्रशासन को इसकी तलाश है।

फहीद मुहम्मद अली सलाम : 19 फरवरी 1976 को केन्या के मोम्बासा में जनमे इस आतंकवादी को भी अमेरिकी ने अपनी 'मोस्ट वांटेड' की सूची में रखा है। 25 वर्षीय सलाम की उम्र कॉलेज में पढ़ने वाले एक छात्र जितनी है लेकिन किताब की जगह अब उसके हाथ में बंदूक है। वह अरबी, स्वाहिली के अलावा अंग्रेजी भाषा भी बोल सकता है। आतंकवादी गतिविधियों में शामिल होने से पहले अली सलाम

कपड़े बेचने का धंधा करता था। ऐसा अमेरिकी खुफिया एजेंसी का कहना है। यह शख्स भी केन्या और तंजानिया में हुए हमले का एक अभियुक्त है। इस पर भी 50 लाख डॉलर का इनाम है।

मुस्तफा मोहम्मद फदील : इस शख्स की आयु भी मात्र 25 वर्ष है। 23 जून 1976 को यह मिस्र की राजधानी काहिरा में पैदा हुआ था। मिस्र के अलावा इसने केन्या की भी नागरिकता प्राप्त कर ली है। मुस्तफा फजुल, हुसैन, हसन अली, वकील अल-मसरी, नू मान, अबू जिहाद और अल-नूबी जैसे इसके कई उपनाम हैं। यह भी अरबी, स्वाहिली के अलावा अंग्रेजी भाषा जानता है। 7 अगस्त 1998 की बाम्बिंग में ही अमेरिका को इसकी तलाश है।

सैफ अल-अदील : मिस्र का रहने वाला यह आतंकवादी लादेन के अलकायदा नेटवर्क का एक महत्त्वपूर्ण सदस्य है। अलकायदा की ओर से इस शख्स की जिम्मेदारी अफ्रीकी मुल्क हैं। अफ्रीकी देशों में अमेरिकी प्रतिष्ठानों और नागरिकों पर हुए कई हमलों में इसका हाथ रहा है। अमेरिकी प्रशासन को उम्मीद है कि यह भी हमले के समय अफगानिस्तान में रहा। इसकी उम्र का सही अंदाजा नहीं है।

इब्राहीम सालिह मुहम्मद अल-याकूब : यह सऊदी अरब का नागरिक है। उससे संबंधित कुछ दस्तावेजों से पता चलता है कि वह 1966 में जन्मा होगा। सऊदी अरब के खोबर सैन्य टॉवर पर हुए हमले में इस शख्स की तलाश है।

ओसामा बिन लादेन और अल-जवाहिरी समेत अमेरिका की 22 मोस्ट वांटेड आतंकवादियों की सूची में शामिल इन नामों को गौर से देखा जाए तो यह पता चलता है कि ये सारे नाम सऊदी अरब, मिस्र, केन्या, तंजानिया और सूडान के हैं। ऐसा नहीं है कि मुस्लिम आतंकवाद सिर्फ इन्हीं देशों तक सिमटा हुआ है। अगर भारत सरकार 'मोस्ट वांटेड' आतंकवादियों की सूची जारी करेगी तो उसमें अधिकांश नाम पाकिस्तानी नागरिकों के होंगे। एफबीआई के इस विवरण से एक और तथ्य का पता चलता है कि आतंकवादियों का स्वर्ग स्थल पाकिस्तान और अफगानिस्तान है। दुनिया भर के मुस्लिम आतंकवादी अपने-अपने देशों या क्षेत्रों में आतंकवादी हमले कर किसी तरह पहले पाकिस्तान पहुँचते हैं और फिर अफगानिस्तान में दाखिल होते रहे हैं। इस सूची के विवरण से यह भी पता चलता है कि अधिकांश आतंकवादियों की उम्र तीस के आसपास है। इनमें से कुछ की पढ़ाई-लिखाई अच्छी हुई है जबकि कुछ की सामान्य। कुछ तो ऐसे हैं जो कई भाषाएँ जानते हैं और उनका कम्प्यूटर ज्ञान भी अच्छा है। सिर्फ ये 20 नाम ही नहीं बल्कि इन जैसे सैकड़ों नाम लादेन के कारवाँ में शामिल हैं और यही उसके हाथ-पैर हैं जो आधुनिक तकनीकी का इस्तेमाल कर पेंटागन और वर्ल्ड ट्रेड सेंटर को भी ध्वस्त करने की क्षमता रखते हैं।

6

मैं ओसामा बोल रहा हूँ

ओसामा बिन लादेन को अपना हीरो मानने वालों की इस दुनिया में कमी नहीं है। यह भी सच है कि उसे घृणा की हद तक नापसंद करने वालों की तादाद भी बहुत ज्यादा है। लेकिन एक बात है, आप चाहे उसे जेल की सलाखों के पीछे देखना चाहते हैं या इस्लामी दुनिया के नेता के रूप में, उसके बारे में जानने की आपकी उत्सुकता बढ़ती ही जाती है। जैसे-जैसे उसके बारे में आपकी जानकारी बढ़ती है, यह उत्सुकता उत्कंठा में तब्दील होती जाती है। उसके चरित्र में एक करिश्मा है। बहरहाल, उसके बारे में इतनी अधिक जानकारी उपलब्ध है कि सभी सूचनाओं पर यकीन नहीं किया जा सकता। उसके बारे में इतना लिखा गया है कि उसका व्यक्तित्व गड्डमड्ड हो गया है। वैसे भी किसी शख्सीयत को, चाहे वह बदनाम हो या नामचीन, पूरी तरह से समझने में उसके साथ साक्षात्कार का बड़ा महत्त्व होता है। लेकिन समय-समय पर लादेन के साथ किए गए कई इंटरव्यू काल्पनिक लगते हैं। इसके बावजूद उसके कुछ इंटरव्यू ऐसे हैं, जिन्हें प्रामाणिक माना जा सकता है। इनमें *टाइम* पत्रिका में मशहूर पाकिस्तानी पत्रकार रहीमुल्ला यूसुफजई द्वारा लिया गया साक्षात्कार काफी चर्चित रहा है। इसके अलावा ए बी सी के पत्रकार जॉन मिलर ने 1998 में केन्या व तंजानिया में अमेरिकी दूतावासों में हुए बम विस्फोटों के बाद उससे बातचीत की थी। तब किसी ने सोचा भी नहीं था कि कभी अफगानिस्तान में अमेरिका का सबसे बड़ा दोस्त ओसामा एक दिन इस महाशक्ति को ध्वस्त करने की साजिश रचेगा। लेकिन इस बातचीत में ही उसने स्पष्ट कर दिया था कि इस्लाम विरोधी अमेरिका को एक न एक दिन भारी खमियाजा भुगतना होगा क्योंकि इस्लाम ही एक दिन दुनिया पर राज करेगा।

इससे पहले 1996 में अरबी पत्रिका *निदा-उल-इस्लाम* के अक्तूबर-नवंबर अंक

में लादेन का एक विस्तृत साक्षात्कार प्रकाशित हुआ था। चूँकि यह बातचीत इस्लाम संदर्भ में हुई थी, इसलिए लादेन के असली चेहरे को पढ़ने में इससे खासी मदद मिलती है। इस साक्षात्कार में ओसामा अपने लोगों के सामने उनके रहनुमा के रूप में आया है। एक ऐसा शख्स, जो तमाम ऐशो-आराम छोड़कर अल्लाह के रास्ते में खड़े अमेरिकियों से लड़ रहा है। इसी साक्षात्कार में ओसामा के सऊदी शासन के सबसे बड़े शत्रु के रूप में उभरने की कहानी भी है। यहाँ ऐसे ही कुछ साक्षात्कारों के चुनिंदा सवाल-जवाब दिए जा रहे हैं।

प्रश्न : *आप एक बहुत धनी घराने से संबंधित होने के बावजूद आराम की जिंदगी छोड़कर युद्ध और कष्टों के बीच जीवन गुजार रहे हैं। अमेरिकियों को यह बहुत अटपटा लगता है?*

उत्तर : यह समझना बहुत मुश्किल है, खास तौर से उनके लिए जो इस्लाम को नहीं समझते। हमारे धर्म का यह विश्वास है कि अल्लाह ने हमें इसलिए बनाया है कि हम उसकी इबादत करें। उसी ने हमें यह मजहब दिया। अल्लाह का आदेश है कि उसकी सर्वोच्चता कायम रखने के लिए हम जिहाद करें। अल्लाह के कहे अनुसार न चलने वालों से लड़ना हमारा धर्म है। और, जिहाद की पुकार सुनकर उसमें कूद जाना पड़ता है, बिना इसकी चिंता किए कि हम कहाँ हैं, किस स्थिति में हैं। पश्चिम में यह झूठा प्रचार किया जाता है कि गरीबी के कारण लोग जिहादी बन रहे हैं। यह अल्लाह का करम है। इसमें बहुत से धनी-मानी युवा भी जुड़ चुके हैं। अफगानिस्तान, बोस्निया और चेचन्या के जिहाद में सैकड़ों अमीर युवा मारे जा चुके हैं।

प्रश्न : *आप दुनिया के 'मोस्ट वांटेड मैन' हैं। अमेरिकी सरकार का इरादा आपके सिर पर इनाम रखने का है (तब तक लादेन के सिर पर इनाम घोषित नहीं हुआ था), क्योंकि वे आपको अंतरराष्ट्रीय आतंकवाद का सरगना मानते हैं। क्या आप इससे विचलित हैं? क्या आपको लगता है कि वे इनाम घोषित कर, आपको पकड़ लेंगे?*

उत्तर : अमेरिकी क्या मानते हैं, क्या नहीं, इससे हमें क्या लेना-देना है ! हम कोई भी काम अल्लाह को खुश करने के लिए करते हैं। अपने सिर पर इनाम घोषित किए जाने से मैं नहीं डरता। जहाँ तक अमेरिका का सवाल है, वह तो हर उस इनसान का विरोध करता है जो अपने धर्म, अधिकार और आर्थिक आजादी के लिए उसके विरोध में उठ खड़ा होता है। शीत युद्ध खत्म होने के बाद अमेरिका ने मुसलमानों के खिलाफ अपना अभियान तेज कर दिया। इसका लक्ष्य था इस्लाम से छुटकारा पाना। इस्लाम को कमजोर करने के लिए उसने हमारे विद्वानों को निशाना बनाना शुरू किया, क्योंकि वे लोग यहूदी-अमेरिकी गठबंधन के नापाक इरादों के खिलाफ जनता को आगाह करने का अभियान चला रहे थे। विद्वानों के साथ-साथ मेरे जैसे मुजाहिदीन भी अमेरिका की काली सूची में दर्ज हो गए। हम पर अंतरराष्ट्रीय

आतंकवादी संगठन चलाने का आरोप लगाया गया। इसका भी नुकसान हमें हुआ। इस तरह के हथकंडे अपनाकर अमेरिका मुजाहिदीन और उनके समर्थकों का मनोबल तोड़ना चाहता है, ताकि वे इस्लामी दुनिया पर इजरायली-अमेरिकी कब्जे के खिलाफ लड़ना छोड़ दें। लेकिन अल्लाह के फज़ल से वे अपने इरादों में कामयाब नहीं हो पाए, क्योंकि सऊदी अरब में घुसकर बैठे अमेरिकियों को आतंकित करना हमारा धर्म है।

हम पर जिहाद के रास्ते में बेगुनाहों का खून करने का भी आरोप लगाया जाता है। यह मुसलमानों को गुमराह करने का अभियान है। सच्चाई तो यह है कि अमेरिका और इस्राइल मिलकर पूरी दुनिया में कमजोर महिलाओं और बच्चों की हत्या कर रहे हैं। हाल की घटनाओं का जिक्र किया जाए तो लेबनान के काना हत्याकांड का नाम आता है। इराक पर लगे प्रतिबंधों के कारण दवाओं और खाने के अभाव में वहाँ छह लाख बच्चे मारे गए। बोस्निया-हर्जिगोविना में मुसलमानों के हथियार छीनकर उन्हें सर्ब ईसाइयों की बंदूकों के सामने मरने के लिए छोड़कर भी अमेरिका अपने नापाक इरादे जता चुका है। इससे पहले की बात करें तो नागासाकी और हिरोशिमा के घाव भी अमेरिका ने ही दिए। दो पाक मस्जिदों के देश सऊदी अरब पर कब्जा बरकरार रखना तो अमेरिका की इस्लाम विरोधी नीति का मुख्य हिस्सा है। हालाँकि अमेरिका यह दावा करता है कि वह आजादी और मानवता का परचम उठाए हुए है, लेकिन उसकी करतूतें तो ऐसी हैं, जो जानवर भी करने से शरमाए। हम पर आज तक निर्दोषों की हत्या के जो भी आरोप लगाए गए, वे बेबुनियाद हैं। अमेरिका अब तक कोई सबूत नहीं पेश कर पाया है। जिहादियों का इतिहास गवाह है कि उन्होंने कभी बेकसूर पर हथियार नहीं उठाया।

प्रश्न : *लेकिन अमेरिकी सरकार तो अब भी मानती है कि सऊदी अरब में रियाद और खोबर स्थित अमेरिकी ठिकानों पर हमले की योजना बनाने और उसके लिए धन मुहैया कराने में आपकी अहम भूमिका थी?*

उत्तर : हमने सिर्फ इतना किया है कि सऊदी अरब सहित सभी मुस्लिम देशों की जनता को नींद से जगा दिया है और उन्हें उन विद्वानों का फतवा सुना दिया है जिन्हें सऊदी अरब ने अमेरिकी सरकार को खुश करने के लिए जेल में बंद कर रखा है। सऊदी शासक अमेरिका के एजेंट हैं। लेकिन अब यह देश जाग उठा है और उसने विदेशियों को खदेड़ने का फैसला कर लिया है। जिहाद की पुकार सुनकर जो युवक आगे आए, उनमें खालिद अल सईद, अब्दुल अजीज, महमूद-अलहादी और मुस्लिम अल शमरानी कुरबानी देकर अल्लाह की मर्जी पूरी की और अपनी जाँबाजी से सऊदी सरकार की कायरता के कारण मुसलमानों पर लगे शर्म के धब्बों को काफी हद तक धो दिया है। यह सही है कि हमने उन नौजवानों को उकसाया और उन्होंने अंजाम दिया।

प्रश्न : *अमेरिका ने तो फिलीपींस की राज़धानी मनीला में पकड़े गए वली खान अमीन का भी संबंध आपसे बताया था। अमीन को मनीला में क्लिंटन की हत्या की कोशिश करने के आरोप में पकड़ा गया था।*

उत्तर : वली खान मुसलमान नौजवान है। अफगानिस्तान में हम उसे 'शेर' के नाम से बुलाते थे। वह सबसे साहसी युवकों में से था। वह मेरा बहुत नजदीकी दोस्त था। अफगानिस्तान में कई मोर्चों पर हम दोनों ने साथ-साथ हाथ दिखाए थे। रूसियों के छक्के छुड़ाकर उन्हें शर्मसार करने और अफगानिस्तान से खदेड़ बाहर करने में उसकी अहम भूमिका थी। आपने पूछा कि क्या वह मेरे लिए काम करता है, तो इस बारे में मुझे कुछ नहीं कहना है। जिहाद में हम सभी साथ हैं। हम सब अल्लाह के लिए काम करते हैं। वही हमें इनाम भी देता है। जहाँ तक राष्ट्रपति बिल क्लिंटन की हत्या की कोशिश की बात है, तो इस पर हैरानी नहीं होनी चाहिए। आप उन लोगों से क्या उम्मीद करते हैं, जिनके बीवी-बच्चों की हत्या क्लिंटन ने की है।

प्रश्न : *तब तो आपको रमजी यूसुफ भी याद होगा?*

उत्तर : वर्ल्ड ट्रेड सेंटर में विस्फोट (1998) के बाद रमजी यूसुफ मुस्लिम दुनिया का जानामाना नाम हो गया। लेकिन बदकिस्मत से उस घटना से पहले मैं उसे नहीं जानता था। मैं उसे इस्लाम के खिलाफ अमेरिका की दमनकारी नीतियों से अपने धर्म की हिफाजत करने वाले युवक के रूप में याद करता हूँ।

प्रश्न : *इसका मतलब अरब और पश्चिमी मीडिया द्वारा आप पर आतंकवाद फैलाने और उसे मदद करने का आरोप सही है?*

उत्तर : आतंकवाद अच्छा भी होता है और बुरा भी। बेगुनाहों को डराना-धमकाना गलत और आपत्तिजनक है। लेकिन दमनकारी, बदमाशों और अपराधियों से भले लोगों और उनकी संपत्ति को बचाने के लिए डराना-धमकाना जरूरी हो जाता है। इसमें मेरी कोई दो राय नहीं है। हर राज्य और सभ्य समाज को जुल्म और भ्रष्टाचार को नष्ट करने के लिए आतंक का सहारा लेना पड़ता है। यही वजह है कि दुनिया के हर देश की अपनी एक सुरक्षा प्रणाली है, सुरक्षा बल है, सेना और पुलिस है। इन सबका गठन राज्य और उसकी जनता पर हमला करने वालों से निपटने के लिए किया गया है। हम जिस आतंकवाद का अनुसरण करते हैं, वह अल्लाह के दुश्मनों, देश व धर्म से दगाबाजी करने वाले शासकों के खिलाफ है। शासन को दुरुस्त करने के लिए ऐसे लोगों को आतंकित करना और दंड देना जरूरी हो जाता है। मुस्लिम देशों के खिलाफ किए गए अपराध और साजिशें इतनी ज्यादा हैं कि मैं इंटरव्यू में उन्हें तफ्सील से बयान नहीं कर सकता। और ऐसे शैतान देशों में अमेरिका अव्वल है। आधी सदी से मध्य-पूर्व में फिलस्तीनियों का कत्लेआम हो रहा है। उनकी जायदाद छीनी जा रही है, उनकी फसलें नष्ट की जा रही हैं, उनके घर बमों से उड़ाए जा

रहे हैं। इसके बाद विडंबना यह है कि इस अन्याय से जूझने की कोशिशों पर संयुक्त राष्ट्र में आपात बैठकें होने लगती हैं और नतीजतन उलटे पीड़ित पक्ष को ही दंड का भागीदार बनना पड़ता है। वे हमारा तेल और हमारी समृद्धि, दोनों छीन रहे हैं। हमारा धर्म खतरे में है। वे हमारे भाइयों को मार रहे हैं और इसकी मुखालफत की आवाज को आतंकवाद का नाम दे रहे हैं। यह नाइंसाफी की इंतिहा है।

प्रश्न : *दुनिया के विभिन्न क्षेत्रों मसलन कश्मीर, चेचन्या और कुछ अरब देशों में चल रहे आंदोलनों से आपके क्या संबंध हैं?*

उत्तर : मुसलमान सच्चाई की खातिर एक-दूसरे की मदद करते हैं। हर मुसलमान को अपने बिरादर की पूरी मदद करनी चाहिए। एक मुसलमान से उम्मीद की जाती है कि वह मदद चाहने वाले को सही रास्ता दिखाए। सच्चा मुसलमान दमनकारी को भी सही राह पर ला सकता है। हम सबको बहुईश्वरवाद से लड़ने के लिए एक हो जाना चाहिए। लेकिन इसके लिए हमें आपसी झगड़ों से उबरना होगा। इनसे कोई फायदा नहीं है।

प्रश्न : *आपने अमेरिकियों को मारने के लिए फतवा जारी किया है। क्या यह सभी अमेरिकियों के खिलाफ है, या सिर्फ अमेरिकी फौज या फिर सऊदी अरब में रहने वाले अमेरिकी नागरिकों के खिलाफ है?*

उत्तर : अल्लाह ने हमें सच्चाई का परचम लहराने और खास तौर से पवित्र मस्जिदों वाले अरब प्रायद्वीप की रक्षा करने का हुक्म दिया है। दरअसल, दूसरे विश्व युद्ध के बाद अमेरिका दुनिया भर में खास तौर से मुस्लिम जनता के दमन पर आमादा है। तवारीख गवाह है कि अमेरिकी फौज और बम वर्षकों ने सेना व नागरिकों के बीच, महिलाओं व पुरुषों के बीच, बच्चों व बूढ़ों के बीच कभी फर्क नहीं किया है। जापान पर एटम बम गिराने वाले अमेरिकी ही थे। अमेरिका में कोई धर्म नहीं है जो इन अत्याचारों को रोके। मुस्लिमों व फिलीस्तीनियों के प्रति अमेरिकियों का रवैया बर्बर है। इसमें उसे शर्म भी नहीं आती। मेरा मानना है कि अमेरिका दुनिया का सबसे बड़ा चोर और आतंकवादी है। मैं जानता हूँ कि ईंट का जवाब पत्थर से दिए बिना अमेरिका अपनी नापाक हरकतों से बाज नहीं आएगा। लिहाजा, हमें भी सैनिकों व आम जन में फर्क करने की जरूरत नहीं है। यही फतवा भी कहता है। मोटे तौर पर फतवा मुसलमानों का कत्लेआम कर रहे यहूदियों और उनके मददगारों के खिलाफ है।

प्रश्न : *लेकिन बहुत-से अमेरिकियों का मानना है कि दो देशों की सेनाओं के बीच युद्ध तो वीरोचित होता है, जब कि वर्ल्ड ट्रेड सेंटर पर बम फेंकना या नागरिकों को मारना आतंकवाद है?*

उत्तर : अफगानिस्तान में रूसियों पर हमारी फतह के बाद अंतरराष्ट्रीय और अमेरिकी मीडिया ने हमारे खिलाफ बाकायदा अभियान छेड़ दिया है। वे हमें आतंकवादी

कहने लगे, जब कि तब तक हमने कोई भी उग्रवादी कार्रवाई नहीं की थी। अमेरिकियों ने एक तरफ मुस्लिम देशों को हथियार देने पर पाबंदी लगा दी, जबकि इस्राइल को हथियारों की सप्लाई करके वह मुसलमानों का कत्लेआम करवा रहा है। इसके बावजूद हमारी जवाबी कार्रवाई मुख्य रूप से सैनिकों और उनको भेजने वालों के खिलाफ है। हमारा धर्म निर्दोषों की हत्या की इजाजत नहीं देता। हम महिलाओं पर भी हाथ नहीं उठाते। लेकिन महिला लड़ाकों की बात अलग है। अगर कोई महिला पुरुषों के काम करेगी तो उसे मर्दों के लिए तय सजा भी मिलेगी।

प्रश्न : *किसी को उम्मीद नहीं थी कि मुजाहिदीन अफगानिस्तान से रूसियों को खदेड़ देंगे। इसके मद्देनजर आप मध्य-पूर्व में अमेरिका का क्या भविष्य देखते हैं?*

उत्तर : अल्लाह ने मुसलमानों, अफगान मुजाहिदीन और उनके समर्थकों को रूसियों और सोवियत संघ से मुकाबला करने का मौका दिया। अल्लाह ने ही उन्हें परास्त किया और उन्हें नेस्तनाबूद कर दिया। अमेरिका को इससे सबक सीखना चाहिए। सोवियत संघ दिसंबर 1979 में अफगानिस्तान में दाखिल हुआ था और दस साल बाद 25 दिसंबर को सोवियत संघ हमेशा के लिए इतिहास के कूड़ेदान में फेंक दिया गया। हमें पूरा यकीन है कि अल्लाह के करम से हम अमेरिकियों, यहूदियों और उनके समर्थकों को खत्म करने में कामयाब होंगे। वैसे, अमेरिका और उसके चाहने वालों के खिलाफ हमारा यह युद्ध सोवियत संघ से लड़े गए युद्ध से कहीं विराट है। हमें तो अमेरिकियों का भविष्य अंधकार में दिखता है। वह एक संयुक्त राष्ट्र नहीं रह जाएगा, बल्कि अलग-अलग राज्यों में टूटकर बिखर जाएगा।

प्रश्न : *आपकी नजर में सऊदी शाही परिवार और अमेरिकियों के प्रति उनके समर्थन का क्या भविष्य है?*

उत्तर : इस सवाल का जवाब आपको इतिहास से मिल जाएगा। अगर कोई सरकार अपनी जनता के हितों की दलाली करती है, राष्ट्र के साथ विश्वासघात करती है और ऐसे अपराध करती है जिनके लिए इस्लाम में सजा मुकर्रर है, तो उसका क्या अंजाम होगा, यह बताने की जरूरत नहीं है। वैसे हमारा मानना है कि सऊदी शाही परिवार का वही अंत होगा जो ईरान के शाह का हुआ था। हम उम्मीद करते हैं कि सऊदी शासकों और उनके मददगारों का बुरा हश्र होगा। अल्लाह उन यहूदियों और ईसाइयों को भी नहीं बख्शेगा जो सऊदी शाही परिवार को पवित्र मस्जिदों के देश पर शासन करने में मदद करते हैं।

प्रश्न : *सऊदी शासन की विदेश नीति में मुस्लिम देशों के प्रति रवैए के बारे में आपको क्या कहना है?*

उत्तर : सऊदी अरब की स्थापना से लेकर 1945 तक तो इस्लाम और मुस्लिम देशों से जुड़े मसलों पर सऊदी विदेशी नीति ब्रिटेन के दृष्टिकोण से प्रभावित होती

रही। लेकिन दूसरे आलमी जंग के बाद दुनिया में अमेरिकी प्रभुत्व कायम होते ही सऊदी शासक विदेश नीति सहित हर मामले में उसके परस्त हो गए। यह सभी जानते हैं कि अमेरिका व ब्रिटेन की विदेश नीति इस्लामी बिरादरी की सबसे बड़ी दुश्मन है। अलबत्ता किंग फैजल ने शासन के अंतिम दिनों में मुस्लिम हितों खासकर फिलीस्तीनियों के लिए आवाज उठाई थी। बहरहाल, दूसरे शासकों ने अमेरिका परस्ती की मिसालें कायम कीं। लेकिन जनता की आँखों में धूल झोंकने के लिए ये शासक मुस्लिमों को चिंतित करने वाले मसलों पर घड़ियाली आँसू बहाते रहते हैं।

प्रश्न : *पथभ्रष्ट सऊदी शासन और मुस्लिम हितों में टकराव बढ़ते ही जा रहे हैं। रियाद और खोबर में अमेरिकी ठिकानों पर हमले के बाद तो इन टकरावों के स्वरूप में ऐतिहासिक मोड़ आ गया है। इन हमलों का सऊदी-अमेरिकी रिश्तों पर क्या असर पड़ेगा? सऊदी अरब के अंदर क्या उतार-चढ़ाव आएँगे?*

उत्तर : इन दोनों घटनाओं का घरेलू व विदेशी मोर्चे पर गहरा असर पड़ा। सबसे बड़ी बात यह है कि देश के अंदर कब्जा जमाए बैठे अमेरिकियों के खिलाफ जनता में सुगबुगाहट पैदा हुई। जनता ने यह भी जाना कि सऊदी शासन ने अमेरिकियों को यहाँ बुलाकर उनके हितों के साथ सौदेबाजी की है। लोगों को अब लगने लगा है कि उनकी आर्थिक बदहाली के लिए अमेरिका और उसकी कठपुतली सऊदी सरकार जिम्मेदार है। धर्म के मामले में भी दखलअंदाजी के लिए जनता इन्हीं को दोषी समझने लगी है। इन घटनाओं के कारण जेल में बंद विद्वानों के प्रति लोगों की सहानुभूति बढ़ती जा रही है।

जनता को उन विद्वानों की सलाह का मतलब भी समझ में आने लगा है। नतीजतन इस्लाम में शुद्धि आंदोलन के प्रति लोगों का समर्थन बढ़ रहा है। अल्लाह की नेमत से यह आंदोलन लगातार मजबूत हो रहा है। इसके साथ, उतनी ही तेजी से सऊदी शासन का क्षरण हो रहा है। अमेरिकियों के खिलाफ इस संघर्ष को मुस्लिम देशों का भी समर्थन हासिल है।

जहाँ तक सऊदी शासन और अमेरिका के संबंधों की बात है, इन घटनाओं से दोनों में तनाव बढ़ा है। दोनों की परेशानियों में भी इजाफा हुआ है। यही कारण है कि दोनों एक-दूसरे की खिंचाई कर रहे हैं। अमेरिकी कह रहे हैं कि सऊदी शासन की खराब नीतियों, सऊदी परिवार के भ्रष्टाचार के कारण ऐसी घटनाएँ हो रही हैं, जब कि सऊदी सरकार का आरोप है कि अमेरिका ने दोस्ती की हदें तोड़कर हमें ऐसे समझौते करने को बाध्य किया जिनका पालन करना हमारे बूते की बात नहीं थी। इन समझौतों के कारण हमारी आर्थिक दशा खराब होती गई, जो जनता के गुस्से की वजह बनी। इसके अलावा सऊदी सेना, उसके अफसरों और नागरिकों के साथ अमेरिकी बहुत अपमानजनक तरीके से पेश आते हैं। जिस पर, अमेरिकी सैनिकों को सऊदी सैनिकों के मुकाबले ज्यादा सुविधाएँ और अधिकार दे दिए गए हैं।

इन घटनाओं का एक असर यह हुआ कि सऊदी शाही परिवार और सेना के अंदर भी अमेरिकी कब्जेदारी के खिलाफ आवाजें सुनाई देने लगीं। यहाँ तक कि सभी खाड़ी देशों में सरकार और सेना के स्तर पर अमेरिका का विरोध शुरू हो गया है। ये सारे बदलाव इस बात का संकेत हैं कि सऊदी शासन और अमेरिका के रिश्ते में खटास आ गई है। साथ ही, अमेरिका व खाड़ी देशों के संबंधों में भी दरार दिख रही है।

प्रश्न : *ऐसे हालात में सऊदी शासन की जाने-अनजाने मदद करने वाले विद्वानों के प्रति इस्लामी आंदोलन को क्या रुख अख्तियार करना चाहिए?*

उत्तर : यह छिपी हुई बात नहीं है कि अरब मुल्कों के शासक अपनी सुरक्षा को चाक-चौबंद रखने के लिए भारी रकम खर्च करते हैं। यहाँ पुलिस और मिलिट्री का काम है अपने लोगों की जासूसी करना और उनकी जायज आवाज को हिंसा से दबाना। यहाँ के मीडिया का भी यही रोल है। लेकिन अरब मुल्कों में सबसे खतरनाक भूमिका निभा रहे हैं विद्वानों के संगठन। इतिहास इसका गवाह है। अरब नेता अपना मतलब साधने के लिए विद्वानों से शरीअत की मनचाही व्याख्या करवाते हैं। इससे देश को भारी नुकसान पहुँच रहा है। कोई दुश्मन भी हमें इतनी क्षति नहीं पहुँचा सकता।

बहरहाल, पवित्र मस्जिदों के देश में कुछ इस्लामी विद्वान ऐसे हैं, जो सऊदी शासन के कुफ्र के खिलाफ दुस्साहसिक ढंग से उठ खड़े हुए हैं। सऊदी शासन इन विद्वानों से कितना डरता है, इसका अंदाज़ा इस बात से लगाया जा सकता है कि उनमें से अधिकतर अब जेल की सलाखों के पीछे कैद कर दिए गए हैं। कुछ विद्वानों को तो हलाक किया जा चुका है। ऐसे ही विद्वानों में सबसे आगे थे शेख अब्दुल्लाह बिन हामिद। जजों की सुप्रीम कौंसिल के मुखिया के रूप में उन्होंने कई अहम फैसले दिए। लेकिन सऊदी शासन ने उन्हें इस्तीफा देने के लिए बाध्य कर दिया, क्योंकि वे शासन की शरीअत विरोधी नीतियों की मुखालफत कर रहे थे। शेख को हटाने के बाद सऊदी शासन उनकी जगह कमजोर और चाटुकार विद्वानों को आगे बढ़ा रहा है।

पिछले बीस वर्षों में इन इस्लाम विरोधी विद्वानों के जरिए सऊदी शासक मनमानी कर रहे हैं। उन्होंने बिन बाज (प्रधान मुफ्ती) के अधिकारों में काफी इजाफा कर दिया। मीडिया में भी यह जोरदार प्रचार किया गया कि बिन बाज देश का भला चाहते हैं। नतीजतन, नई पीढ़ी के युवक उनकी ओर आकर्षित होने लगे। लेकिन जब शासन ने ईमानदार इस्लामी विद्वानों के शुद्धि आंदोलन को बिन बाज के जरिए कुचलना शुरू किया, तो जनता में आक्रोश की लहर दौड़ गई। सऊदी शासन ने तब तो हद कर दी जब उसने बिन बाज के जरिए फिलीस्तीन को इस्राइलियों को सौंप देने का फतवा जारी करवा दिया। यही नहीं, पवित्र मस्जिदों के इस देश में

'धर्मयुद्ध' करने वालों (ईसाइयों) को आने-जाने और रहने की इजाजत भी दे दी गई। विरोध करने पर शुद्धि आंदोलन को आगे बढ़ा रहे विद्वान और उनके समर्थक जेल में डाले जाने लगे।

इसका नतीजा यह हुआ कि बिन बाज पर आम जनता खासकर युवाओं का यकीन डोलने लगा। बहरहाल, सऊदी शासन के पिट्ठू विद्वानों को सही रास्ते पर लाने की जरूरत है। इसके लिए सबसे पहले तो हमें उनकी गलतियों के बारे में बताना होगा। उन्हें ईमानदार विद्वानों द्वारा शरीअत की व्याख्या के बारे में समझाना होगा। इसके अलावा हमें जनता के बीच ईमानदार विद्वानों का जोरशोर से प्रचार करना पड़ेगा, ताकि उनके प्रति समर्थन और विश्वास की बुनियाद पुख्ता हो सके।

प्रश्न : *इस मुस्लिम विद्रोह के प्रति सऊदी शासन की नीति क्या हो सकती है?*

उत्तर : सऊदी शासन के सामने कई रास्ते हैं। उनमें से एक रास्ता तो मेलजोल का है। इसके तहत सऊदी शासन को ईमानदार विद्वानों को रिहा कर देना चाहिए और इस्लामी कानून को लागू करते हुए सही अर्थों में शूरा की स्थापना की कोशिश करनी चाहिए। लेकिन सऊदी शासन तब तक इस रास्ते पर नहीं चलेगा, जब तक कि उसे यह अहसास न हो जाए कि अमेरिकी अपने हितों को आगे बढ़ाने के लिए अरब प्रायद्वीप को लूट रहा है। बहरहाल, सऊदी शासन को इतना तो पता चल ही चुका है कि जनता में अमेरिकियों की बढ़ती दखलंदाजी को लेकर काफ़ी गुस्सा है। जनता यह समझ चुकी है कि अमेरिकी यहाँ राजनीतिक और आर्थिक, दोनों क्षेत्रों में अपनी सीमाएँ लाँघ चुके हैं। आम लोगों में यह भावना गहरे बैठ चुकी है कि उनके देश की संप्रभुता में अमेरिका का भी हिस्सा है।

इसके बावजूद सऊदी शासन मुस्लिम विद्रोह को दबाने के लिए दूसरा रास्ता अपना सकता है। इसके तहत जनता पर अत्याचार और बढ़ेंगे। मुसलमानों और अमेरिकी कब्जादारों में संघर्ष तेज होगा। इसका अंत सऊदी शासन की जगह अल्लाह की मर्जी वाले निजाम की स्थापना के साथ होगा। लेकिन यह खतरनाक रास्ता है।

प्रश्न : *इस्लाम के खिलाफ अंतरराष्ट्रीय अभियान के प्रति मुस्लिम जनता की क्या जिम्मेदारी है?*

उत्तर : मुस्लिम दुनिया के खिलाफ यहूदी-ईसाई अभियान से लड़ने के लिए हमें अपनी पूरी ताकत जुटानी होगी। दुश्मन को राजनीतिक, आर्थिक, और सामरिक मोर्चों पर मात देने के लिए लंबी तैयारी चाहिए। उनसे लड़ने के लिए उनके मिशनरी उत्साह को भी आत्मसात करना होगा। लेकिन सबसे ज्यादा जरूरी यह है कि हम अपना धैर्य बनाए रखें। इस कुफ़्र को खत्म करने के लिए हमें अपने छोटे-मोटे आपसी मतभेदों को दूर करना होगा, वरना दुश्मन हमारी इस कमजोरी पर चोट करके उसे उभार सकता है। हमारे धर्म को भ्रष्ट करने पर आमादा दुश्मन को मार भगाने से

ज्यादा जरूरी सिर्फ एक ही काम है और वह है अल्लाह की इबादत।

प्रश्न : *क्या आप अमेरिकी जनता को कोई संदेश देना चाहेंगे?*

उत्तर : यह संदेश पूरी मानवता के लिए है। हमारा आह्वान इस्लाम को समर्पित है। सभी देशों को हमारा आमंत्रण है कि वे इस्लाम को अंगीकार कर लें, क्योंकि यही वह धर्म है जो भाईचारा, दया व न्याय का प्रतिपादन करता है और नस्लवाद व रंगभेद का घोर विरोधी है। जो भी अल्लाह को मानते हैं, वे इस्लाम के समक्ष एक बराबर हैं। जहाँ तक अमेरिकी जनता का सवाल है, मुझे उनसे कहना है कि वे एक कृतघ्न सरकार की दया पर आश्रित हैं। हमारा मानना है कि अमेरिका में प्रशासन का मतलब होता है इजरायल। मसलन विदेश, रक्षा और सी आइ ए जैसी संवेदनशील मंत्रालयों व संगठनों को ही लें। इन सभी जगह ऊँचे पदों पर यहूदी बैठे हुए हैं। वे अपने हितों के लिए अमेरिका का इस्तेमाल कर रहे हैं। यही वजह है कि हजारों अमेरिकी बेघर हैं, लाखों गरीबी में जीवन बिता रहे हैं जबकि अमेरिकी सरकार मुसलमानों की जमीन, जायदाद और बस्तियों पर कब्जा कर इजरायल के विस्तार में मदद कर रही है। अमेरिकी सरकार अपने देश को नरक में धकेल रही है। हमारी अमेरिकी जनता से और खास तौर पर अमेरिकी माताओं से अपील है कि वे अपनी और अपने बच्चों के जीवन की सुरक्षा चाहते हैं, तो एक ऐसी देशभक्त सरकार चुनें जो उनके हितों की रक्षा करे न कि यहूदियों की। अमेरिकी जनता से मेरा अनुरोध है और उन्हें मेरा यह संदेश है कि वह एक ऐसा गंभीर प्रशासन चुनें जो उनके लिए काम करे और दूसरों की समृद्धि व उनके मान-सम्मान में सेंधमारी न करे। मैं अल्लाह का बंदा हूँ। हम धर्म की खातिर युद्ध कर अपने कर्तव्य का पालन कर रहे हैं। हमारा मिशन इस्लाम को आगे बढ़ाना है।

7

अफगानिस्तान : एक सज्जन देश की ट्रेजेडी

आम भारतीयों के मन में अफगानिस्तान और वहाँ के लोगों के प्रति प्रेम, सहानुभूति और सहयोग का भाव रहता है। भारत के लोग यही जानते रहे हैं कि अफगानिस्तान के पठान भारत में सूखे मेवे की तिजारत करने आते हैं और आम तौर पर वे ईमानदार, भोले, मेहनतकश और वचन के पक्के होते हैं। भारत की आजादी के दो दशक बाद तक जिन छोटे-छोटे शहरों और कस्बों में ब्रिटिश औपनिवेशिक दासता के थोड़-बहुत अवशेष रह गए थे, वहाँ अफगानिस्तान के पठान जरूरतमंद गरीब लोगों को सूद पर पैसा देते थे, लेकिन उनका व्यावसायिक चरित्र भारतीय महाजनों से बिल्कुल भिन्न था। वे सूद पर पैसा लेने वालों के साथ न ठगी करते थे और न शोषण। वे अपने व्यवसाय में पूरी ईमानदारी बरतते थे। लोगों को याद होगा कि करीब चार दशक पहले भारतीय फिल्म उद्योग ने रवीन्द्रनाथ ठाकुर की कहानी पर आधारित एक फिल्म बनाई थी 'काबुलीवाला'। यह फिल्म काफी चर्चित हुई थी। फिल्म का प्रमुख नायक काबुल का पठान था जो सूखे मेवे बेचते-बेचते एक छोटी-सी भारतीय बच्ची में अपनी बच्ची की तस्वीर देखकर उससे बहुत स्नेह करने लगा था। वह अकसर उस बच्ची को सूखे मेवे दिया करता था और वह बच्ची भी हर रोज काबुलीवाला के आने का इंतजार करती रहती थी। रवीन्द्रनाथ ठाकुर की यह कहानी काबुल के लोगों के स्वभाव और चारित्रिक विशेषताओं को केंद्र में रखकर लिखी गई थी कि वे कितने भावुक, ईमानदार, शांतिप्रिय और भाई-चारे में विश्वास रखते हैं। पर अब न वह काबुल रहा और न काबुलीवाला। अब काबुल से सूखे मेवे की नहीं, अफीम और इसी तरह के अन्य मादक पदार्थों की तिजारत होती है। समूचे विश्व में अपनी समृद्ध सभ्यता, संस्कृति और परंपराओं के लिए विख्यात अफगानिस्तान करीब बीस साल से ज्यादा समय से लगातार गृहयुद्ध,

तबाही, गरीबी और भुखमरी की त्रासदी झेलते-झेंलते अब़ मुस्लिम आतंकवाद का केंद्र बन गया है। अफगानिस्तान का पिछला तीस साल का इतिहास बताता है कि इस देश की तबाही के लिए स्थानीय कठमुल्लावाद, पाकिस्तान और अमेरिका पूरी तरह से जिम्मेदार रहे हैं।

अफगानिस्तान का ज्ञात इतिहास लगभग पाँच हजार साल पुराना है। यह भारत के उत्तर-पश्चिम और दक्षिणी मध्य एशिया में स्थित है। इसकी सीमाएँ पाकिस्तान के उत्तर-पश्चिमी हिस्से, पूर्वी ईरान और दक्षिणी तुर्कमिंस्तान, उजबेकिस्तान और ताजिकिस्तान से मिलती हैं। 'अफगान' शब्द के सटीक अर्थ को लेकर इतिहासकारों के बीच मत-भिन्नता है। कुछ इतिहासकारों के मुताबिक यह तुर्की भाषा का प्राचीन शब्द है, जिसका अर्थ 'बीच' से है। अफगानिस्तान भारत और मध्य एशिया के बीच स्थित रहा है और संभवतः इसी संदर्भ में उसका यह नाम पड़ा। कुछ अन्य इतिहासकारों का मानना है अफगान प्राचीन शब्द है और पख्तून कबायली समूह के लिए इसका इस्तेमाल होता था। पर अफगान शब्द का सटीक अर्थ क्या है यह दावा कोई नहीं कर सकता। यहाँ की कुल आबादी करीब 2.5 करोड़ है, जिनमें 99 प्रतिशत मुस्लिम हैं। अफगानिस्तान में विभिन्न कौम के लोग रहते हैं। कुल आबादी में किसी कौम का बहुमत नहीं है। प्रमुख समुदायों और कौमों में पख्तून 38 प्रतिशत, ताजिक 25 प्रतिशत, हजारा 19 प्रतिशत और उजबेक 6 प्रतिशत हैं। उनके अलावा कजाक, किरगिज, तुर्कमेन की भी एक छोटी आबादी है। अफगानिस्तान काफी लंबे अरसे से संघीय व्यवस्था का ऐसा नमूना पेश करता है जिसके अंतर्गत कबीलाई समूहों की प्रांतीय सरकारों के पास रक्षा, वित्त और वैदेशिक मामले छोड़कर शेष सभी अधिकार सुरक्षित रहते हैं। तालिबान सरकार ने इस ढांचे को तहस-नहस कर दिया था।

प्राचीन इतिहास बताता है कि अफगानिस्तान लंबे अरसे तक भारत का न केवल उत्तर-पश्चिमी प्रांत रहा है, बल्कि भारतीय सभ्यता और संस्कृति के लिए मुख्य द्वार भी रहा है। अनेक भारतीय शासकों ने लगभग 3000 वर्षों तक इस क्षेत्र में शासन किया है। चौथी सदी ईसा पू. में जब भारत में अशोक महान का शासन था तब तक्षशिला और कंधार के बीच व्यापारिक और शैक्षिक रिश्ते थे। उन दिनों आज का समूचा अफगानिस्तान और उत्तरी पाकिस्तान का इलाका गंधार कहलाता था। आधुनिक काल में भारत के सिख शासकों ने अफगानिस्तान के बड़े हिस्से पर शासन किया था। प्राचीन अफगानिस्तान में विभिन्न धार्मिक परंपराएँ प्रवाहित होती रही हैं, जिनमें जरतुश्त, बौद्ध और इस्लाम प्रमुख रहे हैं। मध्यकाल में गजनी, गोरी, लोदी और मुगल वंश के शासन के दौरान इस्लाम का खूब प्रचार-प्रसार हुआ। इस्लाम के आगमन के पूर्व अफगानिस्तान बौद्ध धर्म का महत्त्वपूर्ण केंद्र रहा है। काबुल से सटा हुआ बामियान कस्बा है। यहाँ हिन्दु-कुश पर्वत-मालाओं को तराश कर महात्मा बुद्ध की दो प्रतिमाएँ उकेरी गईं। वे दुनिया की सबसे ऊँची प्रतिमाएँ रही हैं। इनकी

ऊँचाई क्रमशः 53 मीटर और 35 मीटर है।

भारत के जाने-माने पुरातत्वविद राखालदास सेन गुप्ता लिखते हैं, 'इन प्रतिमाओं में भारत और यूनान की मूर्ति-विद्या की झलक मिलती है। चीनी यात्री ह्वेनसांग ने इन प्रतिमाओं को इनके बनने के कुछ ही वर्षों बाद देखा होगा।' पिछले दिनों तालिबान शासकों ने इन प्रतिमाओं पर तोप चलवाकर नष्ट करने की कोशिश की थी। बुद्ध की ये प्रतिमाएँ अफगानिस्तान की सांस्कृतिक गौरव की गाथा बयान करती हैं।

आधुनिकता से मुठभेड़

अफगानिस्तान का आधुनिक इतिहास उथल-पुथल, हत्या, विद्रोह, षड्यंत्र और गृह-युद्ध का इतिहास रहा है। अफगान के बहादुर लोग सदियों तक विदेशी आक्रमणकारियों से लोहा लेते रहे। अंततः 1747 में अहमद शाह अब्दाली ने छोटे-छोटे राज्यों और उपराज्यों में बँटे अफगानिस्तान को जीतकर एक सूत्र में बाँधा और आधुनिक अफगानिस्तान की नींव डाली। इसलिए अहमद शाह अब्दाली को आधुनिक अफगानिस्तान का संस्थापक भी कहा जाता है। एक सूत्र में बँधने के बावजूद दुर्भाग्य ने अफगानिस्तान का पीछा नहीं छोड़ा। उन्नीसवीं सदी में वह रूसी जारशाही और ब्रिटेन की विस्तारवादी नीति से अछूता नहीं रह सका। रूस मध्य एशिया में अपना पाँव प्रसार रहा था। इस क्षेत्र में किसी तीसरी शक्ति की उपस्थिति ब्रिटेन को असहनीय था। इसका नतीजा यह हुआ कि अफगानिस्तान को दो बार ब्रिटेन के साथ युद्ध में उलझना पड़ा। 1839-42 के प्रथम युद्ध में अफगान सैनिकों ने ब्रिटिश सेना के छक्के छुड़ा दिए। तब किसी विदेशी शक्ति के ईंट का जवाब पत्थर से देने का जो जज्बा दिखाई दिया, उसके लिए अफगानिस्तान में यह लड़ाई आज भी याद की जाती है। दोनों देशों के बीच दूसरा युद्ध (1878-80) तब ठना जब अफगान शासक अमीर शीर अली ने काबुल में ब्रिटिश मिशन को स्वीकार नहीं किया। इस युद्ध के बाद अमीर अब्दुल रहमान ने अफगानिस्तान की सत्ता सँभाली। इन्हीं के शासन काल (1880-1901) में ब्रिटिश और रूसी साम्राज्यवाद ने आधुनिक अफगानिस्तान की सीमाओं को अपने-अपने हितों के अनुकूल काट-छाँट कर चिह्नित किया। इसके बावजूद रूसी जारशाही और ब्रिटिश साम्राज्यवाद अफगानिस्तान के लोगों पर अपना अधिकार स्थापित करने में विफल रहे।

यह कहा जा सकता है कि दूसरे एंग्लो-अफगान युद्ध के बाद काबुल में भले ही ब्रिटेन का नियंत्रण स्थापित हो गया था, लेकिन अफगानिस्तान में ब्रिटिश साम्राज्यवाद के खिलाफ एक तेज धारा भी अंदर ही अन्दर प्रभावित होती रही। यही वजह है कि ब्रिटिश साम्राज्यवाद विरोधी एक संगठन के सदस्य ने अंग्रेजों के पिट्ठू समझे जाने वाले राजा अब्दुर रहमान के पुत्र हबीबुल्ला की हत्या कर दी। हबीबुल्ला अब्दुर रहमान के उत्तराधिकारी थे। अब्दुर रहमान के तीसरे पुत्र अमानुल्ला तीसरे

एंग्लो-अफगान युद्ध के बाद अफगानिस्तान पर अपना नियंत्रण स्थापित करने में सफल हुए। इस युद्ध के बाद दोनों देशों के बीच अगस्त 1919 में 'रावलपिंडी संधि' हुई, जिसके तहत अंग्रेजों ने अफगान के वैदेशिक मामलों पर अपना नियंत्रण छोड़ना स्वीकार कर लिया। इस तरह अफगानिस्तान ब्रिटेन के प्रभाव से मुक्त हो गया। इस संधि के बाद से अफगानिस्तान 19 अगस्त को अपना स्वतंत्रता दिवस मनाने लगा

सुधारवाद का पहला दौर

अमानुल्ला ने करीब एक दशक तक अफगानिस्तान पर शासन किया। वह कई मायने में अपने पूर्ववर्ती शासकों से भिन्न थे। उन्होंने अपने शासन काल के दौरान वैदेशिक नीति को एक नया मोड़ दिया। अब तक अफगानिस्तान पृथकतावादी नीति का अनुसरण करते हुए कूपमंडूक बना हुआ था। अमानुल्ला ने इस परंपरागत पृथकतावादी नीति का परित्याग करके अनेक देशों के साथ कूटनीतिक संबंध बनाए। उन्होंने यूरोप और टर्की की यात्राएँ भी कीं। टर्की में उन्होंने देखा कि अतातुर्क किस तरह देश को आधुनिकीकरण और धर्म निरपेक्षता की ओर ले जा रहे थे। अतातुर्क से वह काफी प्रभावित हुए। टर्की से लौटकर आने के बाद उन्होंने अफगानिस्तान में भी आधुनिकीकरण की प्रक्रिया का प्रारंभ किया। अमानुल्ला ने महिलाओं में प्रचलित परदा प्रथा को समाप्त किया और छात्र-छात्राओं के लिए सह-शिक्षा की शुरुआत की। अफगानिस्तान जैसे पारंपरिक समाज के लिए यह क्रांतिकारी सुधार था। स्वाभाविक था कि देश के कबायली नेता और कठमुल्लाओं के बीच इसकी उग्र प्रतिक्रिया होती। समूचे देश में उनके सुधारवादी कदमों का विरोध शुरू हो गया। अंततः 1929 में उन्हें सत्ता छोड़नी पड़ी। अमानुल्ला अफगानिस्तान को अँधेरे से निकालकर रोशनी में लाना चाहते थे, लेकिन भाग्य विधाता ने तो अफगानिस्तान के लिए कुछ और ही कहानी लिखी थी। अमानुल्ला के सत्ता से हटने के बाद ताजिक समुदाय के बचा-ए-साक्का का काबुल पर नियंत्रण स्थापित हो गया और एक बार फिर अफगानिस्तान दुर्भाग्य के थपेड़े खाने के लिए विवश था। अमानुल्ला जितने ही प्रगतिशील थे, बचा-ए-साक्का उतना ही कठमुल्ला। उसने मूर्ति पूजा के खिलाफ अभियान चलाया। लड़कियों के स्कूल, कॉलेज बंद करवाए और काबुल संग्रहालय की सभी कलाकृतियों को नष्ट कर दिया। ऐसा कहना अनुचित नहीं होगा कि अमानुल्ला ने अफगानिस्तान को जहाँ से निकालकर लाए थे, बचा-ए-साक्का ने पुनः वहीं पहुँचा दिया। ताजिक समुदाय के बचा-ए-साक्का अपनी सांप्रदायिक और कट्टर नीतियों से देश के कठमुल्लाओं को खुश करने में भले सफल रहा, पर पख्तून उसे बर्दाश्त नहीं कर पा रहे थे। उन दिनों अमानुल्ला के भतीजे मुहम्मद नादिर खाँ पेरिस में अफगानिस्तान के राजदूत थे। पख्तूनों के समर्थन से मोहम्मद नादिर खाँ ने बचा-ए-साक्का को एक लड़ाई में हराकर काबुल पर अपना अधिकार कायम किया। आगे चलकर

उसने अपना नाम नादिरशाह रखा। चार साल बाद यानी 1933 में अमानुल्ला खाँ के एक समर्थक गुलाम नबी के पुत्र अब्दुल खलीक ने नादिरशाह की हत्या कर दी।

सुधारवाद का दूसरा दौर

नादिरशाह की हत्या के बाद उनके पुत्र मुहम्मद जहीरशाह ने 1933 में अफगानिस्तान की सत्ता सँभाली। यहाँ से अफगानिस्तान के राजनैतिक इतिहास का एक नया अध्याय प्रारंभ होता है। यह वही जहीरशाह हैं जो अफगानिस्तान पर अमेरिकी हमले के दौरान देसी-विदेशी अखबारों की सुर्खियों में थे। राजनीतिक क्षेत्रों में यह कयास लगाया जा रहा था कि यदि तालिबान का पतन हुआ तो वहाँ अगली सरकार जहीरशाह के नेतृत्व में बन सकती है। इस कयास के मजबूत आधार भी थे। पहली बात तो यह थी कि जहीरशाह पख्तून हैं। पिछले 250 सालों से पख्तून ही अफगानिस्तान के शासक बनते रहे हैं। वहाँ की कुल आबादी में पख्तूनों का प्रतिशत सबसे ज्यादा है। दूसरी बात यह थी कि पश्चिमी देशों के साथ जहीरशाह के बहुत अच्छे रिश्ते हैं। वह अमेरिका की पहली पसंद थे। अपने पूंजीवादी चरित्र, स्वभाव और आदतों के अनुरूप अमेरिका यही चाहेगा कि अफगानिस्तान में उसी की सरकार बने जो इसके इशारे पर एक टाँग उठाकर खड़ा रहे। इसके लिए जहीरशाह सबसे उपयुक्त व्यक्ति हो सकते थे। पर तालिबान के पतन के बाद स्थितियाँ बदल गईं। उत्तरी गठबंधन के नेताओं ने जहीरशाह का विरोध किया। यह कहा गया कि अफगानिस्तान से निर्वासित होने के बाद उन्होंने कभी अपने देश की खोज-खबर नहीं ली। फिर भी अफगानिस्तान के इतिहास में उनके योगदान को नकारा नहीं जा सकता।

मुहम्मद जहीरशाह का जन्म 1914 में हुआ। वह इन दिनों रोम में निर्वासित जीवन जी रहे हैं और इटली को अपना दूसरा घर मानते हैं। जहीरशाह स्वीकार करते हैं कि 'मैं इटली का ऋणी हूँ।' इटली में निर्वासित होने से पूर्व उन्होंने करीब 40 साल तक शासन किया। उनकी आँखों में अफगानिस्तान के पुनर्जन्म का सपना आसानी से कोई भी देख और पढ़ सकता है। उनका विश्वास है कि 'अंतरराष्ट्रीय मदद के साथ-साथ संयुक्त राष्ट्र संघ और इस्लामिक कान्फ्रेंस जैसे अंतरराष्ट्रीय संगठनों की सीधी भागीदारी से ही अफगानिस्तान का पुनर्निर्माण हो सकता है। लेकिन सबसे पहले अफगानिस्तान में युद्ध को बढ़ावा देने वाले सभी विदेशी हस्तक्षेप बंद हों, ताकि अफगानिस्तान के लोग खुद अपने भविष्य का निर्धारण कर सकें।'

जहीरशाह की शिक्षा काबुल और फ्रांस में हुई। साहित्य और रोमन इतिहास से उनका विशेष लगाव था। अफगानिस्तान का शासन सूत्र जब उन्होंने सँभाला तब उनकी उम्र मात्र 19 वर्ष थी। इस अल्पायु में उथल-पुथल से भरे देश का शासन चलाना शायद उनके लिए मुश्किल होता। इस बात को ध्यान में रखकर उनके चाचा ने सत्ता का संचालन किया, लेकिन उन्होंने सत्ता पर कब्जा करने का कभी प्रयास

नहीं किया। इसीलिए अफगानिस्तान में एक लंबे अरसे के बाद सत्ता संघर्ष पर विराम लग गया।

अपने चाचा से सत्ता संचालन का अनुभव प्राप्त करने के बाद राजा जहीर शाह ने 1953 में उन्हें उनकी जिम्मेदारियों से मुक्त कर दिया और अपने भतीजे दाऊद खाँ को अपना प्रधानमंत्री नियुक्त किया। 1960 के शुरुआत में दाऊद खाँ ने अफगानिस्तान-पाकिस्तान के सीमावर्ती इलाकों में रहने वाले पख्तूनों की अलग राज्य की माँग का समर्थन कर अपने लिए 'आ बैल मुझे मार' जैसी स्थिति पैदा कर ली। पाकिस्तान ने इसका विरोध किया और नाराज होकर अफगानिस्तान के व्यापारिक मार्ग को बंद कर दिया। यह ध्यान देने वाली बात है कि अफगानिस्तान भूबंद देश है और पाकिस्तान के इस फैसले से उसका व्यापार संकट में पड़ गया। अपने व्यापारिक मार्ग को खोलना अफगानिस्तान के लिए अनिवार्य था। दाऊद खाँ को प्रधानमंत्री पद से हटाए बिना यह संभव नहीं था। जहीरशाह को मजबूर होकर 1963 में दाऊद खाँ को हटाना पड़ा।

दाऊद खाँ को हटाने के बाद राजा जहीरशाह ने जिस मंत्रिपरिषद का गठन किया, उसमें उन्होंने राज परिवार के किसी भी सदस्य को शामिल नहीं किया। अब जहीर शाह में राजनीतिक परिपक्वता साफ दिखाई देने लगी थी। वह देश में आधुनिकीकरण और नवीन राजनीतिक, सामाजिक और आर्थिक संरचना के लिए उत्सुक लग रहे थे। आम तौर पर यह अनुमान लगाया जाता है कि राजा प्रगतिशील न होकर अनुदारवादी होगा। किंतु प्रसिद्ध विद्वान रुडोल्फ और रुडोल्फ अपनी पुस्तक 'द माडर्निटी ऑफ ट्रेडिशन' में लिखते हैं कि आधुनिकीकरण की प्रक्रिया में परंपरागत संस्थाओं और प्रतीकों का प्रयोग किया जा सकता है। अफगानिस्तान में आधुनिकीकरण की प्रक्रिया में राजा जैसी परंपरागत संस्था की ओर से की गई पहल के कारण राजनीतिक एवं सामाजिक क्षेत्र में होने वाले परिवर्तन जनसमुदाय के लिए सार्थक सिद्ध हो सकते थे। इसी बात को ध्यान में रखकर जहीरशाह ने 1931 के संविधान को बदलकर एक नए संविधान की घोषणा करते हुए कहा कि अब समय आ गया है कि सत्ता में पढ़े-लिखे लोगों की भागीदारी हो। उन्होंने विदेश से सलाहकारों को बुलाया और आधुनिक विश्वविद्यालय की स्थापना की। यूरोप से व्यापारिक और सांस्कृतिक संबंध स्थापित किए। देश के लिए नया संविधान बना, जिसे 1964 में उदार लोया जिरगा (महासभा) ने अनुमोदित किया। नए उदार संविधान में यह प्रावधान किया गया कि कार्यपालिका, विधायिका और न्यायपालिका को एक-दूसरे से पृथक किया जाए। राज परिवार के सदस्यों को उच्च पदों से दूर रखा गया।

सबसे महत्त्वपूर्ण बात यह थी कि इस संविधान ने देश में राजनीतिक दलों के निर्माण और प्रेस की आजादी का मार्ग प्रशस्त किया। यह कहा जा सकता है कि जहीर शाह के शासन के दौरान आधुनिक राजनीतिक संस्थाओं के बीज रोपे

गए, लेकिन नई संसद (वोलेसी जिरगा) के समक्ष कुछ अनिवार्य अड़चनें भी पेश आईं। संसद के सदस्य विधायी कार्यों से अनभिज्ञ थे। ज्यादातर सरकारी अधिकारी रूढ़िवादी, जमींदार, कबीलाई और ग्रामीण इलाकों के धार्मिक नेता थे। उन्हें संवैधानिक सरकार का न तो अनुभव था और न वे कुछ सीखने के लिए राजी थे। मंत्रिपरिषद के सदस्य तेज-तर्रार नेतृत्व का अभाव महसूस कर रहे थे। इसका नतीजा यह हुआ कि ज्यादातर शक्तियाँ राजा के हाथ में ही केंद्रित रहीं।

इन कमियों के बावजूद नए संविधान और नई सरकारी नीतियों के अंतर्गत देश का विकास पूर्ववर्ती सभी शासकों की तुलना में उच्चतर रहा। महिलाओं को ज्यादा आजादी मिली। ग्रामीण क्षेत्र के कबायली राजा से प्रसन्न थे। लेकिन 1971-72 में आए भीषण सूखे ने देश के बढ़ते कदम को अचानक रोक दिया। इसी बीच जहीरशाह को अपनी आँख के इलाज के लिए इटली जाना पड़ा। फिर वह दुबारा स्वदेश नहीं लौट सके। उनके भतीजे दाऊद खाँ ने 1973 में तख्ता पलटकर राजतंत्र की समाप्ति और गणतंत्र की स्थापना की और अपने को राष्ट्रपति घोषित किया। जहीरशाह के 40 साल के शासन का अंत हो गया।

जहीरशाह ने जिस उदार राजनीतिक व्यवस्था की शुरुआत की थी, उसके सार्थक परिणाम बहुत जल्द सामने आने लगे। देश के पढ़े-लिखे तबके पर सोवियत संघ की समाजवादी व्यवस्था का अच्छा-खासा प्रभाव था। मुट्ठी भर पढ़े-लिखे लोगों को अफगानिस्तान की शुष्क पहाड़ियों में मार्क्सवाद-लेनिनवाद का भविष्य दिखाई दे रहा था। सोवियत संघ की मदद से यह पढ़ा-लिखा वर्ग अंदर ही अंदर समाजवाद का आधार मजबूत करने की कोशिश में लगा हुआ था। उन्हें अपनी कोशिशों में सफलता भी मिली। देखते ही देखते 1965 में 'पीपुल्स डेमोक्रेटिक पार्टी ऑफ अफगानिस्तान' (पी डी पी ए) का गठन हो गया। परंतु दो वर्ष बाद 1967 में पी डी पी ए खल्क और परचम—इन दो गुटों में बँट गया। खल्क गुट के नेता नूर मोहम्मद तराकी और परचम गुट के नेता बबराक करमाल थे। अफगानिस्तान में कम्युनिस्ट आंदोलन को यह पहला और गहरा धक्का था। इसी बीच अफगानिस्तान के शासक दाऊद खाँ देश की बिगड़ती आर्थिक स्थिति को सँभाल नहीं पा रहे थे और उनके खिलाफ जन असंतोष बढ़ता जा रहा था। देश की आंतरिक स्थिति यह दबाव बना रही थी कि पी डी पी ए में एकता कायम हो जाए। पीपुल्स डेमोक्रेटिक पार्टी ऑफ अफगानिस्तान के दोनों गुटों ने इस दबाव को महसूस किया और एकता कायम हो गई। ऐसा कहा जाता है कि दोनों गुटों के बीच एकता कायम कराने में भारत के कम्युनिस्ट नेता इंद्रजीत गुप्त ने महत्वपूर्ण भूमिका निभाई थी। 27 अप्रैल 1978 को कम्युनिस्ट क्रांति के जरिए दाऊद खाँ का तख्ता पलट दिया गया। देश में पहली बार कम्युनिस्ट पार्टी सत्ता में आई और नूर मुहम्मद तैराकी राष्ट्रपति बनाए गए।

कम्युनिस्ट क्रांति के बाद

अप्रैल 1978 की कम्युनिस्ट क्रांति के बाद अफगानिस्तान के कठमुल्लाओं ने कम्युनिस्ट सरकार के खिलाफ जिहाद का ऐलान कर दिया। कम्युनिस्ट सरकार का तख्ता पलटने के लिए युवकों को मुजाहिदीन बनाया जाने लगा। अफगानिस्तान में कम्युनिस्ट सरकार की स्थापना से अमेरिका की परेशानी बढ़ गई। उसने कम्युनिस्ट सरकार से लड़ने के लिए मुजाहिदीन को भारी मात्रा में सैन्य, हथियार और धन मुहैया कराना शुरू कर दिया। उसके इस अभियान में पाकिस्तान, सऊदी अरब और खाड़ी के कुछ अन्य देशों ने भी मदद की। इसी बीच अफगानिस्तान की कम्युनिस्ट सरकार ने भूमि सुधार कार्यक्रमों को लागू करना शुरू किया। इसने आग में घी का काम किया। मार्क्सवादी सुधार कार्यक्रमों के चलते स्थानीय जमींदारों, कठमुल्लाओं के हितों पर चोट पहुँची। यह वर्ग मुजाहिदीन के साथ मिलकर सरकार का विरोध करने लगे। पूर्वी अफगानिस्तान के नूरीस्तान क्षेत्र में भड़का विद्रोह पूरे देश में फैल गया। मुजाहिदीन महत्त्वपूर्ण शहरों के स्थानीय प्रशासन को बिल्कुल पंगु बनाने में सफल रहे। सुधार कार्यक्रमों को लेकर पीपुल्स डेमोक्रेटिक पार्टी ऑफ अफगानिस्तान में अंदरूनी बहस तेज हो गई। इसका नतीजा यह हुआ कि हफीजुल्ला अमीन ने 6 सितंबर 1979 को नूर मोहम्मद तैराकी का तख्ता पलट दिया। इस सत्ता संघर्ष में तैराकी मारे गए और हफीजुल्ला अमीन ने अपने को राष्ट्रपति घोषित कर दिया। इस बीच ग्रामीण क्षेत्र में पी डी पी ए की पकड़ कमजोर पड़ने लगी। मुजाहिदीन देश के प्रमुख शहरों को मुख्य मार्गों से जोड़ने वाले संपर्क को ध्वस्त कर दिया।

1979 के अंतिम दिनों में कम्युनिस्ट सरकार की स्थिति इतनी कमजोर हो गई कि वह 29 प्रांतों में से केवल छह में प्रशासन चलाने की स्थिति में रह गई थी। कम्युनिस्ट सरकार अफगानिस्तान के रूढ़िवादी समाज को इस्लामीकरण की प्रक्रिया से रोकने के लिए जो सुधारवादी कार्यक्रम चला रही थी, उसे मुजाहिदीन के हमलों से काफी धक्का पहुँचा। कम्युनिस्ट सरकार को मुजाहिदीन से बचाने के लिए सोवियत संघ को अफगानिस्तान में अपनी सेना उतारने के लिए विवश होना पड़ा। 24 दिसंबर 1979 को काबुल हवाई अड्डे पर सोवियत सैनिक उतारे गए और 27 दिसंबर 1979 को पी डी पी ए (परचम) गुट के नेता बबराक करमाल नए राष्ट्रपति बने।

इधर अफगानिस्तान में अमेरिकी मुहिम भी तेज हो गई। अमेरिकी राष्ट्रपति कार्टर ने बबराक करमाल सरकार के खिलाफ विशेष अभियान चलाने का निर्देश दिया। अमेरिकी खुफिया संगठन सी. आई. ए. ने पाकिस्तानी खुफिया संगठन आई. एस. आई. से संपर्क साधकर अफगानिस्तान में अपनी मुहिम तेज कर दी। सोवियत संघ ने जब अफगानिस्तान में सैनिक हस्तक्षेप किया तो अफगान सेना की अनेक

टुकड़ियाँ मुजाहिदीनों से जा मिलीं। वस्तुतः अमेरिका और पाकिस्तान की मदद से मुजाहिदीन अफगान सेना में गुप्त रूप से काम कर रहे थे। अफगान सेना में मुजाहिदीन की पूरी तरह घुसपैठ हो गई थी। अफगानी सैनिकों के माध्यम से सोवियत सैनिकों की किसी भी योजना की जानकारी मुजाहिदीन को मिल जाती थी। अफगान सेना में मुजाहिदीन के एजेंटों की मौजूदगी सोवियत संघ के लिए सिर दर्द बन गया। मई 1985 में पेशावर के 7 मुख्य छापामार संगठनों ने सोवियत सैनिकों के खिलाफ कार्रवाई करने के लिए एक मोर्चा बनाया। 1985 के अंत तक अमेरिका, पाकिस्तान और सऊदी अरब की मदद से मुजाहिदीन इतने शक्तिशाली हो गए कि वे काबुल में अपने मजबूत अड्डा बना लिये और वहाँ से सरकारी प्रतिष्ठानों पर रॉकेट लांचर से हमले करने लगे। अमेरिकी राष्ट्रपति रीगन ने अफगानिस्तान में सोवियत सेनाओं के साथ लड़ने वाले मुजाहिदीन को स्वतंत्रता, न्याय और आजादी जैसे आदर्शों के लिएं संघर्ष करने वाले स्वतंत्रता सेनानी बताया। पाकिस्तानी राष्ट्रपति जनरल परवेज मुशर्रफ भी कश्मीर के आतंकवादियों को यही बता रहे हैं। अफगानिस्तान के मुजाहिदीन ने अमेरिका का जो हाल किया है, क्या कश्मीर के मुजाहिदीन यही हाल पाकिस्तान का भी करेंगे ? भविष्य में यह देखने वाली बात होगी। 1980-85 के दौरान अमेरिकी खूफिया संगठन सी आई ए ने अफगानिस्तान में लड़ने के लिए अनेक मुस्लिम देशों के मुजाहिदीन को भारी आर्थिक मदद की। एक अनुमान के मुताबिक यह धनराशि तकरीबन 2 अरब डॉलर थी। ओसमा बिन लादेन भी अमेरिकी एजेंट के बतौर सोवियत सेनाओं के खिलाफ जिहाद में शामिल था। 1986-87 के दौरान अमेरिका ने तकरीबन 70 हजार टन हथियार मुजाहिदीन को मुहैया कराया। इसमें स्ट्रिंगर मिसाइलें भी शामिल थीं।

सोवियत संघ की लाल सेना की पूरी कोशिश के बावजूद बबराक करमाल मुजाहिदीन को पस्त नहीं कर पाए। इसी बीच अस्वस्थता के कारण उन्हें अपने पद से हटना पड़ा और उनकी जगह 20 सितंबर 1986 को नजीबुल्ला ने सत्ता सँभाली। उन्होंने अपने पहले ही संबोधन में शांति कायम करने की अपील करते हुए 15 जनवरी 1987 को इकतरफा युद्ध विराम की घोषणा की। नजीबुल्ला सरकार ने जेलों में बंद विद्रोहियों के लिए आम माफी की भी घोषणा की। इसी बीच संयुक्त राष्ट्र की मध्यस्थता में 14 अप्रैल 1988 को जेनेवा में अफगानिस्तान के मुद्दे पर एक शांति समझौता हुआ और 12 नवंबर 1988 को सोवियत संघ ने अफगानिस्तान से अपनी सेनाएँ हटाने का संकेत दिया। 5 फरवरी 1989 को अफगानिस्तान में तैनात सोवियत कमांडर जनरल यूरीस ग्रोनोव अपनी अंतिम सैनिक टुकड़ी के साथ स्वदेश लौट गए। लेकिन मुजाहिदीन नजीबुल्ला सरकार के खिलाफ अपना संघर्ष जारी रखे।

इधर अफगानिस्तान से सोवियत सेनाओं की वापसी हुई और उधर पाकिस्तान से सी आई ए की वापसी हुई, क्योंकि अमेरिका की नजर में सोवियत सेना की वापसी

रूसियों की पराजय थी। इसलिए अब पाकिस्तान में सी आई ए की उपस्थिति अमेरिका के लिए गैर-जरूरी हो गयी थी। पर अफगानिस्तान में पाकिस्तान की दिलचस्पी कम नहीं हुई। वस्तुतः पाकिस्तान अफगानिस्तान को एक इस्लामी देश के रूप में देखना चाहता था। इसलिए सऊदी अरब की आर्थिक मदद को अफगानिस्तान के मुजाहिदीन तक पहुँचाने में आइ एस आइ एक महत्त्वपूर्ण कड़ी का काम करती रही। पाकिस्तान की सोच रही है कि जब तक अफगानिस्तान इस्लामी देश नहीं बनेगा, तब तक दोनों के बीच मित्रता कायम नहीं हो सकती और न ही अफगानिस्तान उसका पिछलग्गू ही बन पाएगा। यह सच है कि पाकिस्तान के निर्माण के साथ ही अफगानिस्तान ने उसका विरोध शुरू कर दिया था। संयुक्त राष्ट्र में पाकिस्तान के प्रवेश का अफगानिस्तान ने जमकर विरोध किया था। पाकिस्तान के उत्तर-पश्चिमी भाग के पख्तूनों का इस्लामाबाद की सरकार से हमेशा विरोध रहा है। पाकिस्तान, ईरान और अफगानिस्तान के पख्तून और बलूच बृहत्तर पख्तून राज्य की माँग करते रहते हैं। पाकिस्तान अफगानिस्तान से इस बात को लेकर भयभीत रहता है कि कहीं वह इस अलग राज्य की माँग का समर्थन न कर दे। इसके चलते पाकिस्तान का एक और विभाजन हो सकता है। यही वजह है कि अफगानिस्तान से सोवियत सैनिकों की वापसी के बाद भी पाकिस्तान वहाँ की कम्युनिस्ट सरकार को उखाड़ फेंकना चाहता था, क्योंकि कम्युनिस्ट सरकार किसी भी सूरत में पाकिस्तान का पिट्ठू नहीं बन सकती थी।

सोवियत सैनिकों की वापसी के बाद करीब तीन साल तक नजीबुल्ला की सरकार बनी रही। इसी बीच 16 अप्रैल 1992 को राष्ट्रपति नजीबुल्ला ने संयुक्त राष्ट्र प्रस्ताव के तहत एक अंतरिम परिषद को सत्ता सौंपने की घोषणा की। दरअसल, नजीबुल्ला और सेना के जनरल अब्दुल रशीद दोस्तम के बीच मतभेद पैदा हो गया था और मार्च 1992 को दोस्तम नजीबुल्ला से अलग हो गए। ऐसे में नजीबुल्ला सरकार का पतन स्वाभाविक था। अप्रैल 1992 को नजीबुल्ला ने सिबगतुल्लाह मुजहदी को सत्ता सौंप दी। 28 अप्रैल 1992 को अफगानिस्तान इस्लामी गणराज्य घोषित कर दिया गया। यह अंतरिम सरकार थी, लेकिन इस सरकार के गठन के बाद सत्ता में हिस्सेदारी के सवाल पर बुरहानुद्दीन रब्बानी, गुलबुद्दीन हिकमतयार और अहमद शाह मसूद के बीच सत्ता संघर्ष जारी रहा। और एक बार फिर अफगानिस्तान को गृह युद्ध का भीषण दंश झेलना पड़ा। 25 जून 1992 को सिबगतुल्लाह मुजहदी को सत्ता से हटाकर बुरहानुद्दीन रब्बानी राष्ट्रपति बने। हिकमतयार ने रब्बानी सरकार का विरोध करना शुरू किया। दोनों के बीच घमासान लड़ाइयाँ भी हुईं। रॉकेट और मिसाइलों के हमलों के कारण सैकड़ों नागरिकों को अपनी जान गँवानी पड़ी। इसी बीच पाकिस्तान की मध्यस्थता में रब्बानी और हिकमतयार के बीच शांति वार्ता हुई और हिकमतयार को प्रधानमंत्री बनाया गया। लेकिन इसके बावजूद हिकमतयार और रब्बानी के बीच शांति कायम नहीं हो सकी।

तालिबान का उदय

इसी बीच 1994 में तालिबान का उदय हुआ। तालिबान में मुख्यतः शरणार्थी पख्तूनों का बहुमत है। नवंबर 1994 में तालिबान ने हिकमतयार के सैनिकों को खदेड़ कर कंधार पर कब्जा किया। 3 अप्रैल 1996 को अफगानिस्तान के करीब 2000 कथित उल्लेमाओं ने मुल्ला उमर को 'अमीरुल मोमिनीन' (मुसलमानों के सर्वोच्च नेता) के रूप में चुनाव किया। दो साल में तालिबान इतने शक्तिशाली हो गए कि काबुल पर कब्जा कायम करने में सफल रहे। तालिबानी हमलों के चलते राष्ट्रपति रब्बानी और प्रधानमंत्री हिकमतयार को काबुल छोड़कर भागना पड़ा। इस तरह देखते-देखते अफगानिस्तान के 90 फीसदी हिस्सों पर तालिबान का कब्जा हो गया। अफगानिस्तान में यूँ तो मुल्ला उमर की तालिबान सरकार थी पर संयुक्त राष्ट्र ने रब्बानी की पूर्ववर्ती सरकार को ही मान्यता दे रखी थी। तालिबान सरकार को पाकिस्तान, सऊदी अरब और संयुक्त अरब अमीरात की सरकारों ने ही मान्यता दी थी। अमेरिकी हमले के बाद संयुक्त अरब अमीरात और सउदी अरब ने अपनी मान्यता वापस ले ली थी।

मुल्ला उमर का जन्म 1960 में कंधार के एक किसान परिवार में हुआ था। वह पख्तून समुदाय से आता है। अफगानिस्तान में पख्तूनों की दो उप-जातियाँ हैं। दुर्रानी और गिलजाइ पख्तून। मुल्ला उमर गिलजाइ पख्तून है। सत्ता संचालन करने में दुर्रानी पख्तून ज्यादा उस्ताद होते हैं। मुल्ला अमर 18 साल की उम्र में पाकिस्तान गया था। उसने वहाँ इस्लामी शिक्षा हासिल की। हरकते इंकलाबी इस्लाम का सदस्य बनकर वह अफगानिस्तान की कम्युनिस्ट सरकार के खिलाफ जिहाद में शामिल हुआ था। एक भीषण लड़ाई के दौरान उसकी एक आँख में गंभीर चोट लग गई थी। इसके बाद उसकी इस आँख की रोशनी जाती रही। अपने विरोधियों के बीच वह 'एक आँख वाला तालिब' के नाम से मशहूर रहा है। जब अफगानिस्तान से सोवियत सैनिकों की वापसी हुई तब वह अपने गाँव सेनहिजार लौट आया। यहाँ के एक मदरसे में वह इस्लाम का अध्ययन करने लगा। सोवियत सेनाओं की वापसी के बाद जब अफगानिस्तान गृह युद्ध की चेपट में आ गया तो मुल्ला उमर ने 1994 में दोबारा हथियार उठा लिया। उमर के समर्थक यह प्रचार करते हैं कि जिन मुजाहिदीन ने सोवियत सेनाओं के खिलाफ जिहाद छेड़ा था, उन्हीं लागों ने जब स्थानीय लोगों के साथ लूट-मार, अपहरण करना शुरू किया तो मुल्ला उमर को यह बरदाश्त नहीं हुआ और उन्हें हथियार उठाने के लिए विवश होना पड़ा। मुल्ला उमर ने 30 समान विचार वाले लोगों के साथ मिलकर तालिबान आंदोलन खड़ा किया। यह 1994 की बात है। तालिबानी नेताओं के मुताबिक इस आंदोलन का मुख्य उद्देश्य शांति की स्थापना, अफगानिस्तान की संप्रभुता और अखंडता की रक्षा करना, शरीयत के आधार पर इस्लामी समाज की स्थापना वगैरह-वगैरह था। उमर के विरोधियों का मानना

है कि वह अपढ़ है और उसे इस्लाम का कोई ज्ञान नहीं है। यही वजह है कि तालिबान की सर्वोच्च सत्ता सँभालने वाले मुल्ला उमर को शासन चलाने का तजुर्बा नहीं है। मुल्ला के पूर्ववर्ती शासकों ने देश के विभिन्न कौमों के बीच संतुलन बनाकर शासन किया, ताकि सामाजिक सत्ता संरचना का कोई भी पाया कमजोर न हो। पख्तून समुदाय का अफगानिस्तान की राजनीतिक सत्ता पर सदैव वर्चस्व रहा है। पख्तून नेतृत्व सदियों से इस बात का ध्यान रखता आया था कि किसी निर्णायक मुद्दे पर समाज के अन्य जाति-समूहों की राय ली जाए, लेकिन मुल्ला उमर ने इन बातों को नजरअंदाज किया।

पैगंबर मुहम्मद ने करीब चौदह साल पहले शासन की जो सामाजिक-आर्थिक प्रणाली ईजाद की थी, उस पर मुल्ला उमर का अटूट विश्वास है और इक्कीसवीं सदी में उसे हूबहू लागू करने के लिए कटिबद्ध है। वह महिलाओं को पढ़ने-लिखने, नौकरी करने और घर से बाहर निकलने के पक्ष में नहीं है। उसके विचार दकियानूसी हैं। उसने फोटोग्राफी और टेलीविजन को इस्लाम विरोधी करार दिया है।

तालिब का पश्तो भाषा में शाब्दिक अर्थ छात्र है जो इस्लाम और शरीयत की शिक्षा ग्रहण करता है उसे तालिबान कहते हैं। एक राजनीतिक ताकत के रूप में तालिबान की पैदाइश पाकिस्तान की धरती से हुई। सोवियत सैनिकों से लड़ने वाले नवजवान अफगान मुजाहिदीन में से कुछेक को सबसे पहले पाकिस्तान के एक मदरसे में तालिबान के रूप में प्रशिक्षित किया गया। इसलिए यह कहा जा सकता है कि तालिबान पाकिस्तान का बगलबच्चा है। तालिबान आंदोलन को विख्यात करने के लिए पाक-अफगान सीमावर्ती इलाकों में स्थित मदरसों में बड़ी संख्या में अफगानी युवकों को इस्लाम का कट्टर पाठ पढ़ाया जाने लगा। इन युवकों के सामने इस्लाम को न केवल धार्मिक विश्वास के रूप में, बल्कि एक विचारधारा के रूप में पेश किया गया।

तालिबान का जन्म कैसे हुआ, इसे लेकर अनेक मान्यताएँ प्रचलित हैं। सर्वमान्य मान्यता यह है कि 1994 की शुरुआत में आइ एस आइ को जब यह लगा कि राष्ट्रपति बुरहांनुद्दीन रब्बानी की वफादारी उसके प्रति कम हो रही है और वह काबुल में अपनी स्थिति मजबूत करने में लगा हुआ है तो पाकिस्तान के कान खड़े हो गए। वह रब्बानी के विकल्प की तलाश में जुट गया। इसी बीच पाकिस्तान के तत्कालीन आंतरिक मंत्री नसीरुल्लाह बाबर की निगाह मुल्ला उमर पर पड़ी। अफगान राजनीति के कुछ जानकारों का मानना है कि मुल्ला उमर पाकिस्तान के उत्तर-पश्चिम सीमांत प्रांत का रहने वाला है और सोवियत संघ की लाल सेना के खिलाफ आइ एस आइ के अभियान में उसने बढ़-चढ़ कर हिस्सा लिया था। इस बात को ध्यान में रखकर पाकिस्तान ने मुल्ला उमर को तालिबान की कमान सौंप दी।

8

तालिबान : आए भी, गए भी

11 सितंबर 2001 की घटना के बाद तालिबान तंज अपने अति-कठमुल्लावादी और आतंकवादी चाल, चलन और चेहरे के चलते समूचे विश्व में इतना कुख्यात हो उठा कि लोगों में उनके उत्थान और पतन की कहानी पढ़ने-समझने की बेचैनी बढ़ गई। अफगानिस्तान के सैनिक-राजनीतिक मोर्चे पर तालिबान का उदय 1993-94 के आसपास हुआ। तब तालिबान जैसे धुर कट्टरपंथी संगठन के उदय और विस्तार के लिए अफगानिस्तान की राजनीतिक परिस्थितियाँ पूरी तरह अनुकूल थीं। सोवियत सेना की वापसी के बाद निरंतर गृह युद्ध की त्रासदी झेल रहे अफगानिस्तान की युवा पीढ़ी के चेहरे पर निराशा और आँखों में आँसू तैर रहे थे। अब ये लोग अल्लाह-ताला से शांति की कामना कर रहे थे। ठीक उसी समय तालिबान के नेताओं ने घोषणा की थी कि उनका एकमात्र लक्ष्य अफगानिस्तान में शान्ति कायम करना है और इसके लिए वे विभिनन युद्धरत मुजाहिदीन गुटों का निशस्त्रीकरण करेंगे। अफगानवासियों ने शांति के इस नये मसीहा पर विश्वास कर लिया। उन्हें लगा कि तालिबान के नेतृत्व में देश में शांति और समृद्धि लौट आएगी। पाकिस्तान, सऊदी अरब और अन्य मुस्लिम देशों के समर्थन और आर्थिक मदद से तालिबान ने पख्तून वर्चस्व वाले इलाकों में अपना प्रभाव बढ़ाया और देखते ही देखते उन्हें काफी लोकप्रियता हासिल हो गई।

अफगानिस्तान जैसा कबायली समाज, जहाँ धर्म और कौम का जादू सिर पर चढ़कर बोलता है, यदि लंबे समय तक विदेशी हस्तक्षेप या गृह युद्ध का शिकार हो जाए तो ऐसा अराजक समाज दो तरह की स्थितियाँ निर्मित करता है। एक, राष्ट्रीय पुनर्निर्माण के नाम पर कोई व्यक्ति या संगठन सत्ता हथियाकर तानाशाह बन जाता है या फिर किसी लोकतांत्रिक शक्ति का प्रादुर्भाव होता है। दुर्भाग्य से अफगानिस्तान

में पहले वाली स्थिति निर्मित हुई। सोवियत सेना से लड़ने के लिए अमेरिका, पाकिस्तान, सऊदी अरब आदि देशों ने जो मुजाहिदीन पैदा किए थे, उनसे तालिबान जैसी ताकत के ही उभरने की अपेक्षा की जा सकती थी।

मदरसों से उठता धुआँ

अफगानिस्तान और पाकिस्तान के सीमावर्ती इलाकों में अनेक मदरसे चलते हैं। इन मदरसों में इस्लाम की कट्टरतावादी शिक्षा दी जाती है। इन मदरसों में पढ़ने वाले अफगान तालिब (छात्र) तालिबान आंदोलन की ताकत बने। ये मदरसे अफगान नव-जवानों को गृह युद्ध के सुलगते माहौल से बाहर निकलने का अवसर सुलभ करा रहे थे। विभिन्न गुटों के बीच जारी आपसी संघर्ष से आजिज हो गये हजारों मुजाहिदीन ने इन मदरसों को अपना आश्रय स्थल बनाया। मदरसों के मुल्ला-मौलवियों ने अफगान तालिबों को उनके धार्मिक मतों से परछाईं की तरह चिपके रहने में अहम भूमिका अदा की। पाकिस्तान के तबके गृह मंत्री नसीरुल्ला बाबर को इन अफगान तालिबों की आँखों में तालिबान आंदोलन की चमक दिखाई दे गई।

1994 के सितंबर महीने में अफगानिस्तान-पाकिस्तान के सीमावर्ती प्रांत कंधार में जब हथियारों से लैस तालिबान ने सैनिक-राजनीतिक मंच पर उतरकर गुलबुद्दीन हिकमतयार की सैन्य टुकड़ी हिज्ब-ए-इस्लामी के खिलाफ अपना सैन्य अभियान शुरू किया था तब किसी को यह अंदाजा नहीं था कि आने वाले कुछ दिनों में अफगानिस्तान की सत्ता इनके हाथों में होगी। उस समय अफगानिस्तान में विभिन्न कबायली क्षत्रपों का अलग-अलग इलाकों में वर्चस्व था। अफगानिस्तान के राष्ट्रपति बुरहानुद्दीन रब्बानी ताजिक कबीला के नेता थे और ताजिक वर्चस्व वाले काबुल पर उनका वर्चस्व था। पंजशीर घाटी क्षेत्र पर ताजिक नेता अहमद शाह मसूद का वर्चस्व था जो राष्ट्रपति रब्बानी के साथ थे। उत्तरी अफगानिस्तान के मजार-ए-शरीफ पर उज्बेक नेता अब्दुल रशीद दोस्तम का अधिकार था, जबकि हजारा कबीला के नेता करीम खलीली का बामीयान पर वर्चस्व था। तालिबान आंदोलन में पख्तूनों का वर्चस्व था, जो कंधार में अपनी सत्ता स्थापित करने के लिए एक अन्य पख्तून नेता हिकमतयार की सेना के खिलाफ सैनिक अभियान चला रहे थे। तालिबान नवंबर 1994 में कंधार पर कब्जा जमाने में सफल हो गए, लेकिन इस शुरुआती सफलता के बाद उन्हें काबुल की ताजिक वर्चस्व वाली बुरहानुद्दीन रब्बानी सरकार से कठिन चुनौतियों का सामना करना पड़ा। तालिबान के बढ़ते प्रभाव से पैदा होने वाले खतरों को भाँप कर राष्ट्रपति रब्बानी और उनके रक्षा मंत्री अहमद शाह मसूद ने अपने शासन के पक्ष में बृहत्तर वैधानिकता जुटाने का फैसला किया। उनका सोच था कि अफगानिस्तान के विभिन्न सामाजिक समूहों को सरकार में उचित प्रतिनिधित्व देकर तालिबान द्वारा पेश की जा रही चुनौतियों का सामना किया जा सकेगा। इसी सोच के तहत उन्होंने 1995 के आखिर में अपनी

सरकार को व्यापक आधार वाली सरकार में तब्दील करने का महत्त्वपूर्ण रणनीतिक फैसला लेते हुए अन्य क्षत्रपों को सरकार में शामिल होने की पेशकश की। जनवरी 1996 में अफगानिस्तान सरकार के प्रतिनिधियों और विभिन्न प्रांतों के क्षत्रपों के बीच वार्ता का दौर शुरू हुआ। राष्ट्रपति रब्बानी के दूत डॉ. अब्दुल रहमान ने हिज्ब-ए-इस्लामी के नेता गुलबुद्दीन हिकमतयार, जनरल अब्दुल रशीद दोस्तम सहित मध्य अफगानिस्तान के शिया समुदाय के क्षत्रपों से मुलाकात की। फरवरी 1996 में तालिबान को छोड़कर सभी विपक्षी समूहों में एकजुट होकर राष्ट्रपति रब्बानी से बातचीत करने के लिए एक दस सदस्यीय परिषद का गठन किया। राष्ट्रपति रब्बानी की इस पहल के सार्थक नतीजे सामने आए और गुलबुद्दीन हिकमतयार 26 जून 1996 को प्रधानमंत्री का पद स्वीकार कर सरकार में शामिल हो गए। यहाँ यह बताना आवश्यक है कि बुरहानुद्दीन रब्बानी 1992 में राष्ट्रपति बने थे। उसी समय से हिकमतयार ने उनके खिलाफ मोर्चा खोल रखा था। पाकिस्तान की मध्यस्थता में दोनों के बीच 1993 में एक समझौता भी हुआ, जिसके तहत गुलबुद्दीन हिकमतयार को प्रधानमंत्री का पद सौंपा गया था। इसके बावजूद हिकमतयार ने प्रधानमंत्री का पद स्वीकार नहीं किया और उनकी सेना काबुल पर लगातार मिसाइलें दागती रही। इसलिए यह कहा जा सकता है कि राष्ट्रपति रब्बानी की नयी पहल से हिकमतयार जैसा पख्तून नेता सरकार में शामिल हुआ। इससे रब्बानी सरकार की विश्वसनीयता तो जरूर बढ़ी, पर संकट खत्म नहीं हुआ।

राष्ट्रपति रब्बानी की व्यापक आधार वाली सरकार बनाने की यह पहल अफगानिस्तान के राजनीतिक परिदृश्य को एक सुखद मोड़ दे सकती थी, यदि तालिबान उनकी पेशकश को स्वीकार कर लिया होता। पाकिस्तान के राजनीतिक समीक्षक और अफगान राजनीति के जानकार अहमद रशीद ने इस घटना पर टिप्पणी करते हुए पाकिस्तानी दैनिक *द नेशन* में लिखा, 'अपने विरोधियों के साथ सत्ता में साझेदारी के प्रस्ताव को ठुकरा कर तालिबान अफगानिस्तान में शांति कायम करने की प्रक्रिया में सबसे बड़े बाधक बने।' 1996 के अप्रैल-मई महीनों में तालिबान ने काबुल पर कब्जा करने के लिए हमले तेज कर दिए। लेकिन उनकी कोशिश नाकाम कर दी गई। फिर भी तालिबान मिलीशिया काबुल से मात्र 4 कि.मी. दूर दक्षिण-पश्चिमी हिस्से में अपने को गोलबंद करने में सफल रहे और यहाँ से काबुल के नागरिकों पर रॉकेट से हमले करने लगे, जिसमें अनेक नागरिक मारे गए। तालिबान के इन हमलों ने स्पष्ट कर दिया कि अफगानिस्तान में शांति कायम करने का उनका दावा कितना झूठा था। सच तो यह था कि तालिबान युद्ध-प्रेमी थे और गोली-बारूद में उनकी अटूट आस्था थी। पर यहाँ एक स्वाभाविक उत्सुकता पैदा होती है कि आखिर तालिबान ने रब्बानी की सत्ता में साझेदारी के लिए प्रस्तावित बातचीत क्यों ठुकरा दी। अफगानिस्तान के इतिहास के पन्नों को पलटने पर पता चलता है कि ताजिकों

और पख्तूनों के बीच कभी पटरी नहीं बैठी। पाकिस्तान के राजनीतिक समीक्षक अहमद रशीद के मुताबिक 'अफगानिस्तान के तत्कालीन राष्ट्रपति रब्बानी की सेना में ताजिकों का वर्चस्व रहा है, जिन्होंने अफगानिस्तान में कभी शासन नहीं किया। पख्तूनों और ताजिकों के बीच कभी इस तरह के संबंध नहीं रहे कि वे एक मोर्चे में शामिल हो सकें। यहाँ तक कि सोवियत सेना के खिलाफ जंग में भी पख्तूनों और ताजिकों के बीच संयुक्त मोर्चा नहीं बना था।' वस्तुतः तालिबान चाहते थे कि ऐसी किसी वार्ता का नेतृत्व पख्तूनों के हाथों में रहे। तालिबान का गॉडफादर पाकिस्तान भी यही चाहता था।

पाकिस्तान का पदक्षेप

तालिबान के साथ-साथ पाकिस्तान भी काबुल पर फतह पाने के बारे में सौ फीसदी आश्वस्त था। इन्होंने अपनी रणनीतिक योजना के मुताबिक रब्बानी को छकाने के लिए एक कूटनीतिक चाल चली। पाकिस्तान ने एक ओर दोनों पक्षों के बीच बातचीत शुरू कराने का झाँसा देकर रब्बानी सरकार को उलझाए रखा और दूसरी ओर तालिबान ने जलालाबाद पर हमला बोल दिया। जलालाबाद पर कब्जा करने के बाद तालिबान जंगबाज सरोबी की ओर बढ़े। सरोबी काबुल से मात्र 70 कि.मी. दूर स्थित है। 25 सितंबर को तालिबान सरोबी पर अपना झंडा लहराने में सफल हो गए। इस फतह से उत्साहित होकर 3000 लड़ाकू तालिबान काबुल की ओर कूच कर गए। 27 सितंबर 1996 को तालिबान ने काबुल फतह कर लिया। राष्ट्रपति रब्बानी और प्रधानमंत्री हिकमतयार को काबुल छोड़कर भागने के लिए मजबूर होना पड़ा। अफगानिस्तान के कुछ राजनीतिक समीक्षकों और सैन्य विशेषज्ञों का मानना है कि इस सैनिक अभियान का वास्तविक संचालन सूत्र पाकिस्तान के हाथ में था क्योंकि तालिबान के पास न तो ऐसे संसाधन थे और न ही वे रणकौशल में इतने माहिर थे कि रब्बानी के सैनिकों का मुकाबला कर सकते। यहाँ सवाल यह खड़ा होता है कि काबुल फतह के तालिबानी अभियान में पाकिस्तान को इतना खुलकर सामने आने की क्या विवशता थी। इसका सीधा-सा उत्तर यह हो सकता है कि राष्ट्रपति रब्बानी ने अफगानिस्तान के विभिन्न क्षत्रपों के साथ बातचीत करने की जो पेशकश की थी, उससे पाकिस्तान और तालिबान दोनों परेशान हो गए थे। उन्हें यह आशंका हो गई थी कि रब्बानी की व्यापक आधार वाली सरकार बनाने की पेशकश को ईरान, रूस, और मध्य एशियाई देशों का समर्थन मिल सकता है और ये देश संयुक्त राष्ट्र संघ पर दबाव बना सकते थे कि इस प्रस्ताव पर होने वाली बातचीत में उसका प्रतिनिधि भी शामिल हो। इसका नतीजा यह होता कि तालिबान और पाकिस्तान दोनों अफगानिस्तान की राजनीति से पूरी तरह अलग-थलग पड़ जाते। इस आशंका ने जो भय पैदा किया, उसी घबराहट में पाकिस्तान ने रब्बानी के खिलाफ तालिबान के सैनिक अभियान में खुल कर साथ

दिया। काबुल फतह के बाद भी तालिबान को अपने विरोधी ताकतों के खिलाफ लगातार लड़ाइयाँ लड़नी पड़ीं। लेकिन धीरे-धीरे अफगानिस्तान के अस्सी फीसदी से ज्यादा हिस्से पर तालिबान का कब्जा हो गया था। फिर भी ताजिक, उज्बेक, हजारा आदि कबायली समूहों के साथ तालिबान का संघर्ष निरंतर जारी रहा। इससे यह साफ हो चला था कि तालिबान अफगानिस्तान में शांति कायम करने में पूरी तरह विफल रहे हैं।

अफगानिस्तान के क्षत्रपों के बारे में कहा जाता है कि उनकी निष्ठा पेरिस के फैशन की तरह बदलती रहती है। तालिबान ने क्षत्रपों की इस कमजोरी का फायदा उठाने की भरपूर कोशिश की। काबुल फतह के बाद उन्होंने उत्तरी अफगानिस्तान के मजार-ए-शरीफ को अपना निशाना बनाया। मजार-ए-शरीफ के क्षत्रप अब्दुल रशीद दोस्तम ने 1996 में तालिबान का समर्थन किया था। लेकिन मई 1997 में तालिबान ने रशीद दोस्तम की सेना के जनरल मलिक पहलवान को भारी रकम देकर खरीद लिया। 25 मई 1997 को मजार-ए-शरीफ में घुसने के बाद जब तालिबान ने मलिक पहलवान पर अपनी सवारी कसनी शुरू की तो दोनों के बीच संघर्ष छिड़ गया। इस संघर्ष में तालिबान के सैकड़ों सैनिक मारे गए। उधर तालिबान कैसेनिक तंत्र ने काबुल पर फतह के बाद पूर्व राष्ट्रपति डॉ. नजीबुल्ला को जिस बर्बर तरीके से सरेआम फाँसी पर लटकाया, उससे रशीद दोस्तम की आँखें खुल गईं। उसे इस बात का भय सताने लगा कि यदि अफगानिस्तान के उत्तरी हिस्से में तालिबान का कब्जा हो गया तो उसका हश्र भी वही हो सकता है जो डॉ. नजीबुल्ला का हुआ था। यहाँ यह बताना आवश्यक है कि रशीद दोस्तम पहले कम्युनिस्ट थे और डॉ. नजीबुल्ला का विश्वासपात्र भी रह चुके हैं। बाद में उनके पाला बदलने से डॉ. नजीबुल्ला की सरकार का पतन हुआ था। तालिबान से सशंकित होने के बावजूद दोस्तम तालिबान-विरोधी किसी खेमे में शामिल होना नहीं चाहते थे, पर जब तालिबान ने उनके नियंत्रण वाले क्षेत्र से उन्हें बेदखल करने का प्रयास किया तो उन्होंने रब्बानी और अहमद शाह मसूद के साथ मोर्चा बनाने का निर्णय किया। इसके तुरंत बाद ही तालिबान-विरोधी ताकतों के ध्रुवीकरण की प्रक्रिया तेज हो गई। जून 1997 में 'यूनाइटेड नेशनल एण्ड इस्लामिक फ्रंट फॉर द साल्वेशन ऑफ अफगानिस्तान' (यू एन.आई.एफ.एस.ए.) का गठन हुआ जिसे पश्चिमी मीडिया उत्तरी गठबंधन (नॉर्दर्न अलायंस) के नाम से पेश करता है जो गलत है। फिर भी यह नाम चलन में आ गया है। इस उत्तरी गठबंधन में बुरहानुद्दीन रब्बानी, अहमद शाह मसूद, अब्दुल रशीद दोस्तम, करीम खलीली, मलिक पहलवान आदि शामिल हो गए। उत्तरी गठबंधन के गठन के बाद इसके राजनीतिक उद्देश्यों की घोषणा करते हुए कहा गया कि अफगानिस्तान की सभी जातीय समूहों का प्रतिनिधित्व करने वाली व्यापक आधार वाली सरकार की स्थापना और मित्र राष्ट्रों की मदद से देश का आर्थिक पुनर्निर्माण उत्तरी गठबंधन का प्रमुख लक्ष्य है। तालिबान

की तुलना में उत्तरी गठबंधन के नेता कद्दावर हैं। यह गठबंधन सभी कबायली समूहों को सत्ता में हिस्सेदारी दिलाने में विश्वास रखता है। यही वजह है कि इस गठबंधन के नेता बुरहानुद्दीन रब्बानी का विश्व समुदाय आदर करता है। तालिबानी शासन के दौरान भी अधिकांश देशों की सरकारें उन्हें ही अफगानिस्तान का राष्ट्रपति मानती रहीं। भारत सरकार भी इनमें से एक है।

उत्तरी गठबंधन की सेना तालिबान से निरंतर लोहा लेती रही। अफगानिस्तान में अमेरिकी हमले के बाद उत्तरी गठबंधन की सेना ने तालिबान पर हमले तेज कर दिए थे। अंततः 13 नवंबर 2001 को उत्तरी गठबंधन का काबुल पर कब्जा हो गया और तालिबान सैनिक शहर छोड़ भाग खड़े हुए। अफगानिस्तान की राजधानी काबुल पर उत्तरी गठबंधन की सेनाओं का कब्जा होने के बाद तालिबान का पतन सुनिश्चित हो गया था।

लौट आए पुराने दिन

पाँच साल बाद काबुल रेडियो से संगीत गूँजा और किसी महिला उद्घोषक की आवाज सुनाई पड़ी। लोग जश्न मनाने के लिए सड़कों पर उतर आए। नाइयों की दुकानों पर दाढ़ी साफ कराने के लिए पुरुषों की लाइन लग गई। महिलाएँ खुश थीं कि उन्हें बुरकों से मुक्ति मिली। यह बदला हुआ दृश्य बता रहा था कि तालिबान का शासन केवल बंदूक और बारूद के बल पर टिका हुआ था। अफगान जनता मन-ही-मन उनसे घृणा करती थी। तालिबान के निरंकुश शासन के पतन पर शायद ही किसी को आश्चर्य हुआ हो। विश्व इतिहास में एक भी ऐसा उदाहरण देखने को नहीं मिलता कि केवल बंदूक और कोड़े के बल पर किसी व्यक्ति या संगठन ने लंबे समय तक शासन किया हो। पर इतिहास से सबक नहीं लेने वालों का अंजाम वही होता है, जो मुल्ला उमर का हुआ। अंततः 7 दिसंबर को अफगानिस्तान में तालिबान का नृशंस शासन खत्म हुआ। तालिबान लड़ाकुओं ने अपने आखिरी गढ़ दक्षिणी शहर कंधार और उसके आस-पास के शहरों में हथियार डाल दिए। उधर 5 दिसंबर 2001 को अनेक उतार-चढ़ाव के बाद अफगानिस्तान के राजनैतिक भविष्य को तय करने के लिए आयोजित बॉन वार्ता सफल रही। इस वार्ता में अफगानिस्तान के चारों गुट अंततः पख्तून नेता हामिद करजई के नेतृत्व में अंतरिम सरकार बनाने पर सहमत हो गए। ऐसा नहीं है कि यह समझौता बहुत आसानी से हो गया। अंतरिम सरकार के गठन के पीछे अमेरिका की निर्णायक भूमिका रही है। इस अंतरिम सरकार की सबसे बड़ी खासियत यह है कि इसमें दो महिलाओं को शामिल किया गया है। दूसरी ओर इस अंतरिम सरकार का सबसे कमजोर पक्ष यह है कि तालिबान के खिलाफ लड़ने वाले अनेक क्षत्रपों को इसमें प्रतिनिधित्व नहीं मिला है। यही वजह है कि उज्बेक नेता जनरल रशीद ने इस अंतरिम सरकार का बहिष्कार करने की घोषणा कर यह

सवाल खड़ा कर दिया है कि क्या करजई की सरकार देश में अमन-चैन कायम करने में सफल हो पाएगी।

अंतरिम सरकार की मुश्किलें

तालिबान के पतन के बाद हामिद करजई के नेतृत्व में गठित अंतरिम सरकार को एक साथ कई चुनौतियों का सामना करना पड़ेगा। सबसे पहले तो उन्हें अपनी जनता को यह समझाना होगा कि उनकी सरकार अमेरिकी और पश्चिमी हितों पर टिकी सरकार नहीं है। लेकिन ऐसा कर पाना उनके लिए कठिन प्रतीत होता है। इसकी वजह है अफगानिस्तान में बहुराष्ट्रीय शांति सेना की तैनाती। यह अमेरिका और अन्य पश्चिमी देशों के दबाव में यह हुआ है। अमेरिका ने बहुराष्ट्रीय शांति सेना की तैनाती के पक्ष में यह तर्क दिया कि अफगानिस्तान के पुनर्निर्माण के लिए जो आर्थिक मदद दी जाएगी, उसकी निगरानी बहुराष्ट्रीय शांति सेना करेगी। इसका मतलब यह हुआ कि पश्चिमी देशों को उत्तरी गठबंधन की सरकार पर भरोसा नहीं हैं उन्हें इस बात का विश्वास नहीं है कि उत्तरी गठबंधन की सरकार अमेरिकी आर्थिक मदद का सही इस्तेमाल करेगी। जाहिर है कि अमेरिका की यह आशंका उत्तरी गठबंधन को मुँह चिढ़ाने जैसा है। यही वजह है कि उत्तरी गठबंधन के कुछ नेताओं और रशीद दोस्तम ने बहुराष्ट्रीय शांति सेना का विरोध किया। वैसे भी, अफगानिस्तान के लोगों में विदेशी हस्तक्षेप के प्रति पुराना आक्रोश है। अंतरिम सरकार की सबसे बड़ी कमजोरी यह है कि इसमें शामिल ज्यादातर नेता कट्टरपंथी हैं। इनमें से अनेक मुजाहिदीन हैं। ये कोई लोकतंत्र के पुजारी नहीं हैं। मानवीय मूल्यों में इनकी थोड़ी भी आस्था नहीं है। तालिबान के खिलाफ लड़ाई में अनेक ऐसे दृश्य देखने को मिले, जब उत्तरी गठबंधन के सैनिकों ने तालिबान लड़ाकूओं को क्रूरता से मारकर अपनी घृणा का साक्ष्य पेश किया। लोकतांत्रिक देशों की आधुनिक सेना अपने दुश्मनों के साथ ऐसा बर्ताव नहीं करती। सच तो यह है कि इस तरह की क्रूरता और कट्टरता ही तालिबान जैसी शक्तियों को उभारने में मददगार बनती है।

पाकिस्तान और भारत के साथ समान दूरनी बनाकर चलना अंतरिम सरकार की सबसे बड़ी चुनोती है। हामिद करजई पाकिस्तान के छल-कपट और विश्वासघाती चरित्र से पूरी तरह परिचित हैं। अफगानिस्तान में तालिबान विरोधी श्थक्तयों का पाकिस्तान के साथ दोस्ताना संबंध कायम हो ही नहीं सकता, लेकिन अफगानिस्तान की भौगोलिक बनावट पाकिस्तान के साथ मैत्रीपूर्ण संबंध कायम करने के लिए विवश करती है। अफगानिस्तान भूबंद देश है। कराची का बंदरगाह ही उसे समुद्र तट तक पहुँचने का रास्ता देता हैं दोनों देशों की सीमाएँ खुली हैं। सबसे बड़ी बात यह है कि दोनों देशों की जनता के बीच भावनात्मक रिश्ता है। ऐसे में करजई सरकार पाकिस्तान के साथ बेहतर रिश्ते बना कर चलने के लिए मजबूर है। दूसरी ओर,

हामिद करजई के नेतृत्व में जो अंतरिम सरकार बनी है, उसमें भारम समर्थक तत्व ज्यादा हैं। अंतरिम सरकार के रक्षा मंत्री अब्दुल काहिम, विदेशी मंत्री अब्दुल्ला अब्दुल्ला और गृह मंत्री यूनिस कानूनी के भारत के साथ अच्छे संबंध रहे हैं। अमेरिका अफगानिस्तान के पुनर्निर्माण में भारत को महत्त्वपूर्ण भूमिका में लाना चाहता है। अफगानिस्तान सरकार के ज्यादातर मंत्रियों की भी यही इच्छा है। ऐसी परिस्थिति में अफगानिस्तान का झुकाव भारत के प्रति होना स्वाभाविक है। पर इससे उसे पाकिस्तान की नाराजगी का खतरा उठाना पड़ सकता है। ऐसी परिस्थिति में दोनों के बीच संतुलन बनाकर चलना हामिद करजई के लिए तलवार की धार पर चलने की तरह होगा।

अफगानिस्तान की वीरांगनाएँ

तालिबान की कहानी 'रावा' (रिवोलयूशनरी एसोसिएशन ऑफ अफगान वीमेन) की चर्चा के बिना अधूरी रहेगी। यह अफगान महिलाओं की एकमात्र संस्था हैं इसकी स्थापना 1977 में हुई। तब तक अफगानिस्तान में कमयुनिस्ट क्रांति की पृष्ठभूमि पूरी तरह तैयार हो गई थी। तालिबान जब तक शासन में थे, 'रावा' भूमिगत होकर अपनी गतिविधियाँ चलाता रहा। इस संगठन की करीब दो हजार वीरांगनाएँ अफगानिस्तान में महिला अधिकार, लोकतंत्र, मानवाधिकार और धर्म-निरपेक्ष सरकार की स्थापना के लिए लगातार संघर्ष कर रही हैं। यह संगठन पाकिस्तान में भी सक्रिय रहा है। तालिबान ने जब लड़कियों की शिक्षा पर प्रतिबंध लगाया, तब इस संगठन ने उनके लेए घरों में चोरी-छिपे स्कूल खोल रखे थे। 'रावा' ने पाकिस्तान और अफगानिस्तान में महिला साक्षरता के पाठ्यक्रम चलाए। इस संगठन के पास भूमिगत सचल चिकित्सा दल भी हैं, लेकिन पिछले ग्यारह वर्षों से उसके द्वारा चलाए जा रहे अस्पताल आर्थिक तंगी के चलते बंद होने के कगार पर हैं। 'रावा' अफगान महिलाओं की आर्थिक स्थिति सुधारने के लिए ऐसी परियोजनाएँ भी चलाता है, जिनसे उनको आमदनी होती है। इस संगठन के सदस्यों ने तालिबान और अन्य कट्टपंथियों द्वारा किए जाने वाले जुल्म और अत्याचार की रिपोर्ट मानवाधिकार संगठनों को उपलब्ध कराए। इसी के बाद बाकी दुनिया का पता लगा कि तालिबान हुक्मरान महिलाओं और अपने विरोधियों पर किस तरह का जुल्म ढा रहे हैं।

बुरकों में छिपे कैमरे

'रावा' की एक संस्थापक सदस्य हैं, महमूदा। वे अपने संगठन की संघर्ष गाथा का बयान करती हैं। उनके मुताबिक, 'धार्मिक निरंकुशता के खिलाफ निरंतर संघर्ष चलाना हमारे लिए कोई नहीं बात नहीं है। इसका मुकाबला करना हम जानते हैं। वे आगे बताती हैं, 'रावा से जुड़ी महिलाएँ अपने बुरके के अंदर कैमरा छिपाकर रखती थीं।

एक सदस्य एक ऐसी महिला की तस्वीर लेने में सफल रही, जिसे पत्थर मार-मार कर मौत के घाट उतार दिया गया। उस महिला का अपराध महज यह था कि वह एक ऐसे मर्द के साथ अफगानिस्तान छोड़कर भागने का प्रयास कर रही थी जो उसका पति नहीं था।' महमूदा बताती हैं कि महिलाओं और लड़कियों को शिक्षित करने पर 'रावा' क्यों जोर देता है। उनके अनुसार, 'शिखा मानवाधिकार के बारे में सचेत करने का सबसे सशक्त जरिया है। इसीलिए हमने महिलाओं में जागरूकता बढ़ाने पर ज्यादा जोर दिया। महिलाओं को हम बताते हैं कि स्वतंत्रता और लोकतंत्र के बिना देश में शांति, खुशियाली तथा समृद्धि नहीं आ सकती।' रावा के सदस्य हमेशा खतरों के बीच काम करते हैं। इस संगठन का कोई कार्यलय नहीं है। इससे जुड़ी महिलाएँ अकसर अपना ठिकाना बदलती रहती हैं। अफगानिस्तान के कट्टरपंथी रावा को वेश्याओं का संगठन कह कर गालियाँ देते हैं।

यह कहने की आवश्यकता नहीं कि कठमुल्लावाद से लड़ना कितना चुनौती भरा और खतरनाक होता है। रावा ने इस चुनौती को सहर्ष स्वीकार किया। फरवरी 1987 में रावा की एक संस्थापक सदस्य मीना की क्वेटा (पाकिस्तान) स्थित उनके घर में हत्या कर दी गई। उनकी उम्र मात्र 30 साल थी। अमेनेस्टी इंटरनेशनल की एक रिपोर्ट में बताया गया है कि मीना के हत्यारों का संबंध एक मुजाहिद्दीन गुट से था। इससे जाहिर होता है कि तालिबान से पहले अफगानिस्तान पर शासन करने वाले मुजाहिद्दीन उदारवादी नहीं थे, जैसा कि अकसर दावा किया जाता है। वस्तुतः रावा इसलामी कट्टरतावाद के खिलाफ मोर्चा लेने वाला अकेला अफगान संगठन है। महमूदा स्वीकार करती हैं कि 'कट्टरपंथी जिहादी तालिबान का विरोध करने वालों में प्रमुख रहे हैं, लेकिन तालिबान की तरह ये कट्टरपंथी भी अपराधी, महिला विरोधी, लोकतंत्र विरोधी और विदेशी शक्तियों के हाथों के खिलौने हैं। तालिबान के खिलाफ संघर्ष में उत्तरी गठबंधन के एक प्रमुख नेता अहमद शाह मसूद मारे गए। भारत, ईरान, रूस आदि देश इनका समर्थन करते थे। पर सच यह है कि अहमद शाह मसूद का चेहरा तालिबान से कम खूंखार नहीं था।'' अफगानिस्तान से अब तालिबान का शासन खत्म हो गय है। पर जो लोग सत्ता में आए हैं, उनसे रावा को बहुत अधिक उम्मीद नहीं है। इसमें कोई संदेह नहीं है कि यदि तालिबान नागनाथ थे, तो उत्तरी गठबंधन साँपनाथ हैं। सोवियत सेनाओं से लड़नेवाले धार्मिक कट्टरपंथी मुजाहिद्दीन ही उत्तरी गठबंधन में शामिल हैं। तालिबान से पहले इनका ही शासन था। इनके शासन के दौरान भी अफगान महिलाओं पर कम अत्याचार नहीं हुए थे। नई सरकार के प्रति रावा की रणनीति क्या बनती है, यह देखने वाली बात होगी। बहरहाल, इतना अवश्य है कि तालिबान को उखाड़ने में रावा की महत्त्वपूर्ण भूमिका को नजरअंदाज नहीं किया जाना चाहिए, जिसने देश के अंदर और बाहर तालिबान का नकाब उतारा।

शरीयत के नाम पर

तालिबान के पतन के कारणों पर चर्चा करते हुए यह कहा जा सकता है कि उसके पतन के बीज स्वयं उसमें निहित थे। तालिबान आंदोलन की सबसे बड़ी कमजोरी यह थी कि इस आंदोलन के पीछे कोई राजनीतिक विचारधारा नहीं थी। इसलिए वह कोई वैचारिक ढाँचा खड़ा नहीं कर पाया। ऐसा करना उसके एजेंडे में शामिल भी नहीं रहा होगा, क्योंकि अफगानिस्तान जैसे पिछड़े और कबायली समाज में धर्म को आधार बनाकर सत्ता हथियाना सरल रास्ता था। फिर भी, तालिबान आंदोलन का जो थोड़ा-बहुत वैचारिक आधार रहा है, उसकी जड़ें इस्लाम के देवबंद स्कूल से अनुप्राणित मदरसों से फूटी थीं। ऐसे मदरसों में कराची स्थित जमाते-उल-उलोमील-इस्लामिया का नाम प्रमुखता से लिया जा सकता है। इस मदरसे में विभिन्न राष्ट्रीयताओं के तकरीबन 8000 छात्र थे। जिन्हें इस्लाम और शरीयत का पाठ पढ़ाया जाता था। कहा जाता है कि तालिबान के सुप्रीमो मुल्ला उमर ने भी इस मदरसे में इस्लाम की शिक्षा ली थी। इस्लाम में अनेक मत हैं, जिनमें देवबंद भी एक प्रमुख मत है। आम तौर पर देवबंदी बेहद कट्टरपंथी माने जाते हैं। भारत के उत्तर प्रदेश का एक बड़ा हिस्सा देवबंदी मत को मानने वाला है। पाकिस्तान में देवबंदियों का एक बड़ा संगठन है। उसका नाम जमीअत-उल-उलेमा-ए-इस्लाम है। मौलाना फजलुर रहमान उसके नेता हैं। तालिबान आंदोलन को खड़ा करने में इनकी महत्त्वपूर्ण भूमिका रही है। कंधार और काबुल पर नियंत्रण स्थापित करने के बाद तालिबान की इस्लामी विचारधारा का प्रकटीकरण हुआ। देवबंदी मत इस्लाम और शरीयत की संकीर्ण व्याख्या करता है। तालिबान इसका अपवाद नहीं हो सकते थे। काबुल की सत्ता पर कब्जा करने के तुरंत बाद तालिबानी हुक्मरानों ने शरीयत कानून लागू करते हुए अफगानिस्तान के लोगों की रोजमर्रा की जिंदगी पर अनेक प्रतिबंध थोप दिए।

तालिबान सरकार का पहला फतवा महिलाओं के लिए जारी किया गया कि 'घर से बाहर निकल कर काम करने वाली सभी बहनें' अब घर के अंदर रहेंगी और किसी काम से यदि उनको घर से बाहर निकलना आवश्यक हुआ तो उनका बदन 'नख से शिख' तक कपड़ों से पूरी तरह ढका रहेगा। इस फतवे का उल्लंघन करने वाली महिलाओं की पिटाई शुरू कर दी गई। इस तरह महिलाओं की शिक्षा और नौकरी पर पाबंदी लगाने के आदेश जारी कर दिए गए। अफगान मर्दों के लिए छह इंच लंबी दाढ़ी रखना अनिवार्य कर दिया गया। तालिबान सरकार ने शरीयत कानून की जिस तरह से संकीर्ण व्याख्या प्रस्तुत की, उसका सबसे ज्यादा प्रभाव बच्चों पर पड़ा, क्योंकि स्कूली बच्चों को पढ़ाने वाली महिलाओं पर पढ़ाने की पाबंदी लगा दी गई थी। तालिबान का तंत्र कथित अपराधियों को शरीयत कानून के अनुसार खुद फाँसी की सजा सुनाता था। इसके चलते न्यायपालिका का अस्तित्व एक सिरे से

गायब हो गया। अब वहाँ का समाज मध्ययुगीन बर्बरता का नजारा पेश कर रहा था। जाहिर-सी बात है कि जब किसी समाज की आधी आबादी के घर से बाहर निकलने पर पाबंदी लगी हो, वह समाज गतिशील कैसे बना रह सकता है। तालिबान सरकार ने पढ़े-लिखे और शिक्षित वर्ग को अपना देश छोड़ने के लिए मजबूर कर दिया था।

इसका नतीजा यह हुआ कि देश का शासन-प्रशासन चलाने वाले प्रशिक्षित लोगों की संख्या बहुत कम रह गई। 1997 के अंत तक यह स्पष्ट होने लगा था कि तालिबान आंदोलन कोई राजनीतिक लक्ष्य प्राप्त नहीं कर सकता। सच तो यह है कि नयी विश्व व्यवस्था में, जहाँ आर्थिक मुद्दे प्रभावशाली होते हैं और बाजार व्यवस्था उन्मुक्त जीवन और उपभोग को प्रोत्साहित करती है, धार्मिक कट्टरता किसी भी रूप में प्रासंगिक नहीं रह जाती। लेकिन तालिबान इक्कीसवीं सदी में तेरहवी शताब्दी का समाज बनाये रखने पर आमादा थे। किसी छोटे-से समुदाय में, कुछ दिनों के लिए, ऐसा हो सकता है, पर देश में नहीं। तालिबान आंदोलन की दूसरी बड़ी कमजोरी यह रही कि उसके हुक्मरानों ने अफगानिस्तान की सदियों पुरानी सामाजिक समरसता के ताने-बाने को बुरी तरह तोड़ डाला। तालिबान हुक्मरानों की पाकिस्तान पर जरूरत से ज्यादा निर्भरता और ओसामा बिन लादेन तथा मीर ऐमल-काँसी को अपने यहाँ शरण देने ने आग में घी का काम किया। ऐसे आतंकवादी-कट्टरपंथी मुस्लिम आंदोलन का जो हश्र होना था, अंततः वही हुआ।

तालिबान के हटने के बाद

तालिबान के पतन के बाद भी अफगानिस्तान का राजनीतिक भविष्य बहुत साफ दिखाई नहीं देता। सारी चीजें इस समय गड्ड-मड्ड हैं। इतना तो स्पष्ट है कि हामिद करजई सरकार की कार्यक्षमता, उसकी विश्वसनीयता और अमेरिका की 'सहयोग, लेकिन अहस्तक्षेप' कीनीति से ही तय होगा अफगानिस्तान का भविष्य। अफगानिस्तान के पिछले इतिहास को देखकर अभी यह कहना मुश्किल है कि हामिद करजई अंतरिम सरकार की अवधि पूरा होने के बाद देश में आम चुनाव की घोषणा कर ही देंगे। यह इस पर निर्भर कि कुल मिला कर परिस्थिति क्या बनती है। अगर रशीद दोस्तम जैसे शक्तिशाली क्षत्रप अंतरिम सरकार के खिलाफ सैनिक मोर्चा खोलते हैं, तो हामिद करजई को चुनाव टालने का अच्छा बहाना मिल जाएगा। यह कहा जा रहा है कि हामिद कर्जिई को अमेरिका के इशारे पर अंतरिम सरकार का मुखिया बनाया गया है। यदि यह सच है, तो उनकी सत्ता को मजबूत बनाए रखने के लिए अमेरिकी हस्तक्षेप जारी रहेगा। ऐसे में इस बात की क्या गारंटी है कि हामिद करजई के खिलाफ विदेशी हस्तक्षेप से नाराज अफगान अपनी बंदूकें फिर नहीं उठाएँगे। लगातार विदेशी हस्तक्षेप से आम अफगान भी आजिज हो उठा है। ओसामा बिन लादेन को जिंदा

या मुर्दा पकड़ने के नाम पर अमेरिका ने अफगानिस्तान का जिस तरह विध्वंस किया है, उसके खिलाफ देर-सबेर अफगान जनता का आक्रोश जरूर भड़केगा। वस्तुतः इस हमले के बाद आम अफगानी अमरीका को खलनायक की तरह देखता है। फिर पिछले बीस साल के दौरान अफगानिस्तान का आधारभूत ढाँचा पूरी तरह नष्ट हो गया है। फीसदी लोग बेरोजगार हैं। महिलाओं की शिक्षा की दर 4 फीसदी से भी कम है। यूनिसेफ की एक रिपोट के मुताबिक अफगानिस्तान के 95 प्रतिशत बच्चे स्कूल नहीं जाते। ऐसे में नई सरकार के सामने देश की नष्ट हो चुकी सामाजिक-आर्थिक व्यवस्था को पटरी पर लाना सबसे बड़ी चुनौती है। सबसे बड़ा सवाल यह है कि उत्तरी गठबंधन में शामिल मुजाहिद्दीन नेता क्या राष्ट्रीय पुनर्निर्माण को ईमानदारी से अंजाम देंगे।

वस्तुतः अफगानिस्तान की आज जो हालत बनी है, उसके लिए केवल ओसामा बिन लादेन या मुल्ला उमर ही नहीं, बल्कि अफगान समाज में हावी कट्टरपंथी तत्व भी बराबर के जिम्मेउदार हैं। 1992 से 1996 तक इन्हीं कट्टरपंथी ताकतों की सरकार थी। उन्होंने क्या किया—सिवाए इसके कि सत्ता की बंदरबाँट में अफगानिस्तान को गृह-युद्ध की आग में झोंक दिया। इसकी चरम परिणति यह हुई कि तालिबान जैसी हिंस्र और प्रतिक्रियावादी ताकत को सिर उठाने का अवसर मिल गया। कुल मिलाकर यह कहा जा सकता है कि तालिबान के पतन के बाद भी अफगानिस्तान में अनिश्चित और अस्थिरता का वातावरण बना हुआ है। इसमें से यदि कुछ सार्थक निकला, तो वह आठवें आश्चर्य से कम नहीं होगा।

संदर्भ

1. लैरी पी. गुडसन : अफगानिस्तान्स एंडलेस वार : स्टेट फेल्योयोर, रीजनल पॉलिटिक्स एंड द राइज ऑफ द तालिबान
2. विलियम माले : फंडामेंटलिज्म रीबॉर्न; अफगानिस्तान एंड द तालिबान
3. पीटर मार्सडेन : द तालिबान : वार, रिलीजन एंड द न्यू ऑर्डर इन अफगानिस्तान
4. माइकल ग्रिफिन : रीपिंग द बर्लविंड : द तालिबान मूवमेंट इन अफगानिस्तान
5. रुडोल्फ एंड रुडोल्फ : द मॉडर्निटी ऑफ ट्रेडीशन
6. राखालदास सेन गुप्ता : बामियान की बौद्ध प्रतिमाएँ', *राष्ट्रीय सहारा,* 23 दिसंबर 1996
7. अहमद रशीद : पॉलिटिक्स एंड स्टेट ऑफ सिविल वार, द *नेशन,* 23 दिसंबर 1996
8. श्रीधर : अफगान बुजकशी
9. *फ्रंटलाइन,* 26 अक्टूबर, 2002

9

फिलस्तीन का शाप

अपनी भौगोलिक और ऐतिहासिक स्थितियों के कारण फिलस्तीन विवाद ने अनेक विचारकों के अनुसार आज 'सभ्यता मूलक संघर्ष' का रूप ले लिया है, इसलिए पाँच हजार वर्षों से रणस्थल बने फिलस्तीन के इतिहास पर एक सरसरी निगाह डालना जरूरी है। फिलस्तीन इस भूमंउल का वह प्रदेश है जो एशिया, यूरोप और अफ्रीका नाम के तीन महाद्वीपों को जोड़ता है। इजराइल का अर्थ है–युद्ध करने वाले देवता के जन। यानी फिलस्तीन एक भूभाग का द्योतक है, जब कि इजराइल एक विशेष उपासना पद्धति से बनने वाली स्थिति का।

फिलस्तीन का इतिहास तीन सहस्राब्दी ईसा-पूर्व का है। एक तरह से इसे इतिहास का उद्गम स्थल माना जाता है। यहाँ आरंभिक दिनों में कैनान लोग बसे। धीरे-धीरे उनका शहरीकरण हुआ और वे नगर-राज्य बनाकर रहने लगे। जेरिको उनका पहला नगर था। कैनानों ने वर्णमाला का भी विकास किया। लेकिन फिलस्तीन की भौगोलिक स्थिति ऐसी थी कि वहाँ एक तरफ मिस्र, सीरिया, मेसोपोटामिया और एशिया का सांस्कृतिक प्रभाव पड़ता रहा तो दूसरी तरफ उस पर कब्जे के लिए बड़े साम्राज्यों में होड़ मची रही। ईसा-पूर्व दूसरी सहस्राब्दी में आमोरी, हित्ती और हुर्री नाम की जातियों ने फिलस्तीन और मिस्र पर हमने किए। पर मिस्र और फिलस्तीन के लोगों ने उन्हें पराजित कर दिया। बाद में वे आक्रांता कैनानों द्वारा अपना लिए गए और इस तरह कैनानों की आबादी दो लाख पहुँच गई।

मिस्र के कब्जे में

ईसा-पूर्व 18वीं शताब्दी में मिस्र में हाइक्सों का शासन स्थापित हुआ और मिस्र साम्राजय ने विस्तारवादी नीति अपनाते हुए बड़े इलाके पर अना कब्जा जमाया। करीब चार

शताब्दियों तक सीरिया और फिलस्तीन मिस्र के कब्जे में रहे। हालाँकि इस दौरान ये प्रदेश अपनी स्वायत्तता बार-बार प्रदर्शित करते रहे ईसा-पूर्व चौदहवीं सदी में जनजातियों का हिब्रू समूह फिलस्तीन पर आक्रमण करने लगा। इन समूहों में मेसोपोटामिया और एनियन समुद्र के आसपास के इलाके की जनजातियाँ थीं।

इजराइली जनजातियों के महासंघ ने ईसा-पूर्व 1230 में जोशुआ के नेतृतव में फिलस्तीन के एक हिस्से को जीत लिया। विजेता इस पहाड़ी पदेश में बसे जरूर, पर पूरे फिलस्तीन को जीत नहीं सके। कैनान नगरों पर कब्जे के लिए फिलस्तीनियों और यहूदियों के बीच खींचतान चलती रही। फिलस्तीनियों ने ईसा-पूर्व 1125 में इस प्रदेश के दक्षिणी हिस्से पर एक स्वतंत्र राज्य की स्थापना की और वहाँ से कैनान के नगर मशलम पर नियंत्रण कायम किया।

इजरायलियों की शिकस्त

ईसा-पूर्व 1050 के करीब फिलस्तीनियों ने इजराइलियों को हरा दियौ इस युद्ध में फिलस्तीनियों ने लौह शस्त्रों का प्रयोग करते हुए श्रेष्ठ सैन्य शक्ति का प्रदर्शन किया। फिलस्तीनियों ने युद्ध में हारे हुए यहूदियों से प्रतिज्ञा-पत्र का बक्शा यानी ऑर्क ऑफ कोवीनेंट छीन लिया। यहाँ इस प्रतिज्ञा-पत्र की संक्षिपत चर्चा जरूरी है। इजराइली परंपरा के अनुसार इजराइल के बच्चों और यहवा (ईश्वर) के बीच मोजेज द्वारा एक प्रतिज्ञा पत्र भरा गया था। मोजेज यानी हजरत मूसा, यहवा के दास और पैगंबर थे। इस प्रतिज्ञा पत्र के आधार पर ही इजराइल को धार्मिक निर्देश हुआ है। इस प्रतिज्ञा पत्र की अवधारणा में यह माना गया है कि इसे एक ओर सारे इजराइल ने और दूसरी ओर ईश्वर ने स्वंय भरा। इसका एक उद्देश्य इजराइल के विभिन्न जातीय समूहों में एकता कायम करना था। माना जाता है कि यहवा ने अपने चमत्कार के माध्यम से मिस्र की सेना को नष्ट कर दिया और इजराइल के निवासियों को बंधन से मुक्ति दिलाई। यहवा भारत के देवराज इंद्र की तरह अपने शत्रुओं और उसकी आज्ञा का उल्लंघन करने वालों के रक्त का प्यासा है।

इसलिए प्रतिज्ञा पत्र ईश्वरीय शक्ति और उसके वचनों का एक चिह्न है और इजराइल पर ईश्वर की कृपा का चिरस्थायी ऋण।

शांति और समृद्धि के दिन

ईसा-पूर्व पहली सहस्राब्दी में यहूदियों के महासंघ को बड़ी सफलताएँ मिलीं। महान शासक डेविड के नेतृतव में इजराइलियों ने फिलस्तीनियों को हरा दिया। डेविड ने यरुशलम को राजधानी बनाकर एक बड़े और स्वतंत्र साम्राज्य की स्थापना की। डेविड के वंशजों ने यहूदी धर्म यानी जूडावाद का प्रचार किया और इजराइल को शांति और समृद्धि प्रदान की। इन शासकों में सोलोमन का नाम विशेष रूप से उल्लेखनीय

है। सोलोमन ने आसपास के खतरों से निपटने के लिए अतिकेंद्रित राज्य की स्थापना की। उन्होंने इसके लिए केंद्रीय सैनिक और प्रशासनिक संगठन भी खड़े किए।

लेकिन ईसा-पूर्व 922 में सोलोमन के निधन के बाद उनका साम्राज्य दो हिस्सों में बँट गया। उत्तरी हिस्से को इजराइल और दक्षिणी हिस्से को जूडा कहा गया। बाइबिल के वर्णनों के अनुसार इस प्रदेश का काफी शहरीकरण हो चुका था। इजराइल और जूडा में केवल सात हजार वर्ग मील के भीतर कम से कम चार ऐसी बस्तियाँ थीं, जिन्हें नगरों की श्रेणी में रखा जा सकता था। इन नगरों में न केवल एक किला या बाजार होता था, बल्कि सेना की छावनी, स्थानीय देवता, पुरोहित और राज्य की सत्ता या उच्च कुल की सत्ता का केंद्र भी होता था।

दुर्दिन की वापसी

ईसा-पूर्व 722-721 में जब पड़ोस के साम्राज्यों का विस्तार होने लगा तो इजराइल का स्वतंत्र राज्य खतरे में पड़ गया। आखिरकार अशीरिया ने इजराइल को जीत लिया। ईसा-पूर्व 586 में जूडा को बैबीलोनिया ने जीत लिया और यरुशलम को नष्ट कर वहाँ रह रहे यहूदियों कोक निर्वासित कर दिया। बैबीलोनिया के आक्रमण के बाद करीब 400 साल तक यहूदियों पर हमले जारी रहे। कभी पर्शिया के लोगों ने फिलस्तीन को जीता, तो कभी सिकंदर के नेतृत्व में यूनानियों ने इस पर अधिपत्य जमाया। ईसा-पूर्व 168 में यहूदियों का स्वतंत्र राज्य कायम हुआ, पर वह ज्यादा समय तक नहीं चल सका।

मैकाबोस के नेतृत्व में स्थापित हुए इस शासन में यहूदियों ने बगावत कर दी। उनका दमन हुआ और बहुत-से यहूदी मारे गए या गुलाम बना कर बेच दिए गए। बाकी यहूदियों को मरुशलम जाने से प्रतिबंधित कर दिया गया। जूडिया का नाम सीरिया फिलस्तीनिया रख दिया गया।

ईसा-पूव्र 63 में रोम ने यरुशलम पर आक्रमण किया। हरोड जूडिया का राजा बनाया गया। उसने अपने पूर्ववर्ती शासक का वध किया और सैकेंड टेंपल (द्वितीय मंदिर) भव्य निर्माण कराया। इस दौरान फिलस्तीन में भारी मारकाट मची और लगभग गृह युद्ध की स्थिति रही।

ईसाइयत का उद्भव

ईसा-पूव्र 37 से 4 तक चले हेरोड के शासन में ही नजरेथ के महान ईसा मसीह का जनम हुआ। उन्होंने 28 से 30 ईसवी के बीच फिलस्तीन में अपनी शिखाओं का प्रसार किया और लोगों से हजरत अब्राहम और मूसा की मूल शिक्षाओं पर लौटने की अपील की। उनकी शिक्षाओं को शासकों के खिलाफ विद्रोह माना गया और उन्हें फाँसी की सजा दे दी गई। ईसाई विश्वास में माना जाता है कि यरुशलम में

सलीब पर चढ़ाए जाने के बाद ईसा मसीह फिर जीवित हो उठे। इसीलिए यरुशलम ईसाइयों के लिए भी पवित्र माना जाता है। यरुशलम मुसलमानों के लिए भी उतना ही पवित्र है। यहाँ चट्टान का गुंबद (डोम ऑफ राक) है, जिसके बारे में मान्यता यह है कि वह मक्का और मदीना के बाद मुसलमानों का तीसरा पवित्र स्थल है।* यह गुंबद उस चट्टान को घेरता है जिस पर अब्राहम ने अपने बेटे आइजक को कुरबानी देने की तैयारी की थी। अब्राहम हिब्रुओं के पूर्वज माने जाते है।

रोम के शासकों ने 70 और 135 ईसवी में यरुशलम को जीता और तबाह किया। रोम के टाइट्स ने हेरोड के मंदिर को पूरी तरह नष्ट करने का आदेश दिया। शहर को तबाह करने के बाद यरुशलम की जगह पर ऐलिया नाम के नए शहर का निर्माण किया गया। फिर वहाँ जुपिटर का मंदिर बनाया गया।

रोम शासक कांर्स्टेंटाइन ने 313 ईसवी में ईसाइयत को मान्यता दी और उसी के साथ फिलस्तीन में फिर शांति और समृद्धि लोटने लगी। कांर्स्टेंटाइन की माँ हेलेना ने यरुशलम की यात्रा की और उसी के साथ ईसाई तीर्थयात्राओं का दौर शुरू हुआ।

मुस्लिम आधिपत्य की शुरुआत

638 ईसवी में मुस्लिम अबर की सेना ने फिलस्तीन पर हमला किया और यरुशलम को जीत लिया। यह युगांतरकारी जीत थी। अरबों की इस जीत के बाद फिलस्तीन पर मुसलमानों के दीर्घकालिक अधिपत्य की शुरुआत हुई, जो 1300 वर्षों तक किसी न किसी रूप में कायम रहीं। यरुशलम के लोग बैजंटाइन (रोम) के शासकों की क्रूरता से तंग आ चुके थे। उसकी तुलना में अरब के मुसिलम आक्रामक ज्यादा दयालु थे। इसीलिए यरुशलम के लोग थोड़े प्रतिरोध के बाद समर्पण को तैयार हो गए। पर उनकी शर्त यह थी कि समर्पण के लिए संधि-वार्ता सीधे खलीफा उमर के साथ हो। खलीफा उमर ने यरुशलम में नंगे पाँव प्रवेश किया। इस दौरान किसी तरह का खून-खराबा नहीं हुआ। जो लोग शहर छोड़ कर जाना चाहते थे, उन्हें इज्जत के साथ जाने दिया गया; जो रुकना चाहते थे, उन्हें जीवन, संपत्ति और उनके पूजास्थलों की सुरक्षा की गारंटी दी गई।

इतिहास के तथ्यों के अनुसार मुसिलम शासकों ने फिलस्तीनियों पर जबरिया अपना धर्म नहीं थोपा। उन्होंने फिलस्तीनियों को इस्लाम अपनाने या न अपनाने की पूरी स्वतंत्रता दी। इसीलिए अरबों की जीत के बाद बहुसंख्यक फिलस्तीनियों

* मुहम्मद साहब ने यरुशलम को पहले किबला की संज्ञा दी थी। मुसलमान नमाज पढ़ते समय इसी दिशा में मुँह करते हें। माना जाता है कि मुहम्मद साहब ने पुराने यरुशलम शहर से ही (जहाँ आज अल-अक्सा मस्जिद है) जन्नत की रात्रि यात्रा की थी।

की इस्लाम अपनाने में एक हजार साल लगे। इसी के साथ यरुशलम में रहने वाले

ईसाइयों और यहूदियों को अपने सामुदायिक प्रशासन और पूजा की पूरी आजादी दी गई।

लेकिन 750 ईसवी में मुस्लिम सत्ता का केंद्र दमिश्क से बगदाद की तरफ खिसक गया और अब्बासिदों का शासन कायम हुआ। इस शासन में फिलस्तीन की पूरी उपेक्षा की गई। वहाँ असंतोष भड़का और फिलस्तीन पर गेर-अरब आक्रांता सेल्जुक, फातिमिद और यूरोपीय क्रूसेडर समय-समय पर कब्जा करते रहे। इन विपरीत स्थितियों के बावजूद फिलस्तीनियों को मुस्लिम जगत के स्वर्ण युग का लाभ मिला। उन्हें विज्ञान, कला, दर्शन और साहित्य की रेष्ठ उपलब्धियों की हिस्सेदारी प्राप्त हुई। लेकिन मामेलुकाओं के अधिपत्य में फिलस्तीन न सिर्फ जड़ता का शिकार हुआ, बल्कि उसका पतन भी हुआ।

1517 ईसवी में एशिया के आटोमन साम्राज्य के तुर्कों ने मामेलुकाओं को हराकर फिलस्तीन पर अपना शासन किया। थोड़े-बहुत बाह्य हस्तक्षेपों के अलावा अगली चार सदियों तक फिलस्तीन पर आटोमन साम्राज्य का ही शासन रहा। इस दौरान फिलस्तीन को प्रशासन के लिहाज से चार जिलों में विभाजित किया गया। इन जिलों का शासन अरब मूल के फिलस्तीनियों के हाथ में सौंपा गया। वे सब कैनानों के वंशज थे। लेकिन ईसाइयों और यहूदियों को बड़े पैमाने पर स्वायत्ता दी गई। सोलहवीं सदी में आटोमन साम्राजय अपने उत्कर्ष पर था और फिलस्तीनियों को उसका पूरा लाभ मिला। लेकिन सत्तरहवीं सदी में जब आटोमन साम्राज्य का पतन शुरू हुआ तो फिलस्तीन का भी पतन होने लगा। इस दौरान आबादी घटकर 350000 (1785) पर आ गई।

1831 से 1840 के बीच मिस्र के आधुनिकीकरण केप्रणेता मुहम्मद अली ने अपना शासन फिलस्तीन तक फैला लिया। उन्होंने सामंती व्यवस्था में सुधार किया, कृषि उत्पादन बढ़ाया और शिक्षा को बेहतर बनाया। 1840 में आटोमन साम्राज्य ने फिर अपनी सत्ता की पकड़ मजबूत की ओर अपने ढंग से फिलस्तीन में सुधार किए।

यहूदियों की घर वापसी

इधर फिलस्तीन में, जहाँ मुख्य रूप से अरब मुस्लिम और ईसाई रह गए थे, यहूदियों ने बसना शुरू किया। 1845 में सिर्फ 12000 यहूदी यरुशलम में रहते थे। 1914 में यह संख्या 85,000 हो गई।

1897 में स्विट्जरलेंड के बासले में यहूदियों का पहला सम्मेलन हुआ और फिलस्तीन में यहूदियों को बसाने के लिए बासले कार्यक्रम को स्वीकार किया गया। दरअसल, इस काल में यूरोप में यहूदियों के सताने की प्रक्रिया शुरू हो गई थी। इसलिए दुनिया भर के यहूदियों ने अपने लिए एक पितृभूमि की तलाश शुरू कर

दी।

सन् 1904 में यहूदियों के चौथे कांग्रेस में यहूदियों के लिए एक प्रदेश के स्थापना का निर्णय लिया गया। 1906 में यहूदियों के सम्मेलन में फैसला किया गया कि फिलस्तीन को उसका देश बनाया जाए। 1914 में प्रथम विश्व युद्ध छिड़ा तो तुर्की ने जर्मनी का साथ दिया। इसकी काट के लिए ब्रिटेन ने अरब देशों से वायदा किया कि अगर वे ब्रिटेन का साथ देंगे, तो वह फिलस्तीन समेत जितने भी देश आटोमन साम्राजय के अधीन है, उन्हें मुक्त करा देगा।

1916 में ब्रिटेन और फ्रांस ने साइक्स-पिकाट समझौता किया, जिसके तहत अरब जगत को दोनों के प्रभाव वाले क्षेत्रों में विभाजित किया गया। इस विभाजन के तहत लेबनान और सीरिया को फ्रांस के साथ और जार्डन व इराक को ब्रिटेन केसाथ संबद्ध कर दिया गया। फिलस्तीन का अंतरराष्ट्रीसयकरण कर दिया गया।

2 नवंबर 1917 को ब्रिटेन के विदेश सचिव आर्थर जे बेल्फार ने ब्रिटेन के एक यहूदी नेता को पत्र लिख कर वादा किया कि फिलस्तीन में यहूदियों के लिए एक देश की स्थापना की जाएगी। सन् 1917-18 में अरब नागरिकों की मदद से ब्रिटेन ने फिलस्तीन को तुर्की के आटोमन साम्राज्य से मुक्त करा दिया। अरब के लोगों ने ब्रिटेन का साथ इसलिए दिया था कि उसने मक्का के शरीफ हुसैन इब्न अली से वादा किया था कि युद्ध के बाद उनके मुल्कों को आजाद कर दिया जाएगा। लेकिन फ्रांस और रूस के साथ किए गए साइकस-पिकाट समझौते के तहत ब्रिटेन ने 'फूट डालो, राज करो' की नीति अपनाई।

सन् 1918 में प्रथम विश्व युद्ध समाप्त होने के बाद यहूदियों ने बड़े पैमाने पर फिलस्तीन में बसना शुरू किया। ब्रिटेन ने लीग ऑफ नेशनस की मदद से इस प्रक्रिया को मंजूरी दिलाई। यहूदियों के बसने की यह प्रक्रिया 1948 तक जारी रही।

सन् 1919 में फिलस्तीनियों ने पहला राष्ट्रीय सम्मेलन आयोजित किया और ब्रिटेन की बेलफार घोषणा का विरोध किया। 1920 में सैन रीमपो सम्मेलन ने ब्रिटेन को फिलस्तीन पर अधिकार दे दिया। हर्बर्ट सैमुअल नाम के एक घोषित यहूदीवादी को फिलस्तीन में ब्रिटेन का उच्चायुक्त नियुक्त किया गया।

ब्रिटेन की दोहरी रणनीति से नाराज अरब के लोगो ने 1929 में यहूदियों पर बड़े पैमाने पर हमले किए। इस संघर्ष में फिलस्तीनियों ने 133 यहूदियों की हत्या की, तो यहूदियों ने 116 फिलस्तीनियों की। इस झगड़े की शुरुआत अल-अक्सा मस्जिद की पश्चिमी दीवार पर उठे विवाद को लेकर हुई। मुसलमानों का कहना था कि यह उनकी पवित्र मस्जिद है, जबकि यहूदियों का कहना था कि यह उनके मंदिर का अवशेष है। जमीन कब्जा करने और यहूदियों के आब्रजन के विरोध में फिलस्तीनियों ने 1936 में छह महीने की हड़ताल की। 1937 में हॉर्ड राबर्ट पील की अध्यक्षता में बने आयोग ने रपट जारी की। रपट में कहा गया था कि फिलस्तीन में अरबों

और यहूदियों के बीच सहयोग की कोई संभावना नहीं है, इसलिए फिलस्तीन को तीन हिस्सों में बाँट दिया जाना चाहिए। एक हिस्सा यहूदियों के पास एक अरब लोगों के पास और तीसरे तटस्थ राज्य पर ब्रिटेन का प्रशासन होना चाहिए।

संयुक्त राष्ट्र संघ का फतवा -

1947 में ब्रिटेन ने फिलस्तीन से हटने का फैसला लिया और संयुक्त राष्ट्र संघ से अपने सुझाव जारी करने की अपील की। 29 नवंबर 1947 को संयुक्त राष्ट्र संघ ने अपना पहला विशेष सत्र आयोजित किया और संयुक्त राष्ट्र फिलस्तीन के विभाजन की योजना को मंजूरी दे दी। इस योजना के तहत यहूदी और अरब राज्य का गठन किया गया और यरुशलम को संयुक्त राष्ट्र के क्षेत्राधिकार के तहत अंतरराष्ट्रीय क्षेत्र घोषित कर दिया गया।

फिलस्तीन के विभाजन के विरोध में अरबों और यहूदियों के बीचदंगे भड़क उठे। यहूदी आतंकवादी समूहों ने अरब के शहरों और गाँवों पर हमले किए और फिलस्तीन में सैकड़ों निहत्थे लोगों का कत्लेआम कर डाला।

यहूदी राज्य की स्थापना

15 मई 1948 को ब्रिटेन ने प्रत्यक्ष तौर पर फिलस्तीन छोड़ दिया। उधर यिशुव के नेताओं को आगे कर यहूदी राज्य की स्थापना का काम शुरू कर दिया गया। उसी दिन मिस्र, ट्रांसजार्डन, सीरिया, लेबनान और इराक की सेनाएँ अरब छापामारों फिलस्तीनियों की तरफ से युद्ध में उतर पड़ीं। लेकिन अरब देश यहूदी राज्य की स्थापना नहीं रोक सके। संयुक्त राष्ट्र के हस्तक्षेप के बाद युद्ध रुका और गाजा पट्टी यहूदियों व पश्चिमी तट जार्डन के नियंत्रण में रह गई। जिस भू-भाग पर अजराइल की स्थापना हुई, वहाँ पहले अरब मूल के आठ लाख नागरिक थे, लेकिन वे घट कर 1 लाख 70 हजार रह गए। बाकी आसपास के अरब देशों में शरणार्थी बन गए और फिलस्तीन (अब इजराइल) में यहूदियों का बहुमत हो गया।

इसके बाद की घटनाएँ वे चाहे 1956 का अरब-इजराइल युद्ध हो, स्वेज नहर की नाकेबंदी हो या 1965 में फिलस्तीनी मुक्ति संगठन की स्थापना–काफी चर्चित रही हैं।

10

सभी को तेल चाहिए

अमेरिका के पूर्व राष्ट्रीय सुरक्षा सलाहकार ज्बिग्नियेव ब्रेजेन्स्की ने 1997 में एक पुस्तक लिखी थी, द ग्रैंड चेसबोर्ड। अंतरराष्ट्रीय व्यावहारिक राजनय में यह पुस्तक सैमुअल पी हटिंग्टन की 'द क्लैश ऑफ सिविलाइजेशन्स' से भी महत्त्वपूर्ण मानी जाती है, क्योंकि इसके माध्यम से मध्य एवं दक्षिण एशिया में अमेरिका की संभावित कूटनीतिक हितों का विशद विवरण प्रस्तुत किया गया है।

11 सितंबर को न्यू यार्क एवं वाशिंगटन में आतंकवादी हमले के बाद अमेरिका के शासकों और टिप्पणीकारों ने इन दोनों पुस्तकों के आलोक में अपनी रणनीति निर्धारित करने की पहल की। सबसे पहले उन्होंने सभ्यताओं के टकराव के रूप में आतंकवादी गतिविधियों को हल करने का प्रयास किया। लेकिन जल्दी ही उन्हें उस सिद्धांत के छिद्रों, समस्याओं, कठिनाइयों एवं भयावह परिणामों का एहसास होने लगा और अब अमेरिका 'द ग्रैंड चेसबोर्ड' के सिद्धांत का अनुकरण करता नजर आ रहा है। अंतरराष्ट्रीय आतंकवाद के खिलाफ लड़ाई के बहाने अमेरिका ने अफगानिस्तान में शतरंज की यह बिसात बिछा दी है जिसका सबसे मारक एवं महत्त्वपूर्ण मोहरा है पाकिस्तान और उद्देश्य है मध्य एशिया के तेल व्यापार पर कब्जा।

अफगानिस्तान की जमीन पर बिछी इस शतरंज में अमेरिका एक के बाद एक रूस, ईरान, चीन एवं यहाँ तक कि भारत को भी मात देने की तैयारी कर चुका है और लग रहा है कि आतंकवाद के खिलाफ लड़ाई धीरे-धीरे मध्य एशिया में तेल व्यापार पर कब्जे की लड़ाई में तब्दील हो सकती है।

11 सितंबर की घटना ने अमेरिकी रणनीतिकारों, सुरक्षा प्रबंधकों और आर्थिक विश्लेषकों के सामने अभी तक के इतिहास का सबसे महत्त्वपूर्ण सवाल खड़ा कर दिया है। वह सवाल था कि इस घटना के बाद अमेरिका को विश्व की पिछड़ी दुनिया

के साथ किस तरह का रिश्ता रखना चाहिए। एक रास्ता अमेरिका को पूरी दुनिया में आतंकवाद के राष्ट्रीय एवं अंतरराष्ट्रीय स्वरूप को कठोरता से खत्म करने की चेतावनी दे रहा था। 11 सितंबर के बाद इसी दृष्टिकोण को ध्यान में रखकर उसने सबसे पहला नारा दिया 'वार अगेन्स्ट टेरर' यानी आतंक के खिलाफ युद्ध। इस नारे ने जहाँ भारत, रूस, श्रीलंका, ईरान, पूर्व सोवियत संघ के कई छोटे-छोटे देशों तथा यहाँ तक कि चीन के अंदर भी यह आशा पैदा की कि शायद विश्व के सबसे ताकतवर देश के खिलाफ यह हमला आतंकवाद के समूल खात्मे पर ही जाकर रुकेगा। अमेरिकी भलमनसाहत की आशा रखनेवाले कुछ लोगों को तो यहाँ तक लगा कि शायद शताब्दी का यह पहला युद्ध विश्व जनता के दिमाग से आतंकवाद के सारे भय खत्म कर देगा। इस नारे ने जहाँ दुनिया के सारे आतंकवादी संगठनों और उन्हें प्रश्रय देने वाली विभिन्न देशों की सरकारों के अन्दर भय की सिहरन पैदा कर दी, वहीं इस नारे के द्वारा अमेरिका ने भविष्य की अपनी सैनिक-आर्थिक योजना पर वैधानिकता की मुहर लगवा ली।

विश्व जनमत को प्रथम दृष्ट्या अपने पक्ष में करने के बाद अब अंतरराष्ट्रीय आतंकवाद के खिलाफ लड़ाई को सैद्धांतिक जामा पहनाने की जरूरत अमेरिका को महसूस हुई। यह काम हटिंग्टन ने पूरा किया और इस लड़ाई को 'वार अगेन्स्ट सिविलाइजेशन, लाइफ स्टाइल एंड कल्चर' यानी 'सभ्यता, जीवन शैली और संस्कृति के खिलाफ युद्ध' का नाम दिया। इस नारे के द्वारा उसने भारत और रूस सहित पश्चिमी यूरोप एवं अफ्रीका तथा एशिया के सारे लोकतांत्रिक देशों का दिल जीत लिया। लेकिन लादेन, तालिबान और इस्लाम के नाम पर सक्रिय आतंकवादियों के तथाकथित जिहाद का पैना जवाब उसे ढूँढ़ना अभी बाकी था। एक खास तरह के आतंकवाद के खिलाफ अमेरिका एवं यूरोप की जनता के मन में दबे गुस्से को जिहादियों की भाषा में ही जवाब देने के लिए उसने 'क्रूसेड अगेन्स्ट टेररिज्म' की घोषणा की। इस नारे के बाद अमेरिकी नीयत पर दुनिया के प्रबुद्ध लोकतांत्रिक जनमानस में संदेह के बादल घिरने लगे। आधुनिक दुनिया में इस्लामी जिहाद का जवाब मध्ययुगीन 'धर्मयुद्ध' से देने के इस वक्तव्य से अमेरिकी बौद्धिकता का खोखलापन भी साफ-साफ नजर आने लगा और यह अनुमान लगाया जाने लगा कि यह लड़ाई अंततः कतिपय मुस्लिम देशों के अंदर ही सीमित रहने वाली है। फिर भी तथाकथित जिहाद से पीड़ित भारत, रूस और चीन को थोड़ी आशा बँधी थी कि शायद इसका केंद्र इस्लाम के नाम पर लड़ने वाले आतंकवादी बनें, क्योंकि ये तीनों देश काफी दिनों से इस्लामी आतंकवाद से पीड़ित रहे हैं।

शतरंज की बृहत बिसात

कविता की शैली में आतंकवाद के खिलाफ युद्ध को बार-बार नया नाम देते-देते राष्ट्रपति

जॉर्ज बुश अंततः 'वार फॉर इंड्यूरिंग फ्रीडम' पर आकर टिक गए, जो सिर्फ और सिर्फ अमेरिका के लिए लागू होता है। अधिकांश लोग अभी तक इस नारे का मतलब भी नहीं समझे हैं कि इसका मतलब क्या है। क्या आतंकवाद के खिलाफ स्पष्ट लड़ाई एक अस्पष्ट नारे में जाकर फँस गई है और उसी तरह लड़ाई की रणनीति भी क्या कुछ अन्य मामलों को सुलझाने का माध्यम बन गयी है ? अब यह बात सभी की समझ में आ गयी है 'कि आतंकवाद के सभी रूपों के खिलाफ संयुक्त लड़ाई करने की अमेरिकी घोषणा जल्द सिर्फ ओसामा बिन लादेन और तालिबान के उस कट्टर तबके के साथ क्यों सीमित हो गई, जिसने लादेन को समर्थन दिया था। लोगों को यह भी साफ-साफ दिखने लगा है कि विश्व का यह सबसे ताकतवर देश इस बहाने एक बहुत ही दूरगामी लक्ष्य को प्राप्त करना चाहता है। वह लक्ष्य है मध्य एशिया काकेशिया और कैस्पियन इलाके में तेल तथा गैस के व्यापार पर एकछत्र अमेरिकी नियंत्रण का। इसी से जुड़ा हुआ दूसरा लक्ष्य है यूरेशिया और मध्य एशिया में ताकतवर या लोकतांत्रिक देशों के बढ़ते प्रभाव को रोकने का।

द्वितीय विश्व युद्ध के बाद दुनिया के तकरीबन सभी देशों से ब्रिटिश उपनिवेशवाद की समाप्ति ने अमेरिका को साधन एवं शक्तिसंपन्न यूरोपीय देशों का एकछत्र नेता बना दिया था। जर्मनी का एकीकरण और फ्रांस के साथ अमेरिका की सांस्कृतिक टकराहट भी उसकी इस ताकत को जरा भी प्रभावित नहीं कर पाया। अफ्रीका, आस्ट्रेलिया और लैटिन अमेरिका भी इसकी आर्थिक व्यवस्था के साथ अभिन्न रूप से जुड़ गए। ईरान और इराक को छोड़कर मध्य-पूर्व एवं खाड़ी के देशों पर इसने अपनी पकड़ मजबूत बना ली। लेकिन विखंडन के बावजूद सोवियत संघ के टूटे हुए हिस्से, रूस, चीन, ईरान, इराक कएवं दक्षिण एशिया इनकी आँखों में अभी भी चुभ रहे थे। ये देश न सिर्फ अंतरराष्ट्रीय राजनीति में अपेक्षाकृत प्रभावी तथा स्वतंत्र उपस्थिति बनाए हुए थे, बल्कि इनका आकार भी इन्हें ताकतवर बनाए हुए था। आर्थिक पुनर्रचना एवं अंतरराष्ट्रीय धनदाता संस्थाओं के द्वारा अमेरिका ने दक्षिण एशियाई देशों तक राजनीतिक एवं आर्थिक पहुँच बना ली थी। लेकिन मध्य एशिया, काकेशिया और कैस्पियन इलाके के तेल भंडार रूस, ईरान, इराक तथा सोवियत संघ के विखंडित हिस्सों में बड़े पैमाने पर मौजूद थे, जिन पर अमेरिका की नजर काफी दिनों से केंद्रित थी। यह अन्यथा नहीं है कि विभिन्न शब्दों में राजनयिक विश्लेषक आतंकवाद के खिलाफ अमेरिकी लड़ाई को इन इलाकों के तेल व्यापार पर कब्जे की लड़ाई में तब्दील होने की संभावनाएँ देख रहे हैं। ब्रेजेन्स्की की 'शतरंज की बृहत बिसात' अब इनका दिशा निर्देशन करने लगी है। इस दृष्टिकोण से देखें तो लादेन और तालिबान के कट्टर हिस्से को परास्त कर अफगानिस्तान में अपनी मनमाफिक सरकार की स्थापना कर अमेरिका ने सिर्फ अपना तात्कालिक लक्ष्य पूरा किया है और इसके साथ ही उसके दूरगामी लक्ष्य यानी अफगानिस्तान के माध्यम से यूरेशियाई

हृदय क्षेत्र यानी तेल निर्यातक क्षमता वाले छोटे-छोटे देशों पर प्रत्यक्ष नियंत्रण की राजनीतिक पृष्ठभूमि बन गयी है। यहाँ यह स्पष्ट कर देना जरूरी है कि अमेरिकी आर्थिक एवं राजनीतिक मंसूबे में तेल भंडार का स्वतंत्र अस्तित्त्व अमेरिकी मंसूबे में आज भी बाधक बना हुआ है। हालाँकि तेल बाजार पर अमेरिका का ही नियंत्रण है, लेकिन मध्य एशिया के तेल व्यापार पर नहीं। सोवियत संघ के जमाने में इस इलाके में अमेरिका का प्रत्यक्ष हस्तक्षेप तो बिल्कुल संभव नहीं था, लेकिन सोवियत विखंडन के बाद और अफगानिस्तान में रूस विरोधी सरकार के आने से अमेरिका को अपनी बिसात में सफलता के संकेत दिखने शुरू हुए। 'द ग्रैंड चेसबोर्ड' की धारणा भी यही थी कि किसी बड़े देश को बहुत ताकतवर और प्रभावशाली नहीं बनने देना है और अगर कोई देश इस ओर बढ़ रहा है तो उसे छोटे-छोटे देशों द्वारा परेशान करवाना है। आतंकवाद को इस इलाके से पूरी तरह से खत्म कर देने का मतलब होगा भारत, रूस और चीन को बेलगाम बना देना और ऐसा होना पर मध्य एशिया के तेल तथा गैस व्यापार में इन तीनों देशों के अलावा ईरान की चलेगा, न कि अमेरिका या ब्रिटेन की। दरअसल, अब इस इलाके में पाकिस्तान और अफगानिस्तान की मदद से अमेरिका मध्य-पूर्व खाड़ी देशों में सऊदी अरब तथा संयुक्त अरब अमीरात पर अपनी निर्भरता में खत्म करना चाहता है। पाकिस्तान के द्वारा वह भारत और चीन दोनों पर नियंत्रण करना चाहता है, वहीं मुस्लिम जमात के अंदर पाकिस्तान के द्वारा एक बिखराव भी पैदा करना चाहता है।

अमेरिका के प्रतिद्वंद्वी

काकेशियाई एवं कैस्पियन देशों के भूगोल पर एक नजर डालें तो पाते हैं कि इस इलाके में अधिकांश देशों के पास अपना समुद्र तट नहीं है, लेकिन गैस एवं तेल के अकूत भंडार यहाँ दबे पड़े हैं। रूस का इन पर अभी भी सबसे ज्यादा नियंत्रण है और चीन तथा ईरान का भी इन पर तेजी से प्रभाव पड़ रहा है। अफगानिस्तान के नॉर्दर्न एलायंस के माध्यम से भारत भी इधर अपना प्रभाव बढ़ाने की कोशिश में लग गया है। इन चारों ताकतवर एशियाई देशों (रूस को अगर मध्य एशिया से जुड़ा एक बड़ा हिस्सा मानें तो) के विरुद्ध अमेरिका अब उजबेकिस्तान, तुर्की, पाकिस्तान, अफगानिस्तान, इजरायल तथा पश्चिमी देशों के साथ मिलकर एक नया समीकरण बनाने की कोशिश में है। दरअसल, इस कोशिश की सफलता पर अमेरिका की विश्व विजय पर निर्भर करती है, जिसके प्रति वह गंभीर होता जा रहा है। दूसरी तरफ आर्मेनिया, कजाकिस्तान, किरगिस्तान, तुर्कमेनिस्तान और रूस का समीकरण बनता दिखाई दे रहा है। 'शंघाई-5' (रूस, चीन, कजाकिस्तान, किरगिस्तान और ताजिकिस्तान) की स्थापना, ईरान के साथ इस समूह की प्रत्यक्ष दोस्ती, इराक के प्रति सहानुभूति तथा रूस एवं भारत की बढ़ती मित्रता अमेरिकी समीकरण के आड़े

आ सकती है। इसलिए अमेरिका यहाँ स्थित उजबेकिस्तान के साथ पहले ही रक्षा संधि कर चुका है। वहीं कई देशों में जिहादी आंदोलनों द्वारा उसे परेशान रखने की कोशिशों में भी लगा हुआ है। अमेरिका अब इन इलाकों से तेल एवं गैस का एक वैकल्पिक मार्ग तो अफगानिस्तान तथा पाकिस्तान से होकर तलाशना चाहता है तो दूसरा उजबेकिस्तान से होकर यूरोप की ओर ले जाना चाहता है। ध्यान देने वाली बात यह है कि 1998 तक कैस्पियन एवं काकेशियाई देशों की सारी तेल एवं गैस पाइपलाइनें रूस होकर जाती थीं। इसका एकमात्र अपवाद तुर्कमेनिस्तान-ईरान पाइपलाइन थी, जिसे 1997 में चालू किया गया था। इस स्थिति को बदलने के लिए विभिन्न तरीकों से यहाँ इस्लामिक आंदोलन तीव्र किए गए। उत्तरी काकेशियाई देशों को मिलाकर एक संयुक्त इस्लामी राज्य बनाने का आंदोलन तेज किया गया, जिसमें रूस के स्वायत्त राज्यों चेचन्या, दागिस्तान, इंगोशेतिया, काबर्डिनों, बल्कारिया तथा काराचेवो चर्केशिया शामिल थे। ऐसा होने से दागिस्तान के माध्यम से चारों ओर जमीन से घिरे चेचेन्या को कैस्पियन सागर में प्रवेश मिल सकता था। इसी नीयत से चेचेन्या और दागिस्तानी लोगों ने मिलकर अप्रैल 1998 में संयुक्त महासभा की स्थापना की, जिसका अध्यक्ष चेचेन्या के पूर्व प्रमुख 'सामिल बसायो' को बनाया गया। फरवरी 1999 में उन्हें इस्लामिक 'सूरा' का नेता भी चुन लिया गया। उसी वर्ष 7 मई को दागिस्तान में जिहाद की शुरुआत कर दी गई और 24 जुलाई को बसायो ने अपने-आपको अमीर घोषित कर दिया तथा 10 अगस्त को स्वतंत्र इस्लामिक राज्य दागिस्तान की घोषणा कर दी गई। रूस इन बातों से काफी क्षुब्ध था और वह इन जिहादियों के खिलाफ सैनिक कार्रवाई भी कर रहा था। लेकिन चूँकि अमेरिका और यूरोपीय समुदाय इसमें अपना हित देख रहे थे, इसलिए उन्होंने मध्यस्थता की पेशकश की और मामले का राजनीतिक हल निकालने पर जोर दिया। जब रूस की शक्ति फिर भी कम नहीं हुई, तो 1999 के अपने इस्तांबुल बैठक में ओ एस सी ई (ऑर्गेनाइजेशन फॉर सेक्युरिटी एंड कोऑपरेशन इन यूरोप) ने यह भी धमकी दे डाली कि रूस को आइ एम एफ (अंतरराष्ट्रीय मुद्रा कोष) से मिलने वाली सहायता चेचन्या में उसके सैन्य अभियान में कमी के अनुरूप ही मिलेगी, हालाँकि यह मामला आज तक सुलझाया न जा सका है और रूस के प्रभाव को कम करने में अमेरिका तथा यूरोपीय समुदाय अभी तक सफल नहीं हो पाए हैं। उस समय अमेरिका को पाकिस्तान की उपयोगिता नजर नहीं आ रही थी और वे इस इलाके में अपनी प्रत्यक्ष पहुँच बनाना चाहते थे। इस लिहाज से उन्होंने रूस को छोड़कर गैस एवं तेल पाइपलाइनों के अन्य एवं वैकल्पिक मार्गों की तलाश शुरू कर दी। लिहाजा उनके पास चार महत्त्वपूर्ण विकल्प सामने आए जो व्यावहारिक प्रतीत हो रहे थे। इनमें सबसे महत्त्वपूर्ण पश्चिमी मार्ग था जो जॉर्जिया से काला सागर होते हुए यूरोप तक जाता है और वह भी युक्रेन से रोमानिया या बल्गारिया से ग्रीस की तरफ। दूसरा रास्ता था दक्षिणी-पश्चिमी मार्ग

जो अजरबेजान से जॉर्जिया और तुर्की होते हुए भूमध्य सागर तक चला जाता है। तीसरा रास्ता था ईरान होकर तुर्की और परसियन खाड़ी होते हुए यूरोप की ओर या ईरान, पाकिस्तान और अफगानिस्तान होते हुए अरब सागर की ओर। चौथा मार्ग पूरब का था जो कजाकिस्तान और तुर्कमेनिस्तान होते हुए चीन की तरफ जाता है। ईरान से अनबन होने के कारण अमेरिका ईरानी मार्ग चालू करने के पक्ष में नहीं था, लेकिन इसके विपरीत कजाकिस्तान और तुर्कमेनिस्तान जैसे लिट्टोरल देश इसे आकर्षक मान रहे थे। यहाँ तक कि अमेरिका की विख्यात तेल कंपनी मोबिल ने सस्ता होने के कारण ईरानी रास्ते को पसंद किया, लेकिन अमेरिकी प्रशासन को यह कतई स्वीकार्य नहीं था। उधर ईरान ने नेका के कैस्पियन हिस्से से तेहरान स्थित तेल शोधक कारखाने तक पाइपलाइन बिछाने की घोषणा कर दी। इस कदम के द्वारा ईरान ने कैस्पियन क्षेत्र के तेल को अपनी ओर मोड़ने का प्रयास किया। इसका मुकाबला करने के लिए अमेरिका ने अजरबैजान के बाकू और तुर्की के सिहान के बीच पाइपलाइन बिछाने का प्रस्ताव दिया, लेकिन इसे ईरान की सीमा से नहीं गुजारने की सख्त ताकीद की गई। दूसरी तरफ, अमेरिका ने कजाकिस्तान को अपने पक्ष में मिलाने के लिए तुर्की होते हुए सिहान से तेल एवं गैस पाइपलाइन बिछाने का समर्थन किया। इससे इलाके में रूस का प्रभाव काफी कम हो जाता, इसलिए रूस ने खुले तौर पर इसका विरोध किया। इसी ऊहापोह के बीच अमेरिका अंततः बाकू-सिहान पाइपलाइन मार्ग को चालू कराने के सवाल पर संबंधित पक्षों के बीच समझौता कराने में सफल हो गया। इस पाइपलाइन मार्ग को अमेरिका ने इतना महत्त्व दिया कि समझौते पर न सिर्फ तत्कालीन अमेरिकी ऊर्जा मंत्री बिल रिचर्डसन ने हस्ताक्षर किए, बल्कि अंकारा में अजरबैजान, जॉर्जिया, कजाकिस्तान, तुर्की और उज्बेकिस्तान के राष्ट्रपतियों द्वारा संयुक्त रूप से इसकी घोषणा की गई।

इस संधि ने क्षेत्र के दो बड़े खिलाड़ियों रूस और ईरान के कान खड़े कर दिए। उन्होंने स्पष्ट तौर पर इसे काकेशिया और कैस्पियन क्षेत्र में अमेरिकी हस्तक्षेप की संज्ञा दी। मामला इतना तनावपूर्ण हो गया कि रूस को शीत युद्ध के अपने पुराने दिन याद आने लगे और उसने अमेरिका को खुलेआम चेतावनी दी कि वह इस मामले का अतिशय राजनीतिकरण करने से बाज आए। ईरान ने भी अमेरिका के इस कदम की तीखी आलोचना की। उसने कहा कि यह कदम मध्य एशिया के आपसी मामले में प्रत्यक्ष और अनावश्यक हस्तक्षेप के अलावा और कुछ नहीं है। वैसे, जल्दी ही यह संधि अपने ही बोझ के तले कराहने लगी। 1998 के अंत में तेल के मूल्यों में आई गिरावट ने इस संधि की प्रासंगिकता पर सवाल खड़े कर दिए। खुद संधि करने वाले देशों ने इसे एक महँगा और अव्यावहारिक मार्ग कहकर इसके परखच्चे उड़ाने में कोई कसर नहीं छोड़ी। महीनों तक इस पर बहस जारी रही। लेकिन, चूँकि रूस के वर्चस्व को कम करना था, इसलिए अंततः 1999 में अजरबैजान और

जॉर्जिया ने रूस को दरकिनार करते हुए 920 कि.मी. लंबी बाकू-सुप्सा पाइपलाइन को चालू करा दिया। इस बीच 1998 में ही कैस्पियन भंडारों से तेल निकालने के लिए अमेरिका ने तुर्कमेनिस्तान के साथ एक समझौता किया। यह भी कम रोचक नहीं है कि इस समझौते पर हस्ताक्षर तब किए गए जब तुर्कमेनिस्तान के राष्ट्रपति नियाजोव ने अप्रैल 1998 में अमेरिका की यात्रा की। इसका इतना फायदा अवश्य मिला कि इससे तुर्की और अमेरिका के संबंधों में आई दरार पट गई। इस संधि के बाद अमेरिकी रणनीतिकारों की खुशी का पारावार न रहा और उन्होंने अगस्त 1998 में तुर्कमेनिस्तान के साथ मिलकर अफगानिस्तान और पाकिस्तान होते हुए 1271 कि.मी. लंबी गैस पाइपलाइन की योजना घोषित कर दी। लेकिन इस बीच मध्य एशिया की परिस्थिति एक बार फिर बदल गई और तंजानिया तथा केन्या स्थित अमेरिकी दूतावास पर हुए आतंकवादी हमलों के जवाब में अमेरिका को खोस्त स्थित मुस्लिम आतंकवादी अड्डों पर टॉम हॉक मिसाइलों से हमला करना पड़ा। इन हमलों ने अफगान शासकों पर अमेरिका के विश्वास को तगड़ा झटका दिया और अमेरिकी गैस कंपनी यूनोकल ने इस योजना को अस्थायी तौर पर आगे बढ़ने से रोक दिया। अब बारी यूक्रेन की थी और उसने अमेरिका के पक्ष में निर्णय लेकर यूक्रेन से काला सागर होते हुए पूरब-पश्चिम संवहन कॉरीडोर को खुला समर्थन दे दिया।

शांति के लिए संघर्ष

तेल एवं गैस पाइपलाइन बिछाने की इस उठा-पटक में न सिर्फ राजनीतिक राजनय का सहारा लिया जा रहा था, वरन विरोधियों को डराने के लिए सैन्य गतिविधियाँ भी जोरों से बढ़ा दी गईं। 1998 में कजाकिस्तान ने कैस्पियन सागर होते हुए तेंजिंग क्षेत्र से अजरबेजान स्थित तेल टर्मिनलों तक प्रवाह को सुगम एवं सुरक्षित बनाने के लिए 'बर्फीली चीता' के नाम से विशेष जहाजी पेट्रोल फोर्स की स्थापना की। अमेरिका ने भी इसे चुनौती के रूप में लिया और रूस तथा ईरान पर वर्चस्व कायम करने के लिए नाटो ने 'पार्टनरशिप फॉर पीस' प्रोग्राम की घोषणा कर दी। इससे प्रेरित होकर कजाकिस्तान ने नाटो के साथ सैनिक सहयोग की रणनीति अपनाई तथा किरगिस्तान एवं उजबेकिस्तान के साथ मिलकर तुर्की और अमेरिका से सैन्य सहयोग स्थापित किया। इसी का परिणाम था कि पहले परसियन सागर (1997) तथा बाद में कैस्पियन सागर (1998) में उन्होंने संयुक्त सैनिक पहलकदमी बढ़ा दी। इसके अलावा अमेरिका और तुर्की ने 'पार्टनरशिप फॉर पीस' प्रोग्राम के तहत अजरबैजान और जॉर्जिया के हथियारों का आधुनिकीकरण कर दिया। इसी कार्यक्रम के तहत कजाकिस्तान ने अपनी नई सैन्य नीति घोषित की और इस क्षेत्र में रूस के दबदबे को तोड़ने के लिए नाटो के साथ हाथ मिला लिया। चीन भी नाटो के व्यवहार से साफ-साफ खिन्न दिख रहा था और कोई बड़ा झमेला न खड़ा हो जाए, इससे बचने

के लिए अमेरिका और तुर्की ने जॉर्जिया होकर अजरबैजान से काला सागर जाने वाले तेल टैंकरों की सुरक्षा के लिए शांति सेना बहाल करने की घोषणा कर दी।

एक तरफ जहाँ एक बाहरी ताकत के रूप में अमेरिका एवं नाटो मध्य एशिया में अपनी सैनिक उपस्थिति बना रहे थे, वहीं दूसरी तरफ रूस भी काफी चतुराई के साथ अपने पुराने वर्चस्व को कायम रखने के लिए सचेष्ट हो रहा था। अजरबैजान से होकर जानेवाले तेल पर नियंत्रण कायम रखने के लिए 1998 में रूस ने चेचेन्या के साथ जहाँ एक तरफ सैन्य समझौता किया वहीं चेचेन्या की अवहेलना करते हुए दागिस्तान होकर नए पाइपलाइन बिछाने की कवायद शुरू कर दी थी। हालाँकि 1998 में दागिस्तान के खुद अस्थिर हो जाने के कारण अमल होने के पहले ही स्थगित हो गया।

दूसरी तरफ जॉर्जिया में अबूख़ाजिया आंदोलन शुरू हो गया जिसने सुप्सा में तेल टर्मिनलों को बाधित करना शुरू कर दिया। अपनी अवहेलना का पुराना बदला चुकाने के लिए रूस ने अबूख़ाजिया आंदोलन का खुलकर समर्थन किया और उसे अप्रत्यक्ष सहयोग भी दिया। इस आंदोलन के कारण अजरबैजान और जॉर्जिया से गुजरते हुए काले सागर की तरफ जानेवाली बाकू-सुप्सा पाइपलाइन का भविष्य संदेहास्पद हो गया। इसी तर्ज पर ईरान की उपेक्षा कर बाकू-सिहॉन पाइपलाइन को भी मुश्किलों का सामना करना पड़ा। इस पाइपलाइन के रास्ते में आने वाले नागानो-काराबाक (अजरबैजान) के शिया मुसलमानों के खिलाफ ईरान ने ईसाई आर्मीनियनों को समर्थन दिया। उधर चीन भी मध्य एशिया में तेल एवं गैस भंडारों पर अपनी नजर जमाए हुए है मगर इस्लामी आतंकवाद ने पिछले कई वर्षों से उसकी नाक में भी दम कर रखा है। लेकिन अमेरिका इस क्षेत्र की तीनों बड़ी ताकतों की उपेक्षा कर तेल एवं गैस व्यापार की अपनी रणनीति पर कायम है। इसी के प्रतिक्रियास्वरूप रूस, चीन, कजाकिस्तान, किरगिस्तान और ताजिकिस्तान ने शंघाई-5 संधि पर हस्ताक्षर किए हैं। इस संधि का मूल उद्देश्य मध्य एशियाई इलाके में अमेरिका के प्रवेश को रोकना है। ईरान भी काफी हद तक इस संधि का समर्थन कर रहा है और भारत भी इसके विरोध में नहीं है या यों कहें भारत इसके नजदीक जा रहा है। अमेरिका ने फिलहाल उज्बेकिस्तान में अपना सैनिक अड्डा स्थापित कर लिया है, जिसकी प्रक्रिया 1995 में ही शुरू हो गई थी जब रूस और ईरान के प्रभाव से घबराकर उज्बेकिस्तान ने अमेरिका की तरफ दोस्ती का हाथ बढ़ाया था, लेकिन कहीं उज्बेकिस्तान अपने छोटे-छोटे पड़ोसी देशों पर अमेरिकी क्षत्रप की तरह न काम करने लगे, इसलिए कजाकिस्तान, किरगिस्तान रूस के पक्ष में मुखातिब हो गए। मध्य एशिया में तेल एवं गैस भंडार के शतरंज में अब तकरीबन सभी मोहरों ने अपनी जगह निर्धारित कर ली है और आनेवाले दिनों में असली खेल अमेरिका एवं पश्चिम बनाम रूस, चीन एवं ईरान के बीच होना है। अमेरिका जहाँ छोटे-छोटे इलाकाई क्षत्रपों के

माध्यम से इन तीनों देशों पर अंकुश लगाने की योजना बना रहा है, वहीं रूस शंघाई-5 एवं ईरान को एकजुट करने की ओर बढ़ा रहा है।

इस क्षेत्र पर अमेरिकी पकड़ के लिए अफगानिस्तान पर नियंत्रण किसी भी बाहरी देश के लिए बहुत जरूरी है। दिसंबर 2000 में प्रकाशित अमेरिकी ऊर्जा सूचना तथ्य पत्र ने अफगानिस्तान को तेल एवं गैस के एक असरदार मार्ग के रूप में चित्रित किया था, जिसे पाकिस्तान होते हुए अरब सागर की ओर लाया जा सकता है। 11 सितंबर को हुए आतंकवादी हमले ने अमेरिका को वह मौका दे दिया और अब इस बात की संभावना बढ़ गई है कि 'कट्टर' तालिबान और अल-कायदा के नेटवर्क को ध्वस्त करने की लड़ाई मध्य एशियाई तेल एवं गैस पाइपलाइन के छीन-झपट की लड़ाई में तब्दील होने वाली है। अफगानिस्तान में अमेरिका द्वारा मन माफिक सरकार बनाने के लिए एड़ी-चोटी का जोर लगाना तथा आतंकवाद को हर तरह की सहायता देने वाले पाकिस्तान को अपने खेमे में शामिल कर लेना अमेरिका की इसी नीति को जाहिर करता है। अपनी इस रणनीति के तहत तेल मामले में अमेरिका सऊदी अरब पर अपनी एकमात्र निर्भरता को खत्म करना चाहता है और इस उद्देश्य की पूर्ति के लिए मुस्लिम देशों के नेता के रूप में पाकिस्तान को खड़ा करना चाहता है। इसमें अफगानिस्तान की केंद्रीय भूमिका हो सकती है, जहाँ अपनी प्रत्यक्ष उपस्थिति के द्वारा अमेरिका मध्य एशिया के सारे देशों पर नियंत्रण कर सकता है। तेल एवं गैस के भंडार इस इलाके में लगातार अशांति का एक बड़ा कारण है। उधर अल-कायदा और इस्लामिक मूवमेंट ऑफ उज्बेकिस्तान का पूरा प्रयास सोवियत संघ से टूटकर अलग हुए मुस्लिम देशों, पश्चिमी चीन, पाकिस्तान और कश्मीर को मिलाकर एक बड़ा इस्लामी देश बनाने का है। आतंकवाद के खिलाफ अमेरिका द्वारा लड़ाई की घोषणा के बाद रूस, चीन और भारत द्वारा समर्थन के पीछे यही धारणा थी कि जिहाद के नाम पर कार्य करने वाले आतंकवादियों से संभवतः पीछा छुड़ाया जा सके। यहाँ तक कि मध्य एशियाई देशों की अधिकांश सरकारें भी अब इस इलाके में शांति चाहती हैं। ये देश अपने तेल एवं गैस भंडारों के बारे में सचेत तथा जागरूक हो गए हैं और यह अब उन्हें अपनी भावी संपन्नता का सबसे बड़ा कारण नजर आने लगा है। उन्हें लगता है अगर इस इलाके में शांति हुई तो पूरी दुनिया के तेल निवेशक मध्य एशिया की तरफ रुख कर सकते हैं। एक अमेरिकी आकलन के अनुसार कैस्पियाई क्षेत्र में दुनिया का तीसरा सबसे बड़ा तेल भंडार स्थित है। अगले 15-20 सालों में संभावना व्यक्त की जा रही है कि यह परसियाई खाड़ी क्षेत्रों को भी तेल भंडार के मामले में मात कर देगा। उदाहरण के लिए, सिर्फ तुर्कमेनिस्तान में दुनिया का तीसरा सबसे बड़ा गैस भंडार है। एक अनुमान के मुताबिक यहाँ तकरीबन तीस शंख घनमीटर गैस पूरी तरह सुरक्षित स्थिति में है और तेल भंडार की मात्रा करीब 6 अरब बैरल है।

इतने बड़े ऊर्जा स्रोत पर सोवियत संघ का कब्जा बना हुआ था, जो पश्चिमी देशों और अमेरिका की निगाहों में लगातार खटकता रहा था। अनुमान लगाए जा रहे थे कि जिस गति से तेल और ऊर्जा की माँग बढ़ रही है, उसमें सन 2050 तक परसियाई खाड़ी क्षेत्र से आपूर्ति नहीं हो पाएगी और स्वाभाविक तौर पर तेल एवं गैस व्यापार का सबसे बड़ा केंद्र मध्य एशिया बन जाएगा। हालाँकि खुद अमेरिका के पास भी तेल का बहुत बड़ा संरक्षित भंडार है, लेकिन वह फिलहाल इस भंडार के उपयोग के पक्ष में नहीं है। यहाँ ध्यान देने वाली बात यह भी है कि दुनिया के तेल अन्वेषकों एवं व्यापारियों के अधिकांश लोग अमेरिका एवं पश्चिमी दुनिया से आते हैं और उनकी रुचि भी इस भंडार का अपने हित में उपयोग करने की है। अफगानिस्तान-पाकिस्तान मार्ग इन इलाकों से इस खजाने को बाहर लाने का सबसे सुगम रास्ता है। यही वजह है कि अल-कायदा और तालिबान के खिलाफ लड़ाई में पूरा यूरोपीय समुदाय बिना ज्यादा हील-हुज्जत किए अमेरिका के साथ खड़ा था। हालाँकि व्यापार के लिहाज से पश्चिमी या अमेरिकी तेल व्यापारियों को रूस या ईरान से कोई परेशानी नहीं है, लेकिन रूसी मार्ग को काफी महँगा समझा जाता है। उनके आकलन के मुताबिक ईरान में राजनीतिक परेशानियाँ काफी ज्यादा हैं, जबकि ऐतिहासिक दृष्टिकोण से अफगानिस्तान और पाकिस्तान उनका परीक्षित सहयोगी रहा है। इसलिए लादेन और मुल्ला उमर के बाद के अफगानिस्तान से उनकी अपेक्षाएँ काफी बढ़ जाएँगी। इसमें भी अभी तक जटिलताएँ मौजूद हैं, लेकिन देखना यह है कि मध्य एशिया का यह एक तेल भंडार लोकतांत्रिक तरीके से दुनिया में रहता है या डंडे के जोर पर इस पर एकाधिकार कायम किया जाता है।

पश्चिम की भावी रणनीति

11 सितंबर की घटना के बाद से आतंकवाद के खिलाफ अफगानिस्तान में चल रही कार्रवाइयों ने इतना साफ कर दिया है कि अफगानिस्तान से आतंकवादियों का जमावड़ा तो जरूर साफ किया जाएगा, लेकिन इस्लाम और आजादी के नाम पर मध्य एवं दक्षिण एशिया के छोटे-छोटे आंदोलनों का खाद-पानी बंद नहीं किया जाएगा। ब्रेजेन्स्की द्वारा सुझाए गए 'शतरंज की बिसात' पर कई ऐसे मोहरे फिट किए जाएँगे जो रूस, चीन और भारत को न तो अशांति से मुक्त होने देंगे और न ही उन्हें अपने छोटे-छोटे पड़ोसी देशों का नेता बनने देंगे। भारत के मामले में कश्मीर के प्रति अपनी पुरानी नीति पर अड़े रहना, चीन में सक्रिय जिहादियों के खिलाफ कुछ न कहना तथा ताइवान को हवा देना और रूस को कभी नाटो में शामिल करने का लालच देना और कभी यह कहना कि सोवियत संघ के विखंडन के बाद बचे रूस को भी तोड़ने के लिए सक्रिय इस्लामी जिहादियों के खिलाफ अगर उसने सैनिक कार्रवाई की तो अंतरराष्ट्रीय संस्थाओं की सहायता में कमी आ सकती है, इसी बात का संकेत देते हैं कि अमेरिका

के लिए आतंकवाद के खिलाफ संघर्ष तब तक जारी रहेगा जब तक मध्य एशिया के तेल व्यापार में उसका वर्चस्व स्थापित नहीं हो जाए। अमेरिका और पश्चिमी देश इसीलिए इस बात पर सहमत हो गये कि अल-कायदा और मुल्ला उमर के तालिबान को खत्म कर अफगानिस्तान में नई तरह की सरकार बनाई जाए जो प्रत्यक्ष या अप्रत्यक्ष रूप से पश्चिमी सभ्यता और जीवन शैली की विरोधी न हो। स्थानीय तौर पर विभिन्न देशों की सरकारों के खिलाफ चलने वाली आतंकवादी गतिविधियों से उन्हें तब तक कोई आपत्ति नहीं है जब तक वे अंतरराष्ट्रीय स्वरूप ग्रहण करने की ओर न बढ़ें। अमेरिका फिलहाल अफगानिस्तान के मामले में तीन समानांतर रणनीतियों पर काम कर रहा है। उसका पहला उद्देश्य तो यानी अफगानिस्तान में पश्चिम समर्थक सरकार बिठाना है जिसका पाकिस्तान के साथ अच्छा रिश्ता हो, पूरा हो चुका है। दूसरी रणनीति के रूप में अमेरिका अफगानिस्तान में कम से कम इतने बड़े पैमाने पर आधारभूत संरचना खड़ी करना चाहता है कि वहाँ आंतरिक एवं बाहरी आवागमन सुगम हो सके, जीवन स्थितियों को थोड़ा सहज बनाया जा सके और उसे पूरी दुनिया की अर्थव्यवस्था तथा राजनीति से सीधे तौर पर जोड़ा जा सके और प्रत्यक्ष तौर पर वह हथियारों का जखीरा न बने। अमेरिका की तीसरी रणनीति पाकिस्तान को चीन के प्रभाव से पूरी तरह निकालकर अपनी गिरफ्त में लेना है, ताकि उसके माध्यम से एक तरफ तालिबान समर्थक आतंकवादियों पर काबू पाया जा सके और दूसरा पश्चिम विरोधी आंदोलन की धार को कुंद किया जा सके। इन कार्यों के पूरा होने के बाद अमेरिका उज्बेकिस्तान और अरब सागर में अपनी प्रत्यक्ष सैन्य उपस्थिति बनाए रखेगा और अगर परिस्थितियाँ अनुकूल रहीं तो अफगानिस्तान में अपना एक सैनिक अड्डा स्थापित करेगा। उज्बेकिस्तान और अफगानिस्तान स्थित अपनी सैन्य उपस्थिति से जहाँ वह छोटे-छोटे मध्य एशियाई देशों पर एक तरह का नियंत्रण बनाए रखेगा, वहीं उनसे निकलने वाली तेल पाइपलाइनों की दिशा भी निर्धारित कर सकेगा। उसकी कोशिश होगी कि मध्य एशिया से निकलने वाले तेल एवं गैस भंडार अफगानिस्तान एवं पाकिस्तान होकर अरब सागर तक ले जाया जाए, जहाँ अमेरिकी सैनिक जहाजों के प्रत्यक्ष देख-रेख में उसे दक्षिण एशिया एवं यूरोप तक पहुँचाया जा सकता है।

आर्थिक मंदी से जूझ रहे पश्चिमी देशों एवं अमेरिका के सामने मध्य एशियाई तेल एवं गैस व्यापार रामबाण साबित हो सकते हैं। इसके लिए अमेरिकी तेल कंपनियाँ अमेरिकी विदेश नीति को मध्य एशियोन्मुखी बनाना चाहती हैं। 1997 से ही इसकी शुरुआत हो चुकी है और यह अन्यथा नहीं है कि पूर्व अमेरिकी राष्ट्रपति बिल क्लिंटन के जमाने से ही अमेरिका द्वारा तुर्कमेनिस्तान और उज्बेकिस्तान पर ध्यान देने की शुरुआत कर दी गई थी। अगर उस रणनीति की सततता में देखें, तो स्पष्ट है कि अल-कायदा और तालिबान के खात्मे के बाद भी अमेरिका, उज्बेकिस्तान और

तुर्कमेनिस्तान में तैनात अपने सैनिकों को वापस क्यों नहीं बुला रहा है। अब अमेरिका एक साथ मध्य एशिया के सभी देशों को अपने प्रभाव क्षेत्र में लेकर विश्व विजय के लिए जरूरी अपनी तेल नीति को सफल बनाने का सपना पूरा करना चाहता है। अंतरराष्ट्रीय आतंकवाद के खिलाफ लड़ाई का कूट-लक्ष्य यही है।

संदर्भ

1. रॉबर्ट एबेल (संपादक) : कैस्पियन एनर्जी रिसोर्सेज : इम्प्लीकेशंस फॉर अरब वर्ल्ड, द एमीरेट्स सेन्टर फॉर स्ट्रेटजिक स्टडीज एंड रिसर्च, 1998।
2. जहाँगीर अमू जेगर : मैनेजिंग द वायल वेल्थ, ओपेक्स विंड फॉल्स एंड पिटफॉल्स, आइ वी टौरिस पब्लिशर्स, लंदन एवं न्यू यॉर्क, 1999।
3. श्रीधर एवं महेन्द्र वेद : द अफगान टरमायल, चेंजिंग इक्वेशन्स, हिमालयन बुक्स, नई दिल्ली, 1998।
4. जेन्स इंटेलीजेन्स रिव्यू, जुलाई, 2000
5. पेट्रोलियम इकोनॉमिस्ट, 64/2, फरवरी, 1997
6. ज्बिग्नियेन ब्रेजेन्स्की : 'द ग्रैंड चेस बोर्ड; ट्री मीडिया डॉट कॉम, 1997
7. सैमुअल पी. हटिंग्टन; द क्लैश ऑफ सिविलाईजेशंस एंड द रिमेकिंग द वर्ल्ड ऑर्डर, साइमन एंड शुटर, न्यू यॉर्क, 1996

11

मुसलमान अमेरिका से खफा क्यों हैं

'मुस्लिम आतंकवाद' से भयभीत और लहूलुहान अमेरिका ने आखिर अफगानिस्तान में अपने पाँव जमा ही लिया। पर इस्लामी आतंकवाद से अमेरिका के संघर्ष का सिलसिला 11 सितंबर 2001 के काफी पहले शुरू हो गया था। बीसवीं सदी का अंतिम दशक अमेरिकी विदेश नीति के इस्लामीकरण का दौर है। इसी दौरान सैमुअल हटिंगटन ने सभ्यताओं के टकराव का सिद्धांत प्रतिपादित किया और उसका अमेरिकी विदेश नीति पर प्रभाव दिखा। अमेरिका ने परोक्ष रूप से यह मान लिया कि इस्लामी सभ्यता का पश्चिम की (ईसाई) सभ्यताओं से टकराव चल रहा है। हालाँकि पश्चिम की सभ्यता का पूरी दुनिया से टकराव चलता रहा है, पर अब टकराव के उस केंद्र में इस्लाम आ चुका है। हटिंगटन के अनुसार, दुनिया में सभ्यताओं के मध्य की विभाजक रेखा खिंच चुकी है और वहीं भविष्य की भू-राजनीतिक स्थितियों को निर्धारित करेगी। इस विभाजन का सार यह है कि कन्फ्यूसियसवाद को छोड़कर इस्लाम का सभी से टकराव है। यहूदीवाद, ईसाईवाद और हिंदूवाद सब इस्लाम के शत्रु हैं। यह विभाजन औपचारिक रूप से अमेरिका की विदेश नीति में स्पष्ट नहीं है, पर पश्चिमी मीडिया, विश्लेषक और टीकाकार सभी इस चश्मे का इस्तेमाल कर रहे हैं। यहाँ सवाल यह उठता है कि क्या अमेरिकी विदेशी नीति के इस्लामीकरण के पीछे मध्य-पूर्व एशिया के देशों की राजनीति का इस्लामीकरण जिम्मेदार है। या, उन देशों के इस्लामीकरण के लिए भी अमेरिकी विदेश नीति जिम्मेदार है?

यह एक जटिल प्रश्न है और इसका कोई सरलीकृत उत्तर नहीं दिया जा सकता। आखिर क्या वजह है कि अमेरिका ने जिस-जिस अरब और इस्लामी देश व वहाँ के शासक को सर्वाधिक मदद दी, वही देश आज अमेरिका के शत्रु बन बैठे हैं? ईरान, इराक, लीबिया और अफगानिस्तान सभी जगहों पर नए शासकों को स्थापित

कराने और आर्थिक और सैन्य मदद देने में अमेरिका बढ़-चढ़कर आगे आया। लेकिन आज ये सारे देश अमेरिका के शत्रु बन बैठे हैं। दक्षिण एशिया में अमेरिका से सर्वाधिक मदद पाने वाला देश पाकिस्तान है। आज वहाँ का शासक भले ही अफगानिस्तान पर हमले में अमेरिका का साथ दे रहा हो, पर भविष्य में पाकिस्तान के अमेरिका विरोधी होने की संभावना बरकरार है। इससे तो ऐसा लगता है कि अमेरिकी विदेश नीति इतनी नासमझ है कि वह दोस्तों को दुश्मन में बदलते रहने की परियोजना के तहत काम करती है। विशेषकर जो भी इस्लामी देश अमेरिका के ज्यादा करीब गया, उसका एक दिन अमेरिका का दुश्मन बनना अवश्यंभावी लगता है। इसके लिए उन देशों की आंतरिक राजनीति और उसके दबाव तो जिम्मेदार हैं ही, अमेरिकी विदेश नीति की भी महत्त्वपूर्ण भूमिका है। अमेरिका ने इन देशों की राजनीति को अपनी जरूरत के मुताबिक आकार देने के लिए वहाँ इतने हस्तक्षेप किए हैं कि स्थितियाँ विकृत होती चली गई हैं। अमेरिका के हस्तक्षेपों और उसके नतीजतन मध्य-पूर्व के इस्लामी देशों में बढ़े अमेरिकी द्वेष की चर्चा से आज की स्थितियों को जानने में काफी मदद मिल सकती है। मध्य-पूर्व में अमेरिकी हस्तक्षेप का राजनीतिक कारण इजरायल की मदद करना और समाजवाद के प्रसार को रोकना रहा है। आर्थिक कारण तेल जैसे महत्त्वपूर्ण संसाधन को सुविधाजनक तरीके से प्राप्त करना रहा है। इजरायल की मदद करने के लिए अमेरिका ने सैनिक हस्तक्षेप, कूटनीतिक दबाव का सहारा लिया और समाजवाद का प्रसार रोकने के लिए तख्तापलट, बगावत और शासकों की हत्या तक कराई।

सन् 1948 में फिलीस्तीनियों को भगाकर जब इजरायल की स्थापना हुई तो अमेरिका से अनुरोध किया गया कि वह इजरायल पर फिलीस्तीनियों को वापस लेने के लिए दबाव डाले। पर अमेरिका ने ऐसा करने से मना कर दिया। इसके विपरीत, अमेरिका उन देशों में अस्थिरता का अभियान चलाता रहा जो इजरायल के खिलाफ फिलीस्तीन की मदद कर रहे थे। सीरिया जो 1946 में फ्रांसीसी आधिपत्य से आजाद हुआ था, 1948 में इजरायल पर अरब हमले में शामिल हुआ तो अमेरिकी खुफिया एजेंसी सी आई ए ने सीरिया की लोकतांत्रिक ढंग से चुनी सरकार को 1949 में सैनिक तख्ता पलट से हटवा दिया।

ईरान में दखलअंदाजी

सी आई ए ने दूसरा बड़ा कारनामा 1953 में ईरान में किया। वहाँ की लोकतांत्रिक तरीके से चुनी गई मौसादेक सरकार ने ब्रिटेन की तेल कंपनी का अधिग्रहण कर लिया था। सी आई ए ने उस सरकार का तख्ता पलट करा दिया और शाह मोहम्मद रजा पहलवी की दमनकारी तानाशाही की स्थापना करवाई। अमेरिकी मदद से 25 वर्षों तक चले रजा पहलवी के शासन काल में ईरान में पश्चिमीकरण और आधुनिकीकरण

का अभियान तेजी से चला। इस दौरान ईरान की आर्थिक और विज्ञान व प्रौद्योगिकी के मोर्चे पर तरक्की भी हुई। लेकिन विरोधियों का कठोर दमन हुआ। इन विरोधियों में कट्टर धार्मिक समूह शामिल थे। दमनकारी नीतियों, भ्रष्टाचार और अमेरिकी समर्थन के चलते रजा पहलवी बेहद अलोकप्रिय हो गए। फिर भी अमेरिका ने उनका साथ नहीं छोड़ा। रजा पहलवी के खिलाफ 1978 में ईरान में जबरदस्त इस्लामी क्रांति हुई और अयातुल्ला खुमैनी के नेतृत्व में ईरान में इस्लामी सत्ता कायम हुई। हालांकि इससे पहले अमेरिका ने ईरानी शासक शाह रजा पहलवी को जनता का दमन करने का सुझाव दिया। लेकिन जनाक्रोश व्यापक था और पहलवी अपने को उसके आगे लाचार पा रहे थे। उनकी सत्ता कायम रखने के लिए अमेरिका ने वहाँ सैन्य बगावत भी कराने का प्रयास किया। पर भ्रष्ट और अत्याचारी पहलवी के पाप का घड़ा भर चुका था। अंततः उन्हें देश छोड़कर अमेरिका भागना पड़ा।

ईरान की इस्लामी क्रांति अमेरिका और ईरान के संबंधों की महत्त्वपूर्ण घटना थी। लेकिन इसने अमेरिका और इस्लाम ही नहीं, पश्चिम और इस्लाम के संबंधों की आंतरिक संरचना ही बदल डाली। पुरानी सभ्यता और समृद्धि के प्रतीक इस्लामी देश अब अमेरिका और यूरोप की नजर में मध्ययुगीन कट्टरपंथी और आतंकवादी घोषित किए जा चुके थे। ईरान की इस्लामी क्रांति अमेरिका साम्राज्यवाद के खिलाफ कठोर प्रतिक्रिया थी, जबकि अमेरिका ने इसी क्रांति की नजर से पूरे मध्य-पूर्व के मानस को देखना शुरू किया। ईरान के इशारे पर अमेरिकी दूतावास के कर्मचारियों और अमेरिकी नागरिकों को बंधक बनाया गया, जिन्हें छुड़ाने के लिए रीगन प्रशासन ने हथियार दिए। अमेरिका और पश्चिम के राजनीतिक विश्लेषकों ने इस्लामी कट्टरवाद को उसी तरह दुश्मन बताना शुरू कर दिया जिस तरह उनके लिए नाजीवाद और साम्यवाद शत्रु था। मौजूदा अमेरिकी राष्ट्रपति बुश के पिता के शासन काल में डान क्वेल ने स्पष्ट शब्दों में इस्लामी कट्टरवाद को बड़ा दुश्मन बताया। इसी बीच प्रसिद्ध उपन्यासकार सलमान रुश्दी के नए उपन्यास 'सेटनिक वर्सेज' ने पश्चिम और इस्लामी जगत के बीच एक प्रकार का सांस्कृतिक युद्ध छेड़ दिया। ईरान के धार्मिक नेता आयतुल्ला खुमैनी ने उस किताब को इस्लाम के विरुद्ध बताते हुए सलमान रुश्दी के खिलाफ मौत का फतवा जारी कर दिया। इस टकराव को पश्चिमी मीडिया ने जमकर प्रचारित किया और पूरी दुनिया में इस्लाम को कट्टरपंथी धर्म के रूप में प्रचारित किया। एक तरह से खुमैनी और उग्र इस्लामी संगठनों को ही इस्लाम का प्रवक्ता मान लिया गया। ईरान की इस कट्टरता को 'शिया आतंकवाद' कहा गया। खुमैनी के 'शिया आतंकवाद' से ओसामा बिन लादेन के सुन्नी आतंकवाद तक के सफर में अमेरिका कहीं प्रेरक, कहीं प्रशिक्षक तो कहीं थानेदार की भूमिका में मौजूद रहा है। उसकी विविध भूमिकाओं को समझने के लिए थोड़ा पीछे की घटनाओं पर नजर डालनी होगी।

मिस्र से मुठभेड़

प्रमुख अरब देश मिस्र को भी दबाने और उसकी बाँह उमेठने में अमेरिका पीछे नहीं रहा। मिस्र द्वारा पूर्वी खेमे (समाजवादी देशों) से हथियार प्राप्त करने के बाद अमेरिका ने 1956 में आसवान बाँध बनने के लिए दी जा रही सहायता रोक दी। इसी साल इजरायल, ब्रिटेन और फ्रांस ने मिस्र पर हमला किया। अमेरिका हमले में शामिल नहीं था। पर हमलावर देश नाटो के सहयोगी थे, इसलिए अमेरिका के प्रति मिस्र की नाराजगी स्वाभाविक थी। इससे पूरे इलाके में अमेरिका की बदनामी हुई।

इजरायल-अरब टकराव बढ़ता गया और अमेरिका इजरायल की मदद करता रहा। इस टकराव ने 1967 में विस्फोटक रूप धारण कर लिया। इजराइल ने मिस्र पर हमला बोल दिया। मिस्र ने सीमा पर लगी संयुक्त राष्ट्र की इमरजंसी सेनाएँ हटा दीं और इजरायली जहाजों के तिरान की खाड़ी से लाल सागर में जाने पर रोक लगा दी। इस लड़ाई में जार्डन भी शामिल हुआ। लेकिन छह दिन के इस युद्ध में इजरायल की भारी जीत हुई। उसने पश्चिमी तट, गाजा पट्टी, सिनाई प्रायद्वीप और गोलन की पहाड़ियों पर कब्जा कर लिया। सुरक्षा परिषद में 1967 में इजरायल से कब्जे वाली जमीन खाली कराने का प्रस्ताव आया तो अमेरिका ने उसे रोक दिया। सन 1972 में मिस्र के नेता अनवर सादात इजरायल से शांति समझौता करना चाहते थे, लेकिन अमेरिका ने इसे भी रुकवा दिया।

सन 1967 के युद्ध की सुलगती आग 1973 में फिर भड़क उठी। मिस्र और सीरिया की सेनाओं ने 1967 में खोई जमीन वापस लेने के लिए इजरायल पर हमला बोल दिया। अरब देशों की सेनाओं ने स्वेज नहर पार कर सिनाई प्रायद्वीप और गोलन पहाड़ियों का बड़ा इलाका वापस ले लिया। अरब सेनाएँ तीन हफ्तों तक इजराइली सेनाओं को हराती रहीं। लेकिन इस बीच अमेरिकी वायु सेना इजरायल के बचाव में आई और अरब सेनाओं को पीछे हटना पड़ा।

इस युद्ध में अमेरिकी भूमिका से नाराज तेल उत्पादक अरब देशों ने अमेरिका और अन्य पश्चिमी देशों को तेल की सप्लाई बंद कर दी। बाद में अमेरिकी विदेश मंत्री हेनरी किसिंजर ने सैनिक टकराव समाप्त करने के लिए 1974 में समझौता करवाया।

इराक : दोस्त से दुश्मन

अमेरिका और अरब देशों के तनाव को समझने के लिए अमेरिका-इराक संबंधों की पड़ताल भी बहुत जरूरी है। इराक वामपंथी प्रभाव में था। यहाँ 1958 में वामपंथी और अखिल अरब क्रांति के प्रभाव में एक वामपंथी सरकार की स्थापना हुई। इस सरकार ने सोवियत संघ की पक्षधर विदेश नीति अपनाई। ज्यादातर उद्योगों का

राष्ट्रीयकरण किया गया और बड़ी जोतों को बाँट कर छोटा कर दिया गया। इराक की यह राजनीतिक स्थिति अमेरिका को भला कैसे मंजूर होती। अमेरिका ने 1960 के दशक के आरंभ में इराकी नेता अब्दुल करीम कासिम की हत्या की कोशिश की, लेकिन वह सफल नहीं हो पाई। इस बीच अमेरिका ने इराक की बाथ पार्टी को कम्युनिस्टों की हत्या के लिए उकसाया। यह वही बाथ पार्टी थी जिसके नेता बाद में सद्दाम हुसेन बने। इराक को कम्युनिस्टों के प्रभाव से मुक्त कराने और उसके व सोवियत संघ के बीच खटास डालने के लिए अमेरिका ने हर स्तर पर हस्तक्षेप किया। अमेरिका ने न सिर्फ कम्युनिस्टों की हत्या करवाई, बल्कि इराक में जातीय तनाव भी भड़काया। अंतरराष्ट्रीय बाथ अरब सोशलिस्ट पार्टी का एक धड़ा 1968 में इराक में सत्ता में आया। सन 1972 में सोवियत संघ और इराक के बीच सहायता संबंधी एक समझौता हुआ। इस समझौते के तहत सोवियत संघ से सैकड़ों की संख्या में हथियार और सलाहकार इराक आए। इस बीच अमेरिका ने ईरान सीमा से लगे इलाके में रह रही अल्पसंख्यक कुर्द आबादी को इराक से लड़ने के लिए भड़काया। तभी इराक ने ईरान के साथ एक समझौता किया और 1975 में ईरान ने सीमा सील कर दी। सीमा सील होने के बाद इराक ने कुर्दों का सफाया करना शुरू किया। ऐसे नाजुक मौके पर अमेरिका ने कुर्दों को पनाह देने से इनकार कर दिया—हालाँकि कुर्दों को संघर्ष के लिए अमेरिका ने ही भड़काया था। किसिंजर ने बंद बैठक में तर्क दिया कि गोपनीय कार्यों को मिशनरी काम नहीं समझना चाहिए। सन 1978 में इराक में 21 कम्युनिस्टों की हत्या हुई। इराक ने पश्चिम के साथ व्यापारिक संबंध बनाना शुरू किया और इसी के साथ इराक और सोवियत संघ के संबंध तनावपूर्ण होने लगे। सत्तर के दशक के मध्य में सद्दाम हुसेन सत्ता में आए और एक रक्तरंजित बगावत के साथ वे तानाशाह बन बैठे। उन्हें अमेरिका का पूरा सहयोग मिला।

कुर्दों पर हमला करते हुए इराक ने ईरानी सीमा में भी बमबारी की, जिसके चलते दोनों देशों के संबंध तनावपूर्ण हो गए। शत-अल-अरब जलमार्ग पर कब्जे को लेकर दोनों देशों में छिटपुट संघर्ष के बाद खुलेआम युद्ध छिड़ गया। अमेरिका ने इस युद्ध में इतनी खराब भूमिका निभाई कि युद्ध समाप्त होने के साथ ही इराक भी उसका शत्रु बन बैठा। ध्यान रखने की बात है कि सद्दाम हुसेन अमेरिका और ब्रिटेन दोनों के काफी प्रिय राजनेता रहे।

इसीलिए जब सद्दाम हुसेन ने ईरान पर हमला बोला तो अमेरिका ने उनका साथ दिया। सुरक्षा परिषद में जब इराक की निंदा का प्रस्ताव आया तो अमेरिका ने उसे पास नहीं होने दिया। बल्कि अमेरिका ने इराक को आतंकवादी देशों की सूची से निकाल दिया और वहाँ हथियारों की सप्लाई की इजाजत दे दी। ध्यान देने की बात यह है कि अमेरिका ने ये प्रतिबंध तब लगाए थे जब इराक सोवियत संघ के प्रभाव में था। इस बीच एक और महत्वपूर्ण घटनाक्रम में इजरायली विमानों ने

7 जून 1981 को बगदाद में बन रहा नाभिकीय विद्युत संयंत्र नष्ट कर दिया।

दूसरी तरफ, अमेरिका ने इजरायल द्वारा ईरान को हथियार दिलवाए। अमेरिका ने 1985 में स्वयं भी प्रत्यक्ष रूप से ईरान को हथियार दिए। अमेरिका ने इराक को खुफिया सूचनाएँ भी प्रदान कीं। इराक और ईरान का युद्ध दस वर्षों तक चला। इस बीच 1984 में इराक ने रासायनिक हथियारों का प्रयोग किया। ईरान ने इसके खिलाफ पूरी दुनिया में शोर मचाया। पर अमेरिका ने इराक की निंदा नहीं की। उलटे उसने इराक से राजनयिक संबंध जोड़ लिए। 1987 में अमेरिका खुल कर इराक के पक्ष में आ गया। अमेरिका ने फारस की खाड़ी में अपनी नौसेना तैनात की और ईरान के नागरिक विमान को मार गिराया। इस हमले में 290 लोग मारे गए। सन 1988 में सद्दाम हुसैन ने हजारों कुर्दों को मार डाला। उन्होंने कुर्दों पर रासायनिक हथियारों का इस्तेमाल भी किया। इस मौके पर भी अमेरिका ने इराक की निंदा करने या उस पर कोई रोक लगाने के बजाय उससे आर्थिक संबंध और प्रगाढ़ कर लिए। दरअसल, इराक एक बड़ा तेल उत्पादक देश है। इसलिए अमेरिका उसका भरपूर लाभ उठा रहा था। लेकिन 1990 में कुवैत पर इराक के हमले के साथ अमेरिका इराक का शत्रु बन बैठा। जो सद्दाम हुसेन कभी अमेरिका और ब्रिटेन की आँखों के तारे थे, अब वे ही आँख में चुभने वाले काँटे बन गए। बड़ा तेल उत्पादक देश होने के नाते कुवैत से अमेरिका के आर्थिक हित ज्यादा हुड़े हुए थे। इसलिए अमेरिका कुवैत के पक्ष में खड़ा हो गया। उधर इराक ने तर्क दिया कि जिस तरह इजरायल ने फिलीस्तीनी इलाके पर कब्जा कर रखा है, उसी तरह इराक ने भी कुवैत पर कब्जा किया है। दोनों समस्याओं का राजनयिक समाधान किया जाना चाहिए।

अमेरिका ने इन सारे तर्कों को ठुकरा दिया और कहा कि दोनों में कोई तुलना नहीं हो सकती। अमेरिका ने सारे राजनयिक समझौतों की संभावना से इनकार कर इराक पर हमला बोल दिया। ईरानी क्रांति के बाद अमेरिका और मुस्लिम देशों के बिगड़ते संबंधों की यह दूसरी ढलान थी। एक तरफ संयुक्त राष्ट्र ने इराक के हर तरह के व्यापार को प्रतिबंधित कर दियां, तो दूसरी तरफ अमेरिका के नेतृत्व में साझा सेनाओं ने इराक पर तेज आक्रमण किए। इराक ने जवाब में सऊदी अरब और इजराइल पर मिसाइलें दागीं। लेकिन अमेरिका, ब्रिटेन और अन्य देशों की सेनाओं ने कुवैत को सिर्फ चार दिन की लड़ाई में मुक्त करा लिया। इस लड़ाई में 1,75,000 इराकी सैनिक बंदी बनाए गए और करीब 85,000 हताहत हुए। लड़ाई में नागरिक ठिकानों पर भी हमले किए गए।

युद्ध के बाद इराक पर बेहद कठोर प्रतिबंध लगा दिए गए और अमेरिका समय-समय पर किसी न किसी बहाने उस पर हमले भी करता रहा। इराक पर लगाए गए आर्थिक प्रतिबंधों का दुष्परिणाम यह हुआ कि इराक में भोजन और दवाओं के अभाव में हजारों लोग मर गए। हालाँकि सुरक्षा परिषद का कहना था कि इराकी

राष्ट्रपति सद्दाम हुसेन जनसंहार के हथियार बनाना बंद कर दें तो प्रतिबंध उठा लिए जाएँगे, पर अमेरिका और ब्रिटेन प्रतिबंध उठाने के हर प्रयास को विफल करने में लगे रहे। अमेरिका का कहना है कि प्रतिबंध तब तक लगे रहेंगे जब तक सद्दाम हुसेन सत्ता में रहेंगे। लेकिन इन प्रतिबंधों से सत्ता पर सद्दाम हुसेन की पकड़ और भी मजबूत होती गई। अमेरिकी विदेश मंत्री मैडलीन अलब्राइट से जब पूछा गया कि इन प्रतिबंधों के मानवीय दुष्परिणाम भयानक हैं, तो उनका कहना था कि यह 'कीमत उचित ही है।'

इस बीच इराक के रासायनिक हथियारों का पता लगाने के लिए संयुक्त राष्ट्र संघ की टीम मुआयना करती रही। यह टीम समय-समय पर इराक पर असहयोग का आरोप भी लगाती रही। अमेरिका इराक के साथ इस तरह बरताव करता रहा, जैसे किसी माफिया सरदार के यहाँ कोई छोटा गुंडा बाँध दिया गया हो और समय-समय पर उसे हंटर लगाते रहा जाए। 26 जून 1993 को अमेरिका ने बगदाद स्थित इराक के खुफिया मुख्यालय पर मिसाइलों से हमला बोल दिया। अमेरिका का आरोप था कि इराक ने अप्रैल में कुवैत के दौरे पर जा रहे राष्ट्रपति जॉर्ज बुश की हत्या करने की साजिश रची थी।

सन 1998 में अमेरिका ने इराक पर इस नाते बमबारी की कि वह संयुक्त राष्ट्र के निरीक्षण दल को हथियारों का निरीक्षण नहीं करने दे रहा है—हालाँकि इसी मामले पर चर्चा करने के लिए सुरक्षा परिषद की बैठक होने वाली थी।

इससे पहले 1996 में अमेरिका ने इराक पर इस नाते बमबारी की कि उसने अरबिल में कुर्द गुटों के झगड़े को शांत करने के लिए सेना क्यों भेजी। इस हमले के साथ ही संयुक्त राष्ट्र ने इराक पर लगे प्रतिबंधों का नवीकरण कर दिया और इराक को खाद्य और दवा संबंधी आवश्यकताओं के लिए सीमित मात्रा में तेल बेचने की इजाजत देने का इरादा रद्द कर दिया।

इराक से युद्ध के दौरान अमेरिकी विदेश नीति की एक और विशिष्टता नजर आई। सद्दाम हुसेन को नेस्तनाबूद करने के सारे अभियान के बावजूद अमेरिका ने दक्षिणी इराक में उठे शियाओं के विद्रोह की बिलकुल मदद नहीं की। इसका कारण यह था कि अमेरिका तब तक शिया आतंकवाद को अपना असली दुश्मन मानता था। ईरानी क्रांति से चकित और भयभीत अमेरिका का मुख्य जोर शिया उग्रवाद को रोकना था। इसीलिए जब इराक के रिपब्लिकन गार्ड 1991 में अमेरिकी सेना के समक्ष शियाओं का दमन कर रहे थे तो अमेरिकी सेना ने मुँह फेर लिया।

शियाओं से सियासत

अमेरिकी विदेश नीति के निशाने पर लगभग डेढ़ दशक तक शिया उग्रवाद रहा। *टाइम* पत्रिका के अंक में शियाओं द्वारा अमेरिका के ऐतिहासिक विरोध पर चर्चा

की गई। इजरायल के पूर्व प्रधानमंत्री शिमान पेरेज ने तेहरान को 'आतंकवाद की राजधानी' कहा। हिजबुल्लाह और हमास जैसे ताकतवर शिया आतंकवादी संगठनों को ईरान के समर्थन से अमेरिका और उसके सहयोगियों की धारणा को बल मिला। अमेरिका और यूरोप की सरकारों सहित उनके मीडिया शिया उग्रवाद को इस कदर निशाना बनाए हुए थे कि उन्होंने बहरीन में शियाओं पर होने वाले जुल्म की भी अनदेखी की। हालाँकि इसी दौर में दुनिया में सुन्नी आतंकवाद भी पनप रहा था, पर अमेरिका ने उसको छोटी बुराई मानकर न सिर्फ उसकी उपेक्षा की, बल्कि उसे बढ़ावा दिया। अमेरिका की देखरेख में सऊदी अरब ईरान के चारों तरफ केन्द्रीय एशिया और फारस की खाड़ी में सुन्नी उग्रवाद खड़ा कर रहा था। शिया उग्रवाद को रोकने के लिए तालिबान, हरकत उल मुजाहिदीन, ओसामा बिन लादेन और अहमद रेमजी यूसुफ के नेटवर्क को खड़ा तो कर दिया गया, पर आज अमेरिका खुद इनके निशाने पर आ गया।

इस चर्चा को आगे बढ़ाने से पूर्व यह भी देखा जाना जरूरी है कि अमेरिका ने लीबिया के साथ किस तरह संबंध बिगाड़े। लीबिया में 1969 में कर्नल मुअम्मर अल कज्जाफी के नेतृत्व में एक सैनिक समूह ने सत्ता पर कब्जा किया। उससे पहले लीबिया में संवैधानिक राजतंत्र था। कज्जाफी के नेतृत्व में लीबिया मिस्र से लड़ता रहता था। उन दुस्साहसिक प्रवृत्तियों के कारण कज्जाफी अमेरिका के अच्छे मित्र थे। एक दौर में अमेरिका ने उन्हें खूब बढ़ावा दिया। लेकिन कज्जाफी की महत्वाकांक्षाएँ एटम बम बनाने की थीं। यह अमेरिका को मंजूर नहीं हुआ। अस्सी के दशक में अमेरिका ने कज्जाफी को भड़काने के मकसद से उनके सामुद्रिक क्षेत्र में सैनिक अभ्यास शुरू किया। इस अभ्यास से चिढ़े कज्जाफी के लड़ाकू विमान ने 1986 में एक मिसाइल दागी, तो अमेरिका ने लीबिया के दो विमान गिरा दिए। लीबिया ने फिर मिसाइलें दागीं जो लक्ष्य से दूर गिरीं। जवाब में अमेरिका ने लीबिया की गश्ती नौकाओं और तटवर्ती ठिकानों पर हमला कर 72 लोगों को मार गिराया। इस बीच बर्लिन के एक नाइट क्लब में एक बम के फटने से दो अमेरिकी नागरिक मारे गए, तो अमेरिका ने इसका दोषी कज्जाफी को ठहराया। इसी बहाने अमेरिका ने लीबिया पर धुआँधार बमबारी की और दर्जनों नागरिकों को मौत के घाट उतार दिया। मारे जाने वालों में कज्जाफी की दत्तक पुत्री भी थी। इस हमले के बाद कज्जाफी और अमेरिका एक-दूसरे के कट्टर दुश्मन हो गए।

इसरायल की तरफदारी

अमेरिका पर व्यापक आरोप है कि उसने कभी अपने राष्ट्रीय कारणों से अरब देशों पर हमला किया तो कभी इजराइल-फिलीस्तीन विवाद के चलते इजरायली हमलों की मदद की या उनकी अनेदखी की। इजरायल के अलावा मध्यपूर्व के अन्य देशों

के साथ अमेरिका ने तमाम पैंतरे बदले। इन्हें देखकर यह तय कर पाना कठिन लगता है कि अमेरिका का वास्तविक मित्र कौन है। इसीलिए यह कहा भी जाता है कि अमेरिका के स्थायी मित्र नहीं, स्थायी हित होते हैं।

सन 1982 में अमेरिका ने इजरायल को लेबनान पर हमले की खुली छूट दे दी। इस हमले में 17 हजार नागरिक मारे गए। लेकिन अमेरिका ने इजराइल पर रोक लगाने के लिए घरेलू या अंतरराष्ट्रीय किसी कानून का पालन नहीं होने दिया। अमेरिका का कानून कहता है कि उसके हथियारों का इस्तेमाल कोई आत्मरक्षा के अलावा अन्य कामों के लिए नहीं कर सकता। हालाँकि इजरायल उन हथियारों को आक्रमण के लिए प्रयोग कर रहा था, पर अमेरिका ने उसे कतई नहीं रोका। अमेरिका के मित्र देश पाकिस्तान ने तो अमेरिका से मिले हथियारों का प्रयोग कई बार अपनी ही जनता पर किया, पर अमेरिका ने उसे भी कभी नहीं रोका।

दूसरी तरफ, लेबनान पर इजरायली हमले की निंदा करने संबंधी प्रस्ताव जब सुरक्षा परिषद में आए तो अमेरिका ने उसे वीटो किया। 1988 में भी इस तरह के तीन प्रस्ताव सुरक्षा परिषद में आए, पर अमेरिका ने सभी को वीटो कर दिया।

इससे पहले 1983 में बहुराष्ट्रीय शांति सेना के साथ अमेरिकी सेना भी लेबनान भेजी गई। अमेरिकी सेना ने वहाँ भी पक्षपातपूर्ण भूमिका निभाई और गृह युद्ध में एकतरफा हस्तक्षेप किया। अमेरिकी युद्धपोत यूएसएस न्यू जर्सी ने बमबारी की। इस 'शांति अभियान' से अमेरिका तब हटा जब उसके मैरीन बैरकों पर आत्मघाती बमबारी की गई।

सन 1987 से 1992 के बीच फिलीस्तीनियों के लगभग अहिंसक संघर्ष 'इंतिफादा' पर इजरायली दमन के विरुद्ध सुरक्षा परिषद में पाँच प्रस्ताव आए। अमेरिका ने उन सबको वीटो किया।

अमेरिका ने भले ही इजरायल से दीर्घकालिक संबंध बना रखे हों, पर मुस्लिम देशों से उसके संबंध अल्कालिक हितों पर आधारित रहे हैं। अल्पकालिक हितों के आधार पर की गई इन्हीं अमेरिकी कार्रवाइयों के मद्देनजर आज दीर्घकालिक दुष्परिणाम निकल रहे हैं। अमेरिका को हर मुस्लिम देश पर अविश्वास हो रहा है और उसके बुद्धिजीवियों और नीतिकारों को सभ्यताओं का टकराव दिखाई पड़ रहा है। अमेरिका पर स्पष्ट आरोप है कि उसने मुस्लिम देशों में लोकतंत्र के मामले पर दोहरा मानदंड अपनाया है। जहाँ वह पूर्वी यूरोप के साम्यवादी देशों में लोकतांत्रिक आंदोलनों की मदद कर वहाँ तख्तापलट करवाता रहा, वहीं मुस्लिम देशों में लोकतंत्र का दमन करने वाले तानाशाही शासकों की सत्ता को आर्थिक और सामरिक सहायता देकर मजबूती प्रदान करता रहा। पाकिस्तान सहित तमाम मुस्लिम देश इसके उदाहरण हैं। अगर आज ज्यादातर मुस्लिम देशों में लोकतंत्र नहीं है, तो इसके लिए वहाँ की सामाजिक-राजनीतिक संरचना के साथ अमेरिका भी जिम्मेदार है। दरअसल, बीसवीं सदी के

आखिरी दो दशकों में अगर अमेरिकी विदेश नीति की सबसे बड़ी सफलता सोवियत संघ में साम्यवाद का पतन व उसका विखंडन और पूर्वी यूरोप के देशों में कम्युनिस्ट शासन की समाप्ति रही है, तो दूसरी तरफ इस दौरान अमेरिका की सबसे बड़ी विफलता, इस्लाम को न समझ पाना रही है। जबकि पिछले दो दशक से अमेरिकी विदेश नीति का सारा जोर इस्लामवाद और मुस्लिम देशों की राजनीति को समझना रहा है। वह कभी इन देशों को सभ्यताओं के टकराव के सिद्धांत द्वारा समझने की कोशिश करता है तो कभी कट्टरपंथ और उदारवाद के पैमाने द्वारा। उसने कभी इस्लामी देशों के मौजूदा राजनीतिक सोच को अमेरिकी साम्राज्यवाद और आधुनिकता के संकट के रूप में नहीं देखा। अपने सही होने के दंभ में उसने इस्लामी देशों को कट्टरपंथी बना दिया है और दुनिया को तीसरे विश्वयुद्ध के कगार पर ला खड़ा किया है।

इस्लाम के विकृत पाठ

अमेरिकी विदेश नीति के जानकारों के अनुसार अस्सी के दशक में ईरान के शिया उग्रवाद से चिंतित अमेरिका ने 1992 तक अपनी विदेश नीति में इस्लाम के प्रति मूलभूत परिवर्तन नहीं किया था। लेकिन यूगोस्लाविया के एक हिस्से कोसोवो के संकट के बाद उसकी दिशा बदलने लगी—हालाँकि कोसोवो में अल्बानियाई मूल के मुसलमानों की रक्षा के लिए अमेरिका ने सर्बिया के ईसाइयों पर बमबारी की और वहाँ के मुसलमानों का किसी इस्लामी देश के मुकाबले ज्यादा साथ दिया। इस दौरान बुश प्रशासन की नीतियों में परिवर्तन का संकेत देते हुए अमेरिका के पूर्वोत्तर और उत्तरी अफ्रीकी मामलों के सहायक विदेश मंत्री एडवर्ड जिरेनजियान ने कहा, 'अमेरिका इस्लाम या इस्लामी आंदोलन को अपना दुश्मन नहीं मानता। वह राजनीतिक प्रक्रिया में भाग लेने के आंदोलनों के अधिकार को मान्यता देता है। लेकिन यह अधिकार पाने का औचित्य तभी बनता है जब राजनीतिक आंदोलन लोकतांत्रिक चुनावों को सिर्फ सत्ता प्राप्ति का साधन न बनाएँ। न ही वे इस विश्वास के साथ सत्ता में आएँ कि एक व्यक्ति को एक ही बार एक वोट दिया जाना है।'

क्लिंटन प्रशासन में जिरेनजियान के उत्तराधिकारी राजनयिक पेलेत्रू ने भी अपने बयान में उसी की भावना को दोहराया। उन्होंने कहा, 'अखबारों के सामान्य पाठकों के दिमाग में इस्लाम की यही छवि है कि इसके आंदोलन समान रूप से पश्चिम के प्रति आक्रामक हैं और अपना मकसद हासिल करने के लिए हिंसा और आतंकवाद का प्रयोग करने को तैयार रहते हैं।'

हालाँकि उन्होंने अपनी व्याख्या में विभिन्न मुस्लिम समूहों के बीच अंतर करते हुए कहा, 'एक तरफ वैधानिक और सामाजिक तौर पर जिम्मेदार मुस्लिम संगठन हैं तो दूसरी तरफ राजनीतिक लक्ष्य के लिए कानून तोड़ने वाले इस्लामवादी हैं।' उन्होंने कहा, 'दूसरे तरह के समूहों को आम तौर पर उग्रवादी कहा जाता है। अन्य

उग्रवादी समूहों की तरह वे धर्मनिरपेक्ष या धार्मिक दोनों हो सकते हैं।' उन्होंने यह भी कहा कि ऐसे इस्लामी समूह हैं जो अपने देश की लोकतांत्रिक प्रणाली में हिस्सा लेते हैं और दूसरे ऐसे भी हैं जो अपनी सरकारों और नागरिकों के खिलाफ हिंसा का प्रयोग करते हैं। उन्होंने कहा, 'हम उन लोगों के प्रति शंकालु हैं जो लोकतांत्रिक प्रणाली में हिस्सेदारी इसलिए करते हैं ताकि वे सत्ता में आकर उसे नष्ट कर दें।' पेलेत्रू और उनके बाद के अमेरिकी विदेश मंत्रियों के बयानों से यह लगता है कि इस्लाम के प्रति अमेरिका की विदेश नीति बदल रही थी। वह इस्लाम और इस्लामवाद, उदार और कट्टर के बीच फर्क करने के लिए 'विवेक' का इस्तेमाल कर रहा था। पर व्यवहार में अमेरिका या तो इस्लामी समूहों को अपने स्वार्थ के हिसाब से देख रहा था या फिर सभी मुस्लिम संगठनों को एक नजर से।

इसका प्रमाण यह है कि अमेरिका ने ऐसे उदारवादी सगठनों की पहचान नहीं की जिन्हें लोकतांत्रिक प्रक्रिया में हिस्सेदार बनाया जाना चाहिए। उदाहरण के लिए अमेरिका ने मिस्र की मुस्लिम ब्रदरहुड या हिज्ब-अल वसात जैसी पार्टियों की चुनावी भागीदारी के अधिकार का बचाव नहीं किया। इसी तरह अमेरिका ने ट्यूनीशिया के इस्लामी नेता राशिद घनौशी का वीसा मंजूर नहीं किया, जब कि इस्लाम और लोकतंत्र पर उनके विचार जेरेनजियान और पेलेत्रू के पैमाने पर खरे उतरते हैं। पेलेत्रू भी मानते थे कि उनका इस्लामवाद स्वीकार्य है।

दरअसल, अपने मीडिया और विश्लेषकों द्वारा इस्लाम के बारे में खड़ा किया गया हौआ अमेरिकी नीतिकारों के मानस पर इतना हावी रहा कि अमेरिका उन इस्लामी समूहों के दमन में मददगार बन गया, जो वास्तव में लोकतांत्रिक प्रक्रिया में भागीदारी चाहते थे। मिस्र या अल्जीरिया में विपक्ष की भूमिका प्राप्त करने में लगे इस्लामी समूहों का यह कहकर दमन करवाया गया कि वे ईरान जैसा कट्टरवाद फैला देंगे। अल्जीरिया के अब्बासी मदनी को भावी खुमैनी बताया गया। सूडान के हसन तुरैबी को अफ्रीका का आयतुल्ला कहा गया। इस तरह एक तरफ अमेरिका ने सारे मुस्लिम जगत में पश्चिम के विरोध में एक जैसे कट्टरवाद के उदय की तस्वीर प्रस्तुत की, तो दूसरी तरफ मुस्लिम देशों के तानाशाहों ने अमेरिका के इस भयजनित भ्रम का फायदा उठाया। वे समझ गए कि जहाँ-जहाँ इस्लामी उग्रवाद और कट्टरवाद का हौवा खड़ा किया जाएगा वहाँ अमेरिका दमन के लिए हर तरह की मदद देगा।

विडंबना देखिए कि लातिन अमेरिका और पूर्वी एशिया में लंबे समय तक तानाशाहों का समर्थन करने वाला अमेरिका बीसवीं सदी के उत्तरार्द्ध में वहाँ लोकतांत्रीकरण का समर्थन कर रहा था, जबकि मध्य-पूर्व के अरब देशों में वह तानाशाहों का समर्थन करने लगा। इन मुस्लिम देशों के तानाशाहों ने अमेरिका की मानसिकता को समझ कर उसे पर्याप्त 'बेवकूफ' बनाया। गौरतलब है कि यही मुस्लिम शासक कभी समाजवाद का हौवा दिखाकर अमेरिका से मदद लेते थे अब उन्होंने समाजवाद की

जगह इस्लामी कट्टरपंथ का हौआ खड़ा किया।

कट्टरता को बढ़ावा

अल्जीरिया से लेकर तुर्की, पश्चिमी तट, गाजा पट्टी और उज्बेकिस्तान सभी जगहों पर इस्लामी कट्टरपंथ का खतरा दिखाकर मानवाधिकारों का उल्लंघन किया गया, नागरिक अधिकारों को खारिज किया गया और तानाशाही को वैधता प्रदान की गई। मिस्र और ट्यूनीशिया में इस बहाने न सिर्फ इस्लामी समूहों का दमन किया गया, बल्कि लोकतांत्रिक संगठनों को भी निशाना बनाया गया।

लेकिन अल्जीरिया का उदाहरण सबसे ज्यादा ध्यान देने लायक है। वहाँ अमेरिका और फ्रांस ने इस्लामी कट्टरपंथ को रोकने के लिए क्रूर सैनिक शासन का समर्थन किया। राष्ट्रपति मोहम्मद बौडियाफ की सरकार ने जनवरी 1992 में होने वाला आम चुनाव इसलिए रद्द कर दिया कि उसमें इस्लामी कट्टरपंथियों के जीतने का खतरा था। सरकार ने देश की दस हजार मस्जिदों में गैर-धार्मिक गतिविधियों पर पाबंदी लगा दी। लेकिन लोकतांत्रिक दायरे को बंद करने वाली सरकार की इस कार्रवाई से इस्लामी कट्टरपंथ और भड़क उठा। एक तरह से अल्बानिया गृह-युद्ध में फँस गया। उग्र इस्लामी संगठनों ने सरकारी अधिकारियों पर जगह-जगह हमले किए और बदले में सरकार ने उनका दमन किया। राष्ट्रपति मुहम्मद बौडिफ की 29 जून 1992 को हत्या कर दी गई। चार सालों तक चले इस संघर्ष में करीब 50000 लोग मारे गए। बाद में इस्लामी संगठनों को एक सीमा तक चुनाव में हिस्सेदारी का अधिकार देने के साथ नवंबर 1995 में राष्ट्रपति चुनाव हुए और लियामिन जिराउल राष्ट्रपति चुने गए। जार्डन के शाह हुसैन और मोरक्को के शाह हसन ने स्वीकार किया कि इस्लामी शक्तियों की लोकतांत्रिक प्रक्रिया से अलग रखने की भारी कीमत चुकानी पड़ी।

अल्जीरिया में इस्लामी कट्टरपंथ विजयी नहीं हो पाया और उसने अपनी सीमाएँ भी जान लीं। ट्यूनीशिया के इस्लामी नेता राशिद घनौशी का कहना था कि इस्लामवादियों की यह अवधारणा गलत निकली कि अल्जीरिया का 'धर्मनिरपेक्ष' राज्य ईरान की तरह ढह जाएगा। अब अल्जीरिया सहित तुर्की, जार्डन, मिस्र, मोरक्को और कुवैत में इस्लामी संगठन चुनाव और शासन में हिस्सेदारी करने को तैयार हैं। मध्य-पूर्व के देशों में अमेरिकी हस्तक्षेप की इस संक्षिप्त चर्चा से यह बात साबित होती है कि इस्लामीकरण इस हस्तक्षेप का ही एक परिणाम है। इसी प्रक्रिया का सबसे उग्र रूप है आतंकवाद और 11 सितंबर 2001 की घटना उसकी ऐतिहासिक अभिव्यक्ति है। इसके एक ऐतिहासिक कारणों की तरफ, लंदन के अखबार *इंडिपेंडेंट* के प्रतिनिधि और पश्चिम एशिया मामलों के विशेषज्ञ रॉबर्ट फिस्क की टिप्पणी, सटीक संकेत करती है—

'...आखिर बात इस मुकाम तक पहुँच गई। दबी-कुचली अपमानित आबादी के प्रतिनिधि होने का दावा करने वालों ने हताश आदमी की दुष्टता और भयावह क्रूरता के साथ धावा बोला, तो मध्य-पूर्व (पश्चिम एशिया) के समूचे आधुनिक इतिहास—आटोमान साम्राज्य का पतन, बालफोर घोषणा, लारेंस ऑफ अरबिया के झूठ, अरब विद्रोह, इजराइल की स्थापना, चार अरब-इजरायल युद्ध और अरब भूमि पर इजरायल का 34 साल से कब्जा—के देश कुछ घंटों में ही मिट गए...।'

ओसामा बिन लादेन से दो-तीन बार मिल चुके रॉबर्ट फिस्क उसके युद्ध के बारे में कहते हैं, '...यह युद्ध लोकतंत्र बनाम आतंक का नहीं है, जैसा कि आने वाले दिनों में दुनिया ये यकीन करने को कहा जाएगा। इस युद्ध का संबंध फिलस्तीनी घरों पर अमेरिकी मिसाइलों के हमले, 1996 में लेबनान के एक एंबुलेंस पर अमेरिकी हेलीकाप्टरों की गोलाबारी और अमेरिका के मित्र इजरायल के पैसे और पहनावे से लैस लेबनानी गिरोह द्वारा शरणार्थी शिविरों में बलात्कार और हत्याओं से भी है।'

आगे कहते हैं, 'हम 'अमेरिकी नाग' का फन कुचल डालने के नारों को कोरी धमकी मान बैठे थे। भला पिछड़ा, दकियानूस, अलोकतांत्रिक और भ्रष्ट समाज क्या कर लेगा ? लेकिन अब हम जान पाए कि वह क्या कर सकता है...' रॉबर्ट फिस्क अपने अनुभवों द्वारा अरब देशों के मुस्लिम मानस को और स्पष्ट करते हैं—"आठ साल पहले मैंने एक टी.वी. शृंखला बनाई थी और यह समझाने की कोशिश की थी कि मुसलमान पश्चिम से इतनी घृणा क्यों करते हैं। उनमें कुछ मुसलमानों के घर-परिवार अमेरिका निर्मित बमों और हथियारों से नेस्तनाबूद हो गए थे। वे कह रहे थे कि उनकी मदद सिर्फ अल्लाताला ही करेंगे। यानी वे मजहब बनाम प्रौद्योगिकी, फिदामीन बनाम परमाणु शक्ति में यकीन करते हैं। अब हम जाने कि इसका क्या मतलब होता है।"

दुनिया के तमाम हिस्सों में उन कारणों को महसूस करने के बावजूद न अमेरिकी हस्तक्षेप घटता दिख रहा है और न ही इस्लामीकरण। दरअसल, अब दोनों के अस्तित्व का सवाल है। इसलिए फिस्क के ही शब्दों में यह कहा जा सकता है कि मध्य-पूर्व और अमेरिका में अभी हजारों लोग मारे जाएँगे।

संदर्भ

1. स्टीफेन आर शैलोम : यूनाइटेड स्टेट्स एंड मिडल ईस्ट : ह्वाई डू दे हेट अस
2. सैमुअल पी हॅटिंग्टन : क्लैश ऑफ सिविलिजेशन्स एंड रिमेकिंग द वर्ल्ड ऑर्डर
3. एडवर्ड सईद : देयर आर मेनी इस्लाम्स
4. नोम चॉम्स्की से बातचीत। उन वार्ताकारों में बेलग्रार के रेडियो की 92 की स्वेतलाना वुकोविक और स्वेतलाना लुकिक प्रमुख हैं।

5. बर्नर्ड लेविस : द रूट्स ऑफ मुस्लिम रेज
6. वायसेज ऑफ सैनिरी; रीचिंग आउट फॉर पीस। कमला भसीन, स्मितु कोठारी तथा बिदिया थापर द्वारा संपादित और जागोरी, लोकायन और रेनबो द्वारा प्रकाशित।
7. अजीज अल-अजमेह : इस्लाम एंड माडर्नटीज। वेरसो, लंदन, न्यू यॉर्क।
8. सेक्यूलरिज्म, इस्लाम एंड माडर्निटी; सेलेक्टेड एसेज ऑफ आनम खुंदमीरी। सेज पब्लिकेशन्स।

12

इस्लाम का आत्मसंघर्ष

शीत युद्ध समाप्त होने के बाद अमेरिकी विदेश मंत्रालय के अधिकारी से किसी पत्रकार ने पूछा कि अब आप क्या करेंगे? अधिकारी का जवाब था, अब अरबी सीखेंगे और इस्लाम को समझेंगे। (यह इंटरव्यू *टाइम* पत्रिका में प्रकाशित हुआ था)। लेकिन दुर्भाग्यपूर्ण स्थिति यह हुई कि अमेरिका और पश्चिमी देशों के विद्वानों द्वारा इस्लाम को समझने की सारी कोशिशों के नतीजे सभ्यताओं के समन्वय और सहयोग के बजाय 'सभ्यताओं के टकराव' के रूप में निकले। उससे भी दुर्भाग्यपूर्ण यह है कि सभ्यताओं के टकराव की जो अवधारणा एक कल्पना या आशंका के रूप में थी, वह आज यथार्थ बनती जा रही है और जो भी लोग 'सभ्यताओं के टकराव' की अवधारणा का ऊँचे स्वरों में खंडन कर रहे हैं वे या तो 'वर्ग संघर्ष' के मार्क्सवादी स्वप्नलोक में जी रहे हैं या फिर भयवश यथार्थ के समक्ष शुतुरमुर्ग की मुद्रा में खड़े हो गए हैं। अरब लीग के देशों ने ओसामा बिन लादेन की 'जिहाद' की अपील को ठुकरा दिया और पाकिस्तान ने अफगानिस्तान पर हमला करने में अमेरिका की मदद की। इन तथ्यों के बावजूद यह भी एक यथार्थ है कि पश्चिमी देशों का इस्लाम से टकराव चल रहा है और पश्चिम की हेकड़ी, नवसाम्राज्यवाद व सांस्कृतिक आक्रमण के विरुद्ध इस्लाम आज सबसे बड़ी चुनौती है। यह चुनौती प्रस्तुत करने में जो चीजें इस्लामी देशों का संबल बनी हुई हैं, उनमें असहिष्णुता या कट्टरपंथ एक अहम प्रवृत्ति है। लेकिन उन सबसे ऊपर है सांस्कृतिक पहचान या सांस्कृतिक शुद्धता और इस्लामी कानूनों का आग्रह।

प्रश्न उठता है कि क्या इस्लाम सचमुच वैसा ही है जैसा पश्चिम के प्राच्यविद उसे पेश कर रहे हैं या वह उनके इस तरह पेश करने से कट्टरपंथी बन गया है। या फिर अन्य धर्मों की तरह ही इस्लाम में भी कट्टरपंथ आया है। उसके विविध

रंगों में उदारता और आधुनिकता भी एक चटख रंग है ? या, मध्ययुगीन धर्मशास्त्र पर आधारित इस्लामी समाज परिवर्तन और आधुनिकता का विरोधी है और उसे बदलने के सभी प्रयासों की परिणति कट्टरता में होती है ?

विमर्श की शुरुआत सैमुअल पी हंटिंग्टन की पुस्तक 'क्लैश आफ सिविलिजेशन्स एंड रिमेकिंग ऑफ वर्ल्ड आर्डर' में की गई इस्लाम संबंधी चर्चा से करते हैं। इस किताब के कुछ निष्कर्ष इस्लाम के लिए काफी कठोर हैं, पर उन्होंने उससे पहले अपने विश्लेषण को अकादमिक तरीके से प्रस्तुत किया है, जिसमें धर्मनिरपेक्षता के सारे तथ्यों और तर्कों को रखा गया है। हंटिंग्टन अपने प्रेक्षण में पूरब और पश्चिम की तुलना करते हुए कहते हैं बीसवीं सदी की सभी महान विचारधाराओं का जन्म पश्चिम में हुआ है। उदारवाद, समाजवाद, अराजकतावाद, राष्ट्रवाद, फासीवाद और ईसाई लोकतंत्र—ये सभी पश्चिम में पैदा हुई विचारधाराएँ हैं। लेकिन पश्चिम की कमजोरी यह है कि उसने किसी धर्म को जन्म नहीं दिया। दुनिया के सभी बड़े धर्मों की उत्पत्ति गैर-पश्चिमी सभ्यताओं में हुई है। इसलिए धर्मों और राजनीतिक विचारधाराओं में एक तरह का टकराव भी है। इसी नाते आज जब राजनीतिक विचारधाराएँ कमजोर पड़ रही हैं, तो धर्म दुनिया के मामलों में दखलंदाजी कर रहे हैं।

आधुनिकता की ऊर्जा

राजनीतिक और सामाजिक व्यवस्था पर इस्लाम के हावी होने के पीछे आधुनिकीकरण की तमाम प्रक्रियाएँ भी परोक्ष रूप से जिम्मेदार हैं। शहरीकरण, सामाजिक लामबंदी, शिक्षा, संचार, मीडिया प्रसार और पश्चिम से होने वाली अन्यान्य क्रियाएँ इस्लाम के पुनर्जीवन की पृष्ठभूमि तैयार करती हैं। क्योंकि इन प्रकियाओं से ग्रामीण समाज और कुटुम्ब अलग-थलग पड़ते हैं और उनमें पहचान का संकट पैदा होता है, इसलिए वे इस्लामी प्रतीकों, विश्वासों और जीवन पद्धति का सहारा लेकर पहचान के संकट से निपटते हैं। दूसरी तरफ आधुनीकरण के चक्रव्यूह में फँसे समाज की आर्थिक जरूरतें पूरा करने के लिए मुस्लिम संगठन आगे आते हैं। ऐसे में आधुनिकता की तरफ बढ़ रहे मुस्लिम समाज को इस्लामी संस्थाएँ, आचरण और संस्कृति फिर रास आने लगते हैं। इस्लाम के पुनर्जीवन में तेल से आई समृद्धि और जनसंख्या के विस्फोट ने महत्त्वपूर्ण योगदान दिया। सत्तर के दशक में जब तेल की कीमतों में उछाल आया तो अरब के सबसे बड़े तेल उत्पादक देश सऊदी अरब में बेपनाह समृद्धि आई। इस्लाम के उद्गम स्थल और पवित्र मक्का का संरक्षक होने के नाते सऊदी अरब का धार्मिक महत्त्व पहले ही था, तेल की समृद्धि आने के बाद उसका आर्थिक महत्त्व भी बढ़ गया। सऊदी अरब के अभिजात्य वर्ग ने इस धन का उपयोग धार्मिक संस्थाओं, मदरसों और इस्लामी समाज के कल्याण में किया और इस्लामी साहित्य छापने और उसके प्रचार-प्रसार में लगाया। इसी दौरान मक्का की पवित्र मस्जिद का भी जीर्णोद्धार

कराया गया और हज करनेवालों की तादाद तेजी से बढ़ी। तेल से उत्पन्न यह समृद्धि अरब क्षेत्र के व्यापक मुस्लिम देशों में आई और इसने उन्हें ईसाइयत के सामने इस्लाम को श्रेष्ठ साबित करने का अवसर दिया। इस बीच पूर्वी एशिया के भी इस्लामी देशों में अमेरिका प्रेरित उदारीकरण से समृद्धि आई। इस समृद्धि का लाभ दक्षिण एशिया के विकासशील देशों के मध्य वर्ग से लेकर मजदूर वर्ग तक ने उठाया। भारत, पाकिस्तान, श्रीलंका और बांग्लादेश के बेरोजगारों में अरब जाने की होड़ मच गई। जिस तरह कभी पश्चिम की समृद्धि के उदाहरण दिए जाते थे, उसी तरह अरब देशों की समृद्धि के उदाहरण दिए जाने लगे। विशेष तौर पर मुसलमानों में नये तरह का आत्मविश्वास पैदा हुआ, उनके रहन-सहन का स्तर सुधरा और उनकी धार्मिक आस्था दृढ़ हुई। जो लोग अमेरिका, ब्रिटेन और जर्मनी नहीं जा सकते थे, वे अरब गए और अच्छे-खासे अमीर बन कर लौटे। गौरतलब है कि तेल की कीमतों की उछाल से समृद्ध हुए मुस्लिम मध्य वर्ग ने इस आसान धन का उपयोग या तो कारोबार बढ़ाने में किया या फिर मस्जिद और मदरसा खोलने में लगाया, न कि पब्लिक और कान्वेंट स्कूलों से शिक्षा ग्रहण करने में।

इस बीच इस्लामी देशों में शहरीकरण और समृद्धि के साथ जनसंख्या का विस्फोट हुआ, हालाँकि तेल की कीमतें अब नीचे उतरने लगी थीं। सैमुअल हंटिंग्टन ने संयुक्त राष्ट्र के आँकड़ों के आधार पर यह बताया है कि बाल्कन उत्तरी अफ्रीका और मध्य एशिया के इस्लामी देशों में जनसंख्या का विस्तार विशेषकर पड़ोसी और सामान्यता दुनिया के अन्य देशों के मुकाबले ज्यादा था। सन 1965 से 1990 के बीच पूरी दुनिया की आबादी 3.3 अरब से बढ़कर 5.3 अरब पहुँच गई। इसकी वृद्धि 1.85 प्रतिशत की दर से हुई। लेकिन मुस्लिम देशों की वृद्धि दर सदैव 2.0 प्रतिशत से ऊपर रही, बल्कि यह अक्सर 2.5 प्रतिशत पहुँच जाया करती थी। कभी-कभी तो यह तीन प्रतिशत से भी ऊपर रही है।

सन 1965 से 1990 के बीच मगरिब की आबादी 2.65 प्रतिशत सालाना की दर से बढ़ी और दो करोड़ 98 लाख से पाँच करोड़ 90 लाख तक पहुँच गई। अल्जीरिया में तो आबादी की वृद्धि दर 3 प्रतिशत रही। जनसंख्या वृद्धि दर मिस्र में 2.3 प्रतिशत मध्य एशिया में ताजिकिस्तान में 2.9 प्रतिशत, उजबेकिस्तान में 2.6 प्रतिशत, तुर्कमिनिस्तान में 2.5 प्रतिशत थी, हालाँकि किरगिजिस्तान में यह वृद्धि दर 1.9 प्रतिशत और कजाकिस्तान में 1.1 प्रतिशत ही रही। पाकिस्तान और बांग्लादेश में जनसंख्या वृद्धि दर 2.5 प्रतिशत और इंडोनेशिया में 2.0 प्रतिशत थी। गणना के अनुसार 1980 के दशक में दुनिया में मुसलमानों की आबादी कुल आबादी का 18 प्रतिशत थी जो 2000 में 20 प्रतिशत तक हो गई है और 2025 में 30 प्रतिशत होने की उम्मीद है।

इस जनसंख्या विस्फोट से ही जुड़ी है युवाओं की आबादी बढ़ने की परिघटना।

युवाओं की यही आबादी इस्लाम के पुनरुत्थान की वाहक बनी हुई है और इसी पर टिकी है इस्लाम की कट्टरता। संयुक्त राष्ट्र संघ के आँकड़ों के अनुसार 1965 में मुस्लिम देशों में युवाओं की जो आबादी 17 प्रतिशत हुआ करती थी, वह अस्सी के दशक में 20 प्रतिशत से ऊपर पहुँचने लगी। एकाध अपवादों को छोड़कर यह स्थिति सामान्यतया सभी देशों में थी। चूँकि युवा स्वभावतः आदर्शवादी, यथास्थिति के विरोधी और परिवर्तनकारी होते हैं, इसलिए यह कहना उचित होगा कि उस दौरान इस्लामी देशों में अपार परिवर्तनकारी ऊर्जा का संचरण हो रहा था। लेकिन उस ऊर्जा का लाभ कोई आधुनिक और प्रगतिशील आंदोलन नहीं उठा पाया, बल्कि इससे इस्लामी संगठन मजबूत हुए और इस्लामी पुनरुत्थान की प्रक्रिया तेज हुई। इस प्रक्रिया के लिए पश्चिमी संस्थानों और विकास-प्रणाली में युवाओं के लिए घटते अवसर भी कम जिम्मेदार नहीं हैं। आज दुनिया भर में तमाम इस्लामी संगठनों और उग्रवाद को संचालित करने वाले युवक पश्चिमी पाठ्यक्रमों के आधार पर चलने वाले संस्थानों और विश्वविद्यालयों से शिक्षा-प्राप्त हैं। उन्होंने पश्चिम की तर्ज पर बनी आधुनिक व्यवस्था में अपनी जगह बनाने की कोशिशें भी कीं। ये कोशिशें कहीं सफल हुईं कहीं असफल। ये युवक अवसरों की तलाश में पश्चिमी देशों की तरफ भी गए। लेकिन वे अपने लिए पश्चिमीकरण में ज्यादा संभावनाएँ नहीं तलाश सके। दूसरी तरफ, उनके देश में ज्यादा संभावनाएँ बन नहीं रही थीं। इन वजहों ने युवकों को सांस्कृतिक जड़ों और इस्लाम के प्रति गहरी आस्था विकसित करने को प्रेरित किया।

मुस्लिम युवाओं की बढ़ती आबादी और उनकी बदलती रुझान के कारण ही 1979 में ईरान की इस्लामी क्रांति हुई और 1990 के दशक में अल्बानिया में इस्लामी कट्टरपंथी दलों की लोकप्रियता बढ़ी।

मौलाना की वापसी

अनुमान है कि अल्जीरिया, मिस्र, मोरक्को, सीरिया और ट्यूनीशिया में नौकरी की तलाश करने वाले (15-24 वर्ष तक के) युवकों यानी बेरोजगारों की संख्या 2010 तक बढ़ेगी। पिछले दशक के मुकाबले इस दशक में नौकरी तलाशने वाले युवकों की संख्या में ट्यूनीशिया में 30 प्रतिशत, अल्जीरिया, मिस्र और मोरक्को में 50 प्रतिशत और सीरिया में 100 प्रतिशत की बढ़ोतरी होगी। यानी इस्लामी उग्रवाद और कट्टरपंथ की जो प्रक्रिया पिछली सदी में अस्सी और नब्बे के दशक में शुरू हुई थी, वह इक्कीसवीं सदी के पहले दशक में भी जारी रहनेवाली है। बल्कि और बढ़ रही है। चूँकि भूमंडलीकरण की मौजूदा प्रक्रिया में रोजगार के अवसर सिमट रहे हैं, इसलिए युवकों के उग्रवादी रुझान घटने के आसार नहीं दिखते। विशेषकर 11 सितंबर 2001 को वर्ल्ड ट्रेड टावर पर हमला और उसके बाद अफगानिस्तान पर अमेरिकी हमला, कट्टरपंथ को नई ऊर्जा प्रदान करने जा रहा है।

इस्लाम अपनी आरंभिक अवस्था या मध्य युग में कैसा था, इसकी विस्त चर्चा करने से ज्यादा प्रासंगिक यह देखना होगा कि आधुनिक युग में इस्लामी देः का चरित्र कैसा रहा है क्या उनकी राजनीति, समाज नीति और विदेश नीति शु से इस्लामी रही है या इस्लामीकरण पिछले तीन दशकों की परिघटना है? अगर इस्ला देशों के बीसवीं सदी के इतिहास पर नजर डालें, तो उनमें आधुनीकरण अं पश्चिमीकरण को लेकर एक उलझन तो दिखाई पड़ती है, पर वे उससे अछूते न हैं। एक तरफ तुर्की में कमाल अतातुर्क का उदाहरण है, जहाँ पूरे मुस्लिम सम को आधुनिकीकरण ही नहीं, पश्चिमीकरण के मार्ग पर जबरिया धकेल दिया गर वहीं अरब के तमाम देश ऐसे हैं जहाँ आधुनिकता को तो अपनाने पर सहमति थ पर पश्चिमीकरण को लेकर दुविधा थी। पश्चिमीकरण की उलझन पर अपना प रखते हुए उन्नीसवीं सदी के मध्य में मिस्र के बुद्धिजीवी अली माजुरी ने कहा थ 'मिस्र का भविष्य न तो जापान की तरह है कि सांस्कृतिक पश्चिमीकरण के बिन प्रौद्योगिक आधुनीकरण कर लिया जाए और न ही यह अतातुर्क के देश की तरह है कि सांस्कृतिक पश्चिमीकरण द्वारा प्रौद्योगिकी का आधुनीकरण कर लिया जाए।' उनसे पहले 1830 में मिस्र में मुहम्मद अली ने सांस्कृतिक पश्चिमीकरण की अति किए बिना तकनीकी आधुनिकीकरण आरंभ किया था। उन्नीसवीं सदी के अंतिम दौर में जमाल-अल-दीन, अल-अफगानी, मुहम्मद अब्दूह और अन्य समाज सुधारकों ने इस्लाम और आधुनिकता के बीच एक तरह का समन्वय बिठाने का प्रयास किया। उनका कहना था कि इस्लाम की आधुनिक विज्ञान और श्रेष्ठ पश्चिमी चिंतन के साथ अनुकूलता है। इस सुधारकों ने विज्ञान प्रौद्योगिकी और राजनीति संबंधी आधुनिक विचारों और संस्थानों को स्वीकार करने के लिए इस्लामी तर्क प्रदान किए। लेकिन मिस्र को आधुनिक बनने का यह प्रयास बीसवीं सदी के आरंभ में तब रुक गया जब ब्रिटेन ने उसे अपना उपनिवेश बना लिया।

दूसरी तरफ मुस्लिम देशों को आधुनिक बनाने के लिए यूरोपीय विद्वानों का प्रयास जारी रहा। मैक्जिम रोडिन्सन ने इस्लाम और आधुनिकीकरण में किसी तरह का अंतर्विरोध होने को खारिज किया—'आग्रहपूर्वक ऐसा कुछ भी संकेत नहीं मिलता कि मुस्लिम धर्म मुस्लिम जगत को आधुनिक पूँजीवाद की दिशा में विकसित करने में कोई रुकावट डालता है।...इस्लाम और आधुनीकरण में कोई टकराव नहीं है। धार्मिक मुसलमान भी फैक्टरियों में वैज्ञानिक काम सीख सकते हैं और नये उपकरणों का उपयोग कर सकते हैं।'

आधुनिकीकरण और पश्चिमीकरण की इस उलझन के बीच जापान, सिंगापुर और ताइवान जैसे देशों की तरह सऊदी अरब और एक हद तक ईरान का आधुनिकीकरण पश्चिमीकरण के बिना आधुनिकीकरण हुआ।

द्वितीय विश्व युद्ध के बाद अरब के कई देश ब्रिटेन की औपनिवेशिक दासता

से मुक्त हुए और उन्होंने अपने विकास का रास्ता स्वयं बनाने का प्रयास किया। इस प्रक्रिया में बीसवीं सदी के मध्य से अगले ढाई दशक तक अरब राष्ट्रवाद का दौर देखा जा सकता है।

अरब राष्ट्रवाद के दौर में एक हद तक धर्मनिरपेक्ष शिक्षा और राजनीतिक संस्थाओं का प्रसार और विकास हुआ। उस समय धार्मिक शिक्षा, मदरसे और मुल्ला-मौलवियों की राजनीतिक-सामाजिक भूमिका सीमित थी। यह सब हाशिये पर थे। लेकिन अरब राष्ट्रवाद के पराजय के बाद इस्लामीकरण का दौर शुरू हुआ और उसी के साथ धर्म ने समाज और संस्कृति के दायरे से निकलकर राजनीति पर कब्जा किया। नब्बे का दशक आते-आते इस्लामी समाज ने पश्चिम के खिलाफ पूरी तरह बगावत कर दी और अपनी संपूर्ण राजनीति और जीवन पद्धति को इस्लाम के हिसाब से ढालने लगा। उसने इस्लामी मूल्यों को पश्चिमी मूल्यों से श्रेष्ठ बताना शुरू कर दिया। सन 1996 में इंडोनेशिया के प्रधानमंत्री महातिर मोहम्मद ने कहा–'एशियाई मूल्य तो सार्वदेशिक हैं और यूरोपीय मूल्य तो सिर्फ यूरोपीय है।'

भूमंडलीकरण के प्रचंड दौर में अमेरिका के पूरे प्रभाव में रहने वाले सऊदी अरब के एक वरिष्ठ अधिकारी बंदर बिन सुल्तान ने 10 जुलाई 1994 को *न्यू यॉर्क टाइम्स* को दिए एक इंटरव्यू में कहा–'चमकदार और ऊँची तकनीक वाले विदेशी सामानों का आयात तो ठीक है। लेकिन कहीं और से आयात की गई अमूर्त सामाजिक और राजनीतिक संस्थाएँ खतरनाक हो सकती हैं। इस बारे में शाह ईरान से सीख ले सकते हैं...क्योंकि इस्लाम हमारे लिए महज एक मजहब नहीं, बल्कि एक जीवन पद्धति है। हम सऊदी अरब के लोग आधुनीकरण तो चाहते हैं, पर इसके लिए पश्चिमीकरण आवश्यक नहीं मानते।' बंदर बिन सुल्तान का यह बयान पश्चिमीकरण को लेकर के संबंधी इस्लामी उलझन को व्यक्त करता है। लेकिन इस्लामीकरण के सूडानी विचारक अल तुरैबी इसे कुछ ज्यादा स्पष्ट शब्दों में व्यक्त करते हैं–'यह जागरण (इस्लामी पुनरुत्थान) व्यापक है। यह सिर्फ बौद्धिक और सांस्कृतिक नहीं है, न ही सिर्फ राजनीतिक है। यह इन सबका समुच्चय है। यह ऊपर से नीचे तक समाज का व्यापक पुनर्गठन है।'

एक कदम आगे, एक कदम पीछे

लेकिन बीसवीं सदी में अरब देशों का इस्लामीकरण सत्तर-अस्सी के दशक की परिघटना है। उसके पहले समाजवाद और सोवियत संघ के प्रभाव में अरब देशों का राष्ट्रवाद विकसित हो रहा था। लेनिन और विशेषकर स्तालिन के राष्ट्रीयताओं के सिद्धांत को यहाँ लागू होते देख जा रहा था। पूरी दुनिया में यह बात राजनीतिक सिद्धांत के रूप में पढ़ाई जा रही थी कि धर्म के आधार पर राष्ट्र का निर्माण नहीं होता अगर होता; तो इस्लाम को माननेवाले अरब क्षेत्र में 54 राष्ट्र न होते। दरअसल,

राष्ट्र का निर्माण भाषा, संस्कृति और राष्ट्रीयताओं के आधार पर होता है और इसीलिए अरब क्षेत्र में तमाम राष्ट्रीयताएँ होने के कारण वहाँ अलग-अलग राष्ट्र हैं।

इन स्थितियों के चलते अस्सी के दशक तक बहस विश्लेषण और व्यवहार में आम तौर पर कुरान व इस्लाम के अन्य ग्रंथों की शब्दावली का प्रयोग नहीं होता था। राजनीति, शिक्षा और सांस्कृतिक क्षेत्र में भी यह शब्दावली और भावनाएँ हाशिये पर होती थीं। चूँकि आज ऐसा लगता है जैसे अरब देशों की राजनीति शुरू से ही इस्लाम पर आधारित थी, इसलिए उन परिवर्तनों और सुधारों की कुछ चर्चा जरूरी है जो 'अभी कल की बात हैं'। उस दौर का वर्णन करते हुए अरब चिंतन और इस्लामी समाजों के अध्येता अजीज अल-अजमेह कहते हैं—'धार्मिक संस्कृति, सार्वजनिक जीवन में धार्मिक बातों का उल्लेख, कुरान या अन्य धार्मिक उद्धरण या धार्मिक संकीर्णतावाद यह सब दैनिक जीवन में हाशिये पर था। समझा जाता था कि यह सब पिछड़ेपन की अभिव्यक्ति है। इन सबको प्रतिक्रियावादी और प्रगति, सभ्यता और स्वतंत्रता का विरोधी माना जाता था। 1980 के दशक तक वे बहुत संकीर्ण दायरे तक सीमित थे। धार्मिक संस्कृति सिर्फ उन लोगों की चिंता का विषय थी जो धार्मिक संस्थानों को सँभालते थे और नियमित तौर पर मस्जिद जाते थे। इस सोच का प्रसार 'मुस्लिम ब्रदर्स' जैसे कुछ संगठन किया करते थे। यह सब लोग 1950 के दशक में उस खंभे के इर्द-गिर्द इकट्ठा हुए, जिसे सऊदी अरब ने गड़वाया था और अरब राष्ट्रवाद को उखाड़ फेंकने की शपथ ली। दरअसल अरब राष्ट्रवाद एक समाजवादी परियोजना थी जिसके चलते सोवियत संघ और अरब देशों में मैत्री कायम हुई थी। यह मित्रता कृत्रिम नहीं थी। यह हमारी सुरक्षा का बुनियादी तत्त्व था। हमारी धारणाओं के विपरीत सोवियत संघ और अरब समाजवाद का पतन इसलिए नहीं हुआ कि वे प्रकृति के विरुद्ध थे या अरब मूल्यों के खिलाफ थे। उनका पतन इसलिए हुआ कि सत्तर साल के साम्यवादी दौर में इन मूल्यों पर लगातार सैनिक, राजनीतिक, आर्थिक, वैचारिक और सांस्कृतिक तौर पर हमला किया गया। इसके अलावा अरब देशों में समाजवाद के खिलाफ इस्लामी प्रचार द्वारा वैचारिक और सांस्कृतिक संघर्ष चलाया गया।' अल अजमेह के अनुसार, 'राष्ट्रवाद और समाजवाद की चरम स्थिति के दौरान राजनीतिक और सामाजिक, शब्दावली में धार्मिक शब्द शामिल नहीं थे। आज जिसे 'पश्चिम' के विरुद्ध संघर्ष बताया जा रहा है, उसे तब पूँजीवाद और साम्राज्यवाद के विरुद्ध संघर्ष बताया जाता था। वह तब सांस्कृतिक साम्राज्यवाद के खिलाफ संघर्ष नहीं था। उस समय के राजनीतिक और आर्थिक विश्लेषण में अरब देशों को तीसरी दुनिया का हिस्सा मानकर चर्चा की जाती थी। इसलिए माना जाता था कि पश्चिम उनका शोषण कर रहा है। उस समय के विश्लेषणों में इस्लामी 'उम्मा' या छोटे व बड़े 'शैतान' शब्द का प्रयोग नहीं किया जाता था। न ही काफिर जैसे शब्दों का प्रयोग होता था।' उस समय ऐसे लोगों की तादाद बहुत

कम थी जो व्यक्तिगत स्वतंत्रता, विशेषकर महिलाओं की आजादी, कम करने के लिए शरीयत का कानून लागू करने पर जोर देते थे। ऐसे समूह भी बहुत कम थे जो हाथ काटने, संगसार करने, कोड़े लगाने या सूली पर चढ़ाने जैसी सजाएँ देने के लिए राजनीति का इस्तेमाल करना चाहते थे।

वह दौर बाथ अरब सोशलिस्ट पार्टी का था जिसके प्रभाव में कई अरब देशों में सरकारें कायम हुईं। लेकिन अरब राष्ट्रवाद अपने आपमें कोई स्वर्ण युग नहीं था। उसमें भी तमाम खामियाँ थीं। उसमें एक तरफ समाजवादी शब्दावली के कठोर प्रयोग की प्रवृत्ति थी तो दूसरी तरफ कट्टरपंथ से समझौता करने की अवसरवादिता। मिस्र के राष्ट्रपति अब्दुल नासिर ने अल-अजहर संस्था को प्रोत्साहित किया। अल-अजहर काहिरा में इस्लामी शिक्षा के एक बड़े केंद्र के रूप में विकसित हुआ। इसका नतीजा यह हुआ कि चिंतन की उदार परंपरा को दरकिनार कर दिया गया। मिस्र के रिव्यू जनरल *अल-तालिया* ने कांस्टेंटाइन जूरीक की इतनी कठोर आलोचना की कि वे अपने ही देश में हाशिये पर चले गए, हालाँकि सीरिया के रहने वाले जूरीक सही अर्थों में एक उदार और जागरूक अरब राष्ट्रवादी चिंतक थे। इस तरह के अभियान के चलते बौद्धिक क्षेत्र के कई उदार चिंतक दरकिनार कर दिए गए। मुस्लिम सिद्धांतों के विश्लेषण में तार्किक दृष्टि लागू करने वाले तहा हुसैन और अली आबिद अल राजिक के लेखन को अल अजहर विश्वविद्यालय में बकवास बताकर कूड़ेदान में डाल दिया।

इसी तरह अरब जगत को ऐतिहासिक और स्वीकार्य विधिक चिंतन देनेवाले अल-सन्हुरी के लेखन की भी किनारे कर दिया गया—हालाँकि उन्होंने शरीयत को दुनिया की अन्य न्यायिक प्रणालियों की तरह एक धर्मनिरपेक्ष संहिता साबित किया था और मिस्र की नागरिक संहिता की रचना की थी जिसे अरब जगत में सराहा गया था।

अरब राष्ट्रवाद के इस विचलन की कई वजहें हैं। एक तो अरब की राष्ट्रीयताएँ ट्राइबल या कबीलाई समाजों पर आधारित थीं। दूसरे, वहाँ राष्ट्र-राज्य का विकास यूरोप जैसी परिस्थिति में नहीं हुआ था। इसलिए राष्ट्र-राज्य को न तो वैसी स्वायत्तता मिल सकी न ही वैधता जैसी कि यूरोप में मिली। अरब देशों के राष्ट्र-राज्य पर राजतंत्रीय या कबीलाई विरासत हावी रही। और जहाँ इससे मुक्ति मिली, वहाँ तानाशाही स्थापित हो गई। इससे भी अलग बात यह है कि अरब राष्ट्र-राज्य पर 'अल्लाह' की परम सत्ता के वर्चस्व की मान्यता बनी रही। अरब राष्ट्रवाद की एक बड़ी कमी यह भी बताई जाती है कि उसने अपनी बौद्धिक और सांस्कृतिक विरासत को भुलाकर अपने यहाँ पश्चिमी संस्थाओं को रोपित किया और उसका नतीजा इस्लामीकरण की लहर के रूप में सामने आया।

इस्लामीकरण की चर्चा करने से पहले यह देखे जाने की जरूरत है कि अरब देशों का धर्मनिरपेक्षीकरण किस हद तक या किस रूप में हुआ। इस प्रक्रिया के दौरान

अरब देशा में फुकाह की जगह वकीलों ने ली, दाढ़ी बढ़ाए और पगड़ी पहने शेखों की जगह शिक्षकों ने ली, जो पहले तरबूश पहनते थे और बाद में भी नंगे सिर रहने लगे। शरिया चलाने वाले काजियों की जगह इफेंडिस यानी सिविल जज आए। कानून का संहिताकरण किया गया और फिक़्ह के कुछ सिद्धांतों को कानून के अनुच्छेदों के रूप में फिर से लिखा गया। शरीयत की उन धारणाओं को हटा दिया गया, जो पुरानी पड़ चुकी थीं; जैसे महिलाओं की साक्ष्य संबंधी अवधारणा, दिया यानी खून की कीमत् और बैंक के ब्याज या जीवन बीमा संबंधी शास्तियाँ। इसी के साथ पुरानी सामाजिक संस्थाओं से जुड़ी, दंड और यौन अपराधों की परिभाषा में भी संशोधन किया गया। हालाँकि ट्यूनीशिया और सीरिया को छोड़कर बाकी देशों में उत्तराधिकार वगैरह जैसे निजी हैसियत (कानून) के मामले में खास सुधार नहीं हो सका, पर इतना जरूर हुआ कि तमाम देशों में इन मामलों पर सिविल अदालतों तक तरह-तरह के विवाद पहुँच गए।

अरब देशों में हुए इस सुधार का संबंध शिक्षा में होने वाले सुधार से भी है। कतब यानी कुरान पढ़ाने वाले स्कूलों को पश्चिमी ढंग के स्कूलों में बदल दिया गया। यह प्रयोग पहले सीरिया में अच्छी तरह किया गया और कुछ हद तक मिस्र में भी हुआ। क्योंकि मिस्र में प्राथमिक शिक्षा काफी हद तक अल अजहर की मुट्ठी में थी। उधर मगरेब में फ्रांसीसी उपनिवेशवाद के प्रभाव में शिक्षा प्रणाली को दो हिस्सों में विभाजित किया गया। एक हिस्सा फ्रांस की प्रणाली पर आधारित आधुनिक शिक्षा का था तो दूसरा हिस्सा कतब पर आधारित प्राचीन प्रणाली का। आधुनिकीकरण की इस प्रक्रिया को आगे बढ़ाते हुए फिक़्ह, कुरान, हदीह और अरबी पढ़ाने वाले मदरसों की जगह आधुनिक पाठ्यक्रम वाले विश्वविद्यालय खोले गए। बाद में इस पाठ्यक्रम को काफी ना-नुकुर के बाद अल-अजहर और जीतौना जैसी संस्थाओं ने लागू किया।

आधुनिक शिक्षा के प्रचार-प्रसार से अरब जगत में बड़ा परिवर्तन आया। शिक्षा और न्याय प्रणाली की तो तस्वीर ही बदल गई। सार्वजनिक जीवन में प्रमुख स्थान रखने वाले उलेमा किनारे कर दिए गए, जबकि इससे पहले वे राज्य से संबंधित शास्त्र की रचना, प्रसार और उसका विमर्श करते थे। इसके अलावा धार्मिक अधिकारी अपने को 'सामान्य क्लर्क' की हैसियत में समझने लगे थे। वे सामाजिक और आर्थिक तंत्र वाली स्वायत्त संस्थाओं में जायदाद और वक्फ सँभालने वाले और तनख्वाह पाने वाले कर्मचारियों में तब्दील हो गए थे। संस्थाओं के इस ढाँचे में कोई काजी था, कोई नायब, कोई शुहुद, कोई वक्फ का प्रशासक तो कोई मस्जिद में तकरीर करने वाला।

उलेमा को वास्तविक धर्मगुरु न मानने का गहरा प्रभाव पड़ा। यह मुहम्मद अब्दुह से प्रेरित इस्लाम की सुधारवादी विरासत का हिस्सा था। इस विरासत के चलते अरब देशों में सामाजिक, राजनीतिक और सार्वजनिक जीवन को धर्म के चश्मे से

देखने की प्रवृत्ति समाप्त हो गई। दुनिया को देखने की आधुनिक दृष्टि विकसित हुई, जिसे अरबी भाषा के शब्द 'नहदा' से अभिव्यक्त किया जा सकता है। इस शब्द का अर्थ है भविष्य और आधुनिकता के प्रति खुली दृष्टि। आधुनिकता के प्रभाव में परिवार के ढाँचे में बदलाव आया और महिलाओं की हैसियत सुधरी। महिलाएँ शिक्षित हुईं, सार्वजनिक जीवन में आईं, उत्पादन में हिस्सा लिया और बौद्धिक जगत में भी हस्तक्षेप किया। इस दौर में महिलाओं के बुरका पहनने में भारी कमी आई।

पर सांसारिक यथार्थ पर खड़ा अरब राष्ट्रवाद ज्यादा समय तक नहीं चल पाया। धर्मनिरपेक्षता और समाजवाद के सहारे चलने वाले इस राष्ट्रवाद को घेरने की तैयारी चल पड़ी। संकल्प किया गया कि इस राष्ट्रवाद के विरुद्ध इस्लामवाद यानी राजनीतिक इस्लाम का विकास किया जाएगा, क्योंकि अरब राष्ट्रवाद और समाजवाद अपवित्र है, नास्तिक है और परंपरा के विरुद्ध है। यह भी आरोप लगाया गया कि यह दोनों (राष्ट्रवाद और समाजवाद) मिलकर मुस्लिम समाज के मूलभूत मूल्यों को विकृत कर रहे हैं। इसलिए अरब राष्ट्रवाद के विरुद्ध मिस्र में मुहम्मद जलाल किश्क, सीरिया में सलाह अल-दीन मुनाजिद और लेबनान के अखबार अल-हयात ने मोर्चा खोल दिया। इस्लामीकरण की इस प्रक्रिया को प्रोत्साहित करने के लिए अंतरराष्ट्रीय संगठन भी बनने लगे। 1969 में सऊदी अरब के नेताओं ने पाकिस्तान, मोरक्को, ईरान, ट्यूनीशिया और तुर्की के नेताओं के साथ मिल कर राबात में पहला इस्लामी शिखर सम्मेलन किया। इस सम्मेलन से 'इस्लामी सम्मेलन का संगठन' (ऑर्गनाइजेशन ऑफ द इस्लामिक कान्फ्रेंस) का जन्म हुआ। ओ आइ सी संगठन की विधिवत स्थापना 1972 में की गई और इसका मुख्यालय जिद्दाह में खोला गया। आज वे सभी देश ओ आइ सी के सदस्य हैं जहाँ पर्याप्त मुस्लिम आबादी है।

सऊदी अरब, पाकिस्तान, लीबिया और ईरान की सरकारों ने ओ आइ सी के अलावा गैर-सरकारी संगठनों को प्रोत्साहित किया। पाकिस्तान ने वर्ल्ड मुस्लिम कांग्रेस, सऊदी अरब ने मुस्लिम वर्ल्ड लीग और अन्य देशों ने ऐसे तमाम संगठनों को प्रोत्साहित किया और बाद में यह सिलसिला अफगानिस्तान युद्ध के साथ बढ़ते हुए आतंकवादी संगठनों और ओसामा बिन लादेन तक पहुँचा।

राष्ट्रवाद और उससे जुड़े समाजवाद को ध्वस्त करने के लिए जब अरब में इस्लामवाद का दौर शुरू हुआ उसी समय पश्चिम में ट्रूमैन के प्रसिद्ध सिद्धांत को आधार बनाते हुए लेखन और विश्लेषण शुरू किए गए। ट्रूमैन का सिद्धांत था कि साम्यवाद को रोकने में इस्लाम प्रमुख भूमिका निभाएगा। इस प्रकार एक तरफ पश्चिमी लेखन और सोच ने अरब देशों के बारे में विश्लेषण का स्वरूप बदलते हुए नई शब्दावली अपना ली। इस्लामी आतंकवाद, इस्लामी कट्टरता जैसी शब्दावली का पूरी दुनिया में प्रचार किया गया। दूसरे अरब देशों ने इतिहास के यथार्थवादी मार्ग से भटक कर अपने को 'सांस्कृतिक शुद्धता' और 'धार्मिक शुद्धता' की गुफा में गुम कर दिया।

वे अरब देशों की 'शुद्ध संस्कृति' के बहाने इस्लाम लागू करने लगे। इस्लामवाद के इस विभ्रम पर टिप्पणी करते हुए विद्वान अजीज-अल-अजमेह ने लिखा—'वास्तव में इस्लाम की शुद्ध परंपरा कहाँ है? इस्लाम ने अपने विकास में ईसाइयत से काफी कुछ प्राप्त किया है, इसलिए उसे शुद्ध कैसे कहा जा सकता है? इस मामले में सीरिया के साझा इतिहास का उदाहरण पेश किया जा सकता है। अगर सीरिया की मूल संस्कृति की तलाश करनी है तो हमें इतिहास की लंबी दूरी तय करनी होगी। ऐसे में तो हमें सीरिया की मौलिक संस्कृति ईसाइयत ही माननी होगी, क्योंकि पाँचवीं सदी में इस्लाम के आने से पहले वहाँ के लोग ईसाई थे। अगर उनकी संरचना के मूल में और गहराई तक जाएँगे तो पता चलेगा कि वे अरब, तुर्क, सिरकास और कुर्द हैं। इसी तरह हौरान और माउंट लेबनान के लोग अभी हाल तक अपने को यमन मूल का बताते थे।'

इस प्रकार अगर अरब राष्ट्रवाद परंपरा से कट कर एक नई संरचना बनाने का प्रयास था और उसका खमियाजा उसे भुगतना पड़ा तो दूसरी तरफ इस्लामवाद इतिहास के यथार्थ को नष्ट कर धर्म के स्वर्ण युग में जीने का एक विभ्रम है और इसकी भी कीमत इन देशों को चुकानी होगी।

इस्लामवाद का विभ्रम

इस्लामवाद के विकास में मिस्र के विश्वविद्यालय अल-अजहर ने काफी योगदान दिया। काफिर, फतवा, जिहाद, शैतान, जिन, दारुल-हरब और दारुल-इस्लाम जैसी शब्दावली प्रचलन में आई। महिलाओं पर तमाम तरह के प्रतिबंध लगने लगे। अल-अजहर और अन्य अरब विश्वविद्यालयों से पढ़ कर निकले अधकचरे 'विद्वानों' ने इस्लाम को ऐसा रूप दे दिया जो अपने यहाँ के लोकतंत्र और मानवाधिकारों को रौंदते हुए पश्चिम व ईसाइयत से टकराने लगा।

लोगों का रहन-सहन और दिनचर्या बदल गई। जो दाढ़ी और पगड़ियाँ अदृश्य हो रही थीं, वे फिर बढ़ने लगीं। जिन्होंने पगड़ी उतारकर तरबूश पहन लिया था उन्होंने फिर पगड़ियाँ पहन लीं। नमाज पढ़ने और हज जाने का चलन बढ़ गया। बुरके से आहर आई औरतों को फिर नकाब ओढ़ा दिया गया। इस दौरान तमाम शासकों ने इस्लाम के साथ तादात्म्य स्थापित करना शुरू कर दिया। 'जार्डन के शाह हुसैन को लग गया कि अरब जगत में धर्मनिरपेक्ष सरकारों का भविष्य नहीं है और वे 'इस्लामी लोकतंत्र' और 'इस्लाम के आधुनीकरण' की जरूरत बताने लगे। मोरक्को के शाह हसन ने ऐलान किया कि वे पैगम्बर हजरत मुहम्मद के वंशज हैं और उनकी भूमिका इस्लाम मानने वाले के सेनापति की है। ब्रूनेई का सुल्तान कभी इस्लाम का नाम नहीं लेता था, पर वह भी धार्मिक हो गया और अपने शासन को 'मलय मुस्लिम राजतंत्र' की संज्ञा दी। ट्यूनीशिया के बेन अली अपने भाषणों में अक्सर अल्लाह

का नाम लेने लगे, जबकि उनका मुल्क आधुनिकता की राह पर काफी कुछ बढ़ चुका था। सत्तर का दशक बीतने के साथ बांग्लादेश के संविधान से 'धर्मनिरपेक्षता' शब्द हटा दिया गया (यह वही समय था जब भारत के संविधान में यह शब्द विशेष तौर पर जोड़ा गया था)। 1990 के आरंभ में सुहार्तो ने मुस्लिम दिखने की नीति अपनाई। इस दशक तक आते-आते कमाल अतातुर्क की तुर्की को भी इस्लाम की कड़ी चुनौती का सामना करना पड़ा। इस्लाम के प्रति अपनी आस्था दिखाने के लिए ओजाल, करीमोव व सुहार्तो जैसे कई शासकों ने हज यात्राएँ कीं।'

इन्हीं दो दशकों में कानूनों का इस्लामीकरण किया गया। इंडोनेशिया की धर्मनिरपेक्ष कानून व्यवस्था में इस्लामी कानून शामिल किए गए। मलयेशिया ने दो कानूनी प्रणाली बनाई—एक इस्लामी और दूसरी गैर-इस्लामी। इस बीच पाकिस्तान में भी शरीयत को देश का सर्वोच्च कानून घोषित कर दिया गया। दरअसल, अरब (और अन्य मुस्लिम) देशों के इस्लामीकरण का लक्ष्य एक ऐसी राजनीतिक व्यवस्था का निर्माण है जो शरीयत को पूरी तरह लागू करे। वह अरब राष्ट्रवाद को विदेशी विचारधारा से प्रभावित बताकर 'अपने' धार्मिक और नैतिक मूल्यों के आधार पर राजनीतिक प्रणाली खड़ा करने का प्रयास है। यह एक तरह का यूटोपिया है। एक तरह का विभ्रम है। समाज को मध्ययुगीन धर्मशास्त्र द्वारा व्यवस्थित करने और संचालित करने का अभियान है। यह पश्चिम और ईसाइयत से अलग और श्रेष्ठ दिखने का भी अभियान है और उससे टकराने का भी। आज सबसे बड़ा सवाल यह है, क्या इस्लामीकरण का यह अभियान सफल और टिकाऊ होगा? या, पश्चिम की हेकड़ी को खत्म कर इस्लाम फिर अपनी खोल में सिमटकर रह जाएगा? या, दुनिया के अन्य समाजों के सामने अस्तित्व का संकट खड़ा कर देगा? इन सवालों का कोई स्पष्ट जवाब देने से पहले इस्लाम की कुछ बुनियादी मान्यताओं और उनकी सीमाओं पर गौर करना होगा।

इस्लाम में ईश्वर की अवधारणा अधिकनायकवादी है। ईश्वर मनुष्य की स्वतंत्रता का दायरा तय करता है और वही सबसे बड़ा कानून निर्माता है। ऐसी स्थिति में वह मनुष्य की स्वतंत्रता का दायरा सीमित कर देता है। नतीजतन लोकतंत्र की संभावना भी संकुचित हो जाती है। इसके विपरीत, उदारवादी इस्लामी विचारकों के अनुसार इस्लाम अगर अपने को अध्यात्म तक सीमित रखता है तो वह विज्ञान और बाजार पर आधारित लोकतंत्र को काफी मानवीय बना सकता है। वह अनैतिकता की तरफ बढ़ रहे समाज को नैतिकता प्रदान कर सकता है। लेकिन अगर इस्लाम पाँचवीं सदी में प्राप्त किए गए इलहामों को कानून मानकर 21वीं सदी के अलग-अलग समाजों पर लागू करेगा तो घुटन, कुंठा और टकराव स्वाभाविक है। यह रास्ता निश्चित तौर पर इस्लामी देशों को एक तरह के फासीवाद की तरफ ले जाएगा। चूँकि इस्लाम का मानना है कि कुरान सभी धर्मों की तुलना में सबसे नई किताब है, इसलिए धार्मिक

क्षेत्र की यही अंतिम किताब है और उसमें कोई संशोधन नहीं किया जा सकता। इसी तरह मुहम्मद साहब भी आखिरी पैगम्बर हैं और उनके बाद किसी को नहीं आना है। ऐसी स्थिति में संशोधन-सुधार ही नहीं, विकास की संभावना भी सीमित हो जाती है।

इस्लाम के भीतर विकास और सुधार की संभावना तलाशने के लिए पर्याप्त बहसें हुई हैं। मनुष्य स्वतंत्र है या नियति के हाथों बँधा हुआ है, यह उस बहस का केंद्रीय विषय रहा है। जो विद्वान मनुष्य को स्वतंत्र मानते थे, वे 'कादरिया' कहे जाते थे; जो मानते थे कि मानव स्वतंत्र नहीं है, उन्हें 'जबरिया' कहा जाता था। इस्लाम की पहली सदी में हुए महान सूफी विद्वान अल-हसन अल-बासारी मनुष्य की स्वतंत्र इच्छा के सिद्धांत को मानते थे। उन्हीं के शिष्यों ने तार्किक चिंतन धारा की स्थापना की। उन्हें इस्लाम के इतिहास में मुताजिली कहा जाता है। इस चिंतनधारा के विचारकों में इब्न-सिना व एविसिन्ना व अन्य विचारक प्रमुख हैं। मुताजिली विचारकों के विरोध में मुताकल्लीमन चिंतन धारा का विकास हुआ, जो दकियानूस थी। इन दोनों के द्वंद्व में मनुष्य को स्वतंत्र मानने वाली विचारधारा पराजित हुई और उसे ईश्वर की या नियति के हाथों कठपुतली मानने वाली विचारधारा जीती। इस अनुदार या दकियानूस विचारधारा के संस्थापक अल-अशारी के नाम पर इसके मानने वालों को अशारी कहा गया। इन्हें परमाणुवादी भी कहा जाता है। इसके अनुसार अल्लाह हर क्षण परमाणु उत्पन्न करता है और उन्हें नष्ट करता है। हम इस संसार को जो कुछ देखते हैं, वह दरअसल अल्लाह द्वारा निर्मित दुर्घटनाओं का धारावाहिक है।

रास्ता किधर है

इस दृष्टिकोण को इमाम अल-गजाली के समर्थन से भारी बल मिला। अल-गजाली ने कई ग्रंथ लिखे और उनका खासा प्रभाव रहा। उनका ग्रंथ 'एहया-अल-उलूम' यानी 'ज्ञान का पुनर्जीवन' काफी लोकप्रिय हुआ और आज भी बड़ी गंभीरता से पढ़ा जाता है। अल-गज़ाली ने 'तहाफुत-अल-फलसिफा' नाम का ग्रंथ भी लिखा, जिसका अर्थ है 'दर्शनिकों का लड़खड़ाना'। अल-गजाली के इन ग्रंथों के जवाब में अवरोस ने 'तहफुत-तहफुत-अल-फलसिफा' लिखा। इन वाद-विवाद और विमर्शों के बावजूद आखिरकार तर्कवादी हार गए और अनुदार विचारक जीत गए। उसी के साथ इस्लाम में इज़्तिहाद यानी तार्किकता की गुंजाइश सीमित हो गई। इसीलिए इस्लाम के उदार और सुधारवादी विचारकों का मानना है कि इस्लाम मौजूदा उलझन से तब निकलेगा जब अल-गजाली की चिंतन परंपरा से उसको मुक्ति मिलेगी और अल-फराबी और इब्न-सिना जैसे विचारकों की परंपरा पुनर्जीवित होगी, क्योंकि इन दो विचारकों ने ईश्वर, नैतिकता, कानून और समय जैसी तमाम जटिल अवधारणाओं से सिर टकराते इस्लाम को विकास का सहज मार्ग दिखाया था। इस प्रयास में उन्होंने यहूदी-ईसाई

और यूनानी चिंतन परंपरा से सहयोग लिया था और दार्शनिक अरस्तू के कई सिद्धांतों को स्वीकार किया था।

कहा जा रहा है कि भूमंडलीकरण के मौजूदा दौर में पूरब के सभी धर्मों के समक्ष गंभीर चुनौतियाँ खड़ी हो गई हैं। हिंदू धर्म और कन्फूसियस धर्म भी अपने बचाव में कड़ी प्रतिक्रियाएँ कर रहे हैं, पर यह प्रतिक्रिया इस्लाम की तरफ से ज्यादा ही उग्र है। भूमंडलीकरण के विनाशकारी आयाम के प्रति दुनिया में तमाम राजनीतिक और सामाजिक संगठन भी लामबंद हैं। उनके विरोध की भावना भी कम तीव्र नहीं है। ऐसा वे सिएटल और जिनोवा में प्रदर्शित कर चुके हैं। दुनिया के तमाम विकासशील देश अमेरिकी साम्राज्यवाद से भी उतने ही त्रस्त हैं जितना इस्लाम। ऐसे में अगर इस्लाम भूमंडलीकरण से लड़ने के लिए आतंकवाद और जिहाद का रास्ता अपनाने के बजाय लोकतंत्र का रास्ता अपनाए तो कोई वजह नहीं कि दुनिया को शोषण और दमन से निजात न मिले। अगर इस्लाम को यह जंग जीतनी है तो उसे स्वतंत्रता, इंसाफ और बहुलतावाद जैसे मूल्यों को अपने भीतर सबसे ऊँचे पायदान पर रखना होगा और पश्चिम से बेहतर बन कर दिखाना होगा।

●●●